SÜSSES AUS DEM Sacher

SÜSSES AUS DEM Sacher

300 VERFÜHRERISCHE MEHLSPEIS-REZEPTE

HERAUSGEGEBEN VON
CHRISTOPH WAGNER
UND DEM HOTEL SACHER

MIT REZEPTEN VON HANS PETER FINK

UNTER MITARBEIT VON
JASMIN SCHEURINGER
HOTEL SACHER SALZBURG
UND ANDREAS WUCHTA
HOTEL SACHER WIEN

FOTOS VON
LUZIA ELLERT UND
KURT-MICHAEL WESTERMANN

PICHLER VERLAG

Für großzügige Unterstützung danken wir:

Luis Fessler in Götzis: *Patisserie-Hilfsmittel und Rohstoffe für die Patisserie*
Lindt und Sprüngli Austria: *feinste Kuvertüren und Schokoladen*
Rudolf Holzmann Gastro: *Präsentations-Equipment, Porzellan*

Für ihre tatkräftige Mithilfe bedanken sich Autoren und Verlag
bei den Souschefs und der gesamten Küchen- und Patisserie-Mannschaft
des Hotels Sacher Wien.

ISBN 978-3-85431-440-0

www.pichlerverlag.at

Rezepte und Foodstyling:
Hans Peter Fink, Executive-Küchenchef Hotel Sacher Wien,
mit Unterstützung von
Yasmine Scheuringer, *Chef-Patissier Hotel Sacher Salzburg, und*
Andreas Wuchta, *Chef-Patissier Hotel Sacher Wien*

Redaktion und Fachlektorat: Jürgen Ehrmann
Lektorat: Dietmar Unterkofler

Umschlagfoto und Kapitelaufmacher: Luzia Ellert
Food-Fotografie: Kurt-Michael Westermann

Fotos S. 6 oben links und S. 8 unten links: Hotel Sacher Wien
Alle übrigen Fotos S. 6–9: Hotel Sacher Wien/Haiden

Umschlag- und Buchgestaltung: Bruno Wegscheider

Reproduktion: Pixelstorm, Wien
Druck und Bindung: Druckerei Theiss GmbH, St. Stefan im Lavanttal

INHALT

Sacher

Dessert für die Haut
im Sacher Day Spa
Die zarte Versuchung mit
feinstem Kakao-Extrakt

Wer in Schokolade pur eintaucht, bekommt eine streichelweiche Haut, die auch noch Stunden nach der Behandlung einfach zum Anbeißen riecht. Die „Luxury Hot Chocolate Ceremonies" versprechen dank Cacao Scrub und Massage ein kulinarisches Erlebnis mit süßen Glücksgefühlen, ganz ohne Kalorien. Da sich die Pflegeprodukte der Linie „Time to Chocolate" mittlerweile schon zum begehrten Must-Have der Hotelgäste entwickelt haben, kreierte das Sacher Spa seine nächste Gourmet-Offensive. Neben den begehrten Torten gibt es an den Standorten des Hotels auch eine Box mit den neuen Superstars der Sacher Spa Pflegelinie. Weil Schokolade in jedem Falle glücklich macht.

Original Sacher-Torte (1)
Chocolate Ceremonies (2)
Chocolate Ceremonies Cabin (3)
Kräuterbad (4)
Soledampfbad (5)
Mental-Oase (6)
„Time to Chocolate" Bodycare by Sacher Spa (7)

1

2

3

4

5

6

7

DAS HOTEL SACHER UND DIE WIENER MEHLSPEISKULTUR
DAS SÜSSESTE ECK VON WIEN

Hätte man Franz Sacher, als er 1832 als 16-jähriger Lehrling im Dienste des Fürsten Metternich die vielleicht berühmteste Torte der Welt erfand, gesagt, dass er damit auch den Grundstein zu einer Sacher-Schokoladeseife legen würde – er hätte vermutlich aus ganzem Herzen gelacht. Und sein Sohn, der 1876 das Hotel Sacher gründete, hätte sich diesem herzhaften Lachen vermutlich ebenso angeschlossen wie die berühmte Hotelchefin Anna Sacher, der bei diesem Gedanken vielleicht sogar ihre legendäre Zigarre aus dem Mund gefallen wäre.

Aber so ändern sich die Zeiten. Das „süße Sacher" – das geheime „Laboratorium der gehobenen Wiener Mehlspeisküche" – hat in jüngster Zeit „süßen Zuwachs" im Wellnessbereich erhalten. Und es ist keineswegs nur die süße Sacher-Seife „Time to Chocolate", die wie ein verirrtes Petit Four in den Badezimmern der Zimmer und Suiten der Sacherhotels in Wien und Salzburg aufliegt – die Besitzerfamilie Gürtler hat in Sachen „Sweet Wellness" gleich ein ganzes Programm erstellen lassen.

Neben Aromadüften, Wasserelementen, Wärmekabinen, Abkühlerlebnissen und Relaxbereichen mit Kräuterbad, Vital- Erlebnisduschen, Eisbrunnen und Mental-Oase bietet das Sacher Spa in Wien auch eine wahre Fülle an entspannenden Treatments rund um das Thema Schokolade, die allesamt ein kulinarisches Erlebnisprogramm mit süßer Wirkung und bleibendem Glücksgefühl ohne Kalorien versprechen.

So wurden eigens für das Haus Sacher Produkte entwickelt, die in den drei verschiedenen Zeremonien „zart, cremig und duftend" zur Anwendung gelangen und, reich an Nährstoffen, für wohltuende Entspannung der Haut sorgen.

Das „Lebenselixier", das in diesen Anwendungen enthalten ist, ist auch eines der Geheimnisse der Sachertorte: nämlich die edle und nährstoffreiche Kakaobutter, die – ob als Chocolate Body Scrub, Chocolate Body Mask oder Chocolate Body Lotion – die Haut pflegt und verjüngt, die Faltenbildung reduziert und somit nicht nur gutes Aussehen, sondern auch eine positive Ausstrahlung garantiert.

So ist die Schokolade im Sacher allgegenwärtig, auch wenn ihr „Hauptquartier" selbstverständlich weiterhin die von Chefkoch Hans Peter Fink geleitete Sacher-Patisserie ist, deren Rezepte Sie auch im vorliegenden Kochbuch finden. „Süßes aus dem Sacher" bietet einen umfangreichen Querschnitt durch die traditionsreiche Mehlspeisküche des Hauses, verführt aber auch mit zahlreichen leichten und ernährungsbewussten zeitgemäßen Rezepten, um schließlich da und dort auch das Fenster in die Zukunft einer süßen Avantgarde zu öffnen.

Alle Rezepte sind so gestaltet, dass Hausfrauen und Hobbyköche sie zu Hause nachkochen können. Sie sollen aber auch einen Vorgeschmack auf, oder eine köstliche Erinnerung an die süße Sacher-Küche vermitteln, wie man sie – mit Blick auf die Staatsoper – im Wintergarten der Roten Bar oder im Café Sacher, aber auch im eleganten Restaurant Anna Sacher, im Sacher-Eck auf der Kärntner Straße oder im Sacher Salzburg genießen und zum Teil auch in den angeschlossenen Confiserien, ebenso wie in den Sacher-Cafés in Graz und Innsbruck erwerben kann.

Im Mittelpunkt der süßen Sacherküche steht selbstverständlich auch heute noch die Sachertorte, für die Sie in diesem Werk auch ein sehr praktikables, auf den Haushalt abgestimmtes Rezept finden. Das Originalrezept für die in beinahe alle Länder der Welt verschickte Original-Sachertorte hüten die beiden Hausherrinnen, Elisabeth Gürtler und Alexandra Winkler, hingegen nach wie vor im Safe.

Denn das ist schließlich das Wesen von wahren „süßen Geheimnissen" – dass sie auch wirklich geheim bleiben.

Sacher

IMPRESSIONEN AUS DEM HOTEL SACHER WIEN

SACHER-PATISSERIE FÜR EINSTEIGER

GRUNDTEIGE, MASSEN, GLASUREN UND SAUCEN

ZUR EINSTIMMUNG:

WARUM WIR SÜSSES SO SEHR LIEBEN

Der Mensch ist ein Süßer. Seine Vorliebe für Süßes auf der Zunge entwickelt er bereits lange bevor er seine Schwächen für das Pikante entdeckt. Während manche selbst in einem langen Leben niemals Kaviar oder Austern zu schätzen lernen, gibt es niemanden, der nicht wenigstens in der Frühzeit seiner Existenz Schokolade, Lutschbonbons, Eis oder Zuckerwatte gemocht hat. Manche führen dies auf die durch ihren hohen Anteil an Lactose (Milchzucker) bedingte Süße der Muttermilch zurück. Doch auch dieses Argument ist nicht ganz stichhaltig, da neuere Untersuchungen bestätigen, dass der Mensch bereits im Embryonalstadium auf Süßes anspricht.

Worin liegt nun dieser geheimnisvolle Reiz, den „das Süße" schlechthin auf alle Lebewesen ausübt? Was ist das Geheimnis seiner geradezu magnetischen Anziehungskraft?

Zunächst einmal setzt sich die Geschmacksempfindung des Süßen aus zwei Komponenten zusammen, die für das körperliche und auch seelische Wohlbefinden gleichermaßen wichtig sind. Süßes hat Kalorien, die dem Körper Energie zuführen. Und der wesentliche Baustein dieser Kalorien heißt – Zucker.

Womit wir auch schon bei der Zuckerbäckerei wären.

DIE HOHE SCHULE DER ZUCKERBÄCKEREI – DIE WICHTIGSTEN UTENSILIEN

1 Tortenplatten
2 Litermaß
3 Abtropfrost/Küchengitter
4 Marmorplatte
5 Thermometer
6 Rührschüssel
7 Flotte Lotte
8 Gugelhupfform
9 Stabmixer
10 Ausstecher aller Art
11 Dariolformen (Souffléform)
12 Dressiersack
13 Tortenreifen
14 Lötlampe
15 Zuckerthermometer
16 Silikonbackmatten
17 Kunsthaar-Teigpinsel
18 Kunsthaar-Teigpinsel
19 Tunkgabel
20 Dachziegelform
21 Kapselform
22 Ausstecher
23 Spritztüllen
24 Schneebesen
25 Schneebesen
26 Gummi-Teigspachteln
27 Nudelwalker
28 Silikonbackmatten
29 Silikonbackmatten
30 Teigkarten
31 Riffkamm
32 Konfekt-Tunkgabeln

1
2
3
4
5
6
7
8
9
10
11
12
13
14
16
17
18
19
20
21
22
24
25
26
27
28
29
30
31
32

ZEHN GOLDENE BACKREGELN VON SACHER-CHEFKOCH HANS PETER FINK

1. Die erste goldene Regel stammt von meiner Oma, einer exzellenten Mehlspeisköchin. Sie lautet: „Butter kann durch nichts ersetzt werden – und was nicht nach Butter schmeckt, kannst du vergessen."
2. Viele Wege führen zum Ziel. Wie man hinkommt, ist nicht so wichtig, dass man ankommt ist jedoch umso wichtiger.
3. Kreativität ist gut. Dekonstruktion ist weniger gut. Beides ist zurzeit sehr modern. Doch fünfmal füllen, sechsmal drehen und achtmal garnieren kann auch heute nicht der Schlüssel zum Erfolg sein.
4. Weniger ist mehr !
5. Was man beim Kochen und vor allem auch beim Backen „oben" rein gibt, kommt – positiv oder negativ – „unten" auch wieder raus.
6. Nur was frisch ist und Qualität hat, darf auf der Zutatenliste stehen.
7. Wenn ein Produkt nur zu einer gewissen Saison frisch ist und höchste Qualität aufweist, sollte man es auch nur zu dieser Saison verwenden.
8. Die Voraussetzung für gute Zuckerbäckerei ist die Liebe zum Detail, die allerdings aus dem Bauch kommen sollte.
9. Backen braucht zwar nicht alle Zeit der Welt, ein bisschen Geduld, Genauigkeit und Aufmerksamkeit sind jedoch unabdingbar.
10. Das Dessert ist der wichtigste Teil eines Menüs, da man es zum Schluss bekommt und es daher den „letzten Eindruck" vermittelt, den man dann auch mit nach Hause nimmt!

WICHTIGE GRUNDPRODUKTE FÜR DIE SÜSSE SACHER-KÜCHE

BUTTERABTRIEBE

Ein gelungener Butterabtrieb ist der Schlüssel zum Erfolg vieler Mehlspeisen. Abtreiben bedeutet im Grunde nichts anderes als Emulgieren. Wichtig ist dabei vor allem, dass die Butter unbedingt handweich ist. Auch die Eier sollten nicht aus dem Kühlschrank kommen, sondern handwarm sein. Eine Prise Salz hilft zudem erheblich, den Emulgier-Prozess zu beschleunigen.

Und so funktioniert es: Die Butter immer hell und fast weißlich aufschlagen. Danach den ersten Dotter hinzufügen und dabei die Ränder mit einer Gummispachtel zusammenrühren. Dann weiterschlagen und unter gelegentlichem Zusammenrühren Ei um Ei hinzufügen. Ob die Masse gelungen ist, lässt sich leicht überprüfen, indem man sie zwischen zwei Fingern etwas verschmiert. Dann erkennt man sogleich, ob die Wasser-und Fettmoleküle sich harmonisch verbunden haben. Sollte dies nicht der Fall sein, kann man die Masse retten, indem man sie um 5 bis 10 °C erwärmt, etwas Mehl hinzufügt und sie danach noch einmal voll ausschlägt.

KUVERTÜRE

Noch vor wenigen Jahren waren Kuvertüren fast ausschließlich unter Zuckerbäcker-Insidern bekannt. Heute ist eine moderne Patisserie ohne eine gewisse Kuvertüren-Vielfalt kaum noch möglich, weshalb diese „Edel-Schokolade", die hauptsächlich aus den Zutaten Kakaopulver, Kakaobutter, Zucker, Vanille und diversen Emulgatoren wie Lecithin besteht, auch in die Haushaltsküchen Eingang gefunden hat.

Eine Kuvertüre guter oder bester Qualität erkennt man an Schmelz, Geruch, Biss und am Glanz. Als Faustregel gilt: Je höher der feste Kakaoanteil, desto hochwertiger ist das Produkt!

Die drei gebräuchlichsten Kuvertüren sind:

HELL: entspricht einer Vollmilchschokolade mit mindestens 40 % Kakaoanteil

DUNKEL: entspricht einer Zartbitterschokolade mit mindestens 50% Kakaoanteil

WEISS: besteht aus purer, mit Zucker, Vanillin und Milchpulver vermischter Kakaobutter

Kuvertüre muss, um ihren unvergleichlichen Glanz, Schmelz und Biss zu entwickeln, für manche Rezepte temperiert werden. Das Temperieren klingt „gefährlicher" als es ist und lässt sich auch im Haushalt leicht durchführen:

Die einfachste und effektivste Form ist die so genannte Impfmethode: Ca. 400 g Kuvertüre grob mit einem Messer hacken (oder Schokolinsen verwenden). Einen Topf mit Wasser befüllen und eine Schüssel so aufsetzen, dass sie mit dem Wasser in Berührung ist. Das Wasser darf jedoch nicht dampfen, sondern sollte gerade so heiß sein (ca. 40 bis 45 °C), dass die Kuvertüre unter mehrmaligem Rühren mittels einer Gummispachtel schmilzt. Dann weitere 200 g gehackte Kuvertüre (auf Zimmertemperatur!) einmengen und alles (eventuell mittels Eiswürfelbad) auf 30 °C herunterkühlen. Achtung: Weiße Kuvertüre muss auf 28 °C gekühlt werden und kann, je nach gewünschter Konsistenz, auch mit Pflanzenöl verdünnt werden.

GELATINE

Gelatine muss vor dem Gebrauch in eiskaltes Wasser eingeweicht werden. Die Gelatineblätter müssen unbedingt einzeln eingelegt werden, da sie sonst zusammenkleben: Nach einer Einweichzeit von 5 Minuten die Gelatine gut ausdrücken und im Mikrowellenherd oder in einer Pfanne am Herd auf mindestens 60 °C erhitzen. Die zu gelierenden Materialien rasch einrühren. Achtung: Obers immer erst ganz am Schluss einrühren, weil die Gelatine sonst Klumpen bildet!

GLUCOSE

Glucose – ein auch Fructose genannter Stärkesirup – ist in der modernen Patisserie unentbehrlich geworden. Der meist aus Weizen oder anderen stärkehaltigen Nahrungsmitteln gewonnene Sirup ist preisgünstiger als Rübenzucker. Wobei Zuckerwert und Süßkraft um 20 bis 30 % höher als bei Zucker liegen. Pralinen werden dadurch geschmeidiger und weicher. Glucose wird aber auch bei der Hippen-, Eis und Sorbeterzeugung sowie als Creme-Stabilisator eingesetzt.
Glucose ist im Konditorei-Fachhandel (oder in einem Restaurant Ihres Vertrauens) entweder als Pulver oder als Sirup erhältlich, wobei beide gleich zu behandeln sind. In der Sacher-Patisserie wird Sirup bevorzugt, da dieser leichter löslich ist.

FONDANT

So bezeichnet man eine Zuckerglasur mit besonderem Glanz. Fondant sollte niemals über 38 °C erhitzt werden. Sie schmilzt am besten im Wasserbad und kann, falls die Masse zu dickflüssig gerät, mit Wasser oder Zitronensaft verdünnt werden. Fondant wird beispielsweise zum Überziehen von zuvor aprikotierten (mit Marillenmarmelade bestrichenen) Petit Fours oder Punschkrapferln verwendet und sieht nicht nur gut aus, sondern schüzt das Backwerk auch vor dem Austrocknen. Als Alternative eignen sich in Bechern vorgefertigte Zuckerglasuren in verschiedenen Varianten.

FRUCHT- UND TRAUBENZUCKER

Aus Früchten oder Trauben hergestellter Fruchtzucker kann, beispielsweise für Diabetiker, sehr gut den klassischen Rübenzucker ersetzen. Auch Eischnee-Butterabtriebe lassen sich im Verhältnis 1 : 1 auf gleiche Weise wie mit Rübenzucker herstellen.

20 GOLDENE REGELN FÜR MARMELADEN

- Je frischer die Früchte ins Glas kommen, desto besser. Wenn man sie vorher kühlt, verlieren sie an Aroma.
- Verwenden Sie niemals überreife Früchte. Sie enthalten zu viele Keime und gefährden das Endergebnis.
- Bessere Konsistenz und Cremigkeit erhalten Marmeladen, wenn man auf 1 kg Früchte 1,2 kg Glucosesirup hinzufügt.
- Halten Sie sich bei der Marmeladeherstellung an die Maxime: Was die Natur hergibt, soll man nicht durch Spielereien verändern. Reinsortige Marmeladen sind „Cuvées" grundsätzlich vorzuziehen.
- Achten Sie darauf, dass der Zuckeranteil bei 1 kg Früchte niemals unter 400 g liegt, da Zucker konservierend wirkt und die Marmelade ansonsten schnell verdirbt. Ab einem Zuckergehalt von 70 % ist die Marmelade zwar praktisch unbegrenzt haltbar, schmeckt aber nicht mehr gut und ist ernährungsphysiologisch doch auch etwas bedenklich.
- Bei Erdbeermarmelade (wie generell bei Marmeladen aus Beerenfrüchten) ist es vorzuziehen, sie aus tiefgekühlten Früchten herzustellen. Also: Beeren frisch kaufen, gleich einfrieren und nach dem Auftauen sofort verwenden. So arbeitet man immer mit einem total frischen Produkt.
- Der übliche Gelierzucker kann auch ersetzt werden: Verwenden Sie auf 1 kg Frucht 400 g Rübenzucker und vermischen Sie beides mit 30 g Apfel-Pektinpulver. Dann gleich weiterverarbeiten.
- Aufsteigender Schaum muss immer gut abgeschöpft werden.
- Ein Schuss Zitronensaft vor dem Abfüllen erhöht die Gelierkraft, stabilisiert die Farbe und rundet den Geschmack ab.
- Verwenden Sie beim Abschmecken der Marmelade statt Zitronensaft leicht in Wasser aufgelöste Zitronensäure, da diese die Farbe noch intensiver und dauerhafter hält.
- Füllen Sie die Marmelade immer so schnell wie möglich bei einer Temperatur von mindestens 80 °C ab und verschließen Sie die Gläser unmittelbar danach. Sonst bilden sich schnell Keime und die Marmelade verdirbt.

- Legen Sie die Schraubdeckel vorher 5 Minuten in heißes Wasser, damit der Gummiverschluss elastisch wird und besser schließt.
- Verwenden Sie zum Abfüllen ausschließlich heiß gereinigte Gläser.
- Ein guter Verschluss ist der halbe Marmeladegenuss. Am besten eignen sich Twist-Off-Gläser mit Schraubverschluss.
- Sobald ein Marmeladeglas einmal geöffnet wurde, muss es im Kühlschrank gelagert werden.

- Entnehmen Sie die Marmelade (und auch alle anderen Produkte aus Glas-Konserven) nicht mit einem Metall-, sondern immer mit einem Kunststofflöffel. Das Metall gibt seinen metallischen Geschmack nicht nur weiter, sondern kann das Produkt auch zum Oxidieren bringen.
- Lagern Sie Marmeladen immer kühl und dunkel.
- Lassen Sie die Marmelade vor dem Öffnen mindestens eine Woche im Glas reifen, da sich der Zucker dann besser lösen kann.
- Etikettieren Sie jedes abgefüllte Marmeladeglas, indem Sie Inhalt und Abfülldatum vermerken. Nur so bekommen Sie Ordnung in Ihren Vorratsschrank.
- Falls Sie die Marmeladen nur für den Eigenbedarf herstellen, dürfen Sie diese getrost auch Marmeladen nennen. Im gewerblichen Bereich muss sie nach den EU-Verordnungen entsprechend ihren Fruchtzuckeranteilen als Fruchtaufstrich oder Leicht-Konfitüre klassifiziert werden.

NÜSSE

Bei Massen und Teigen werden Haselnüsse, Kürbiskerne und Mandeln immer vor der Verwendung geröstet und danach kalt gerieben, da sich dann das Aroma verdoppelt.

UND SO WIRD'S GEMACHT:

Nüsse, Kerne oder Mandeln am besten auf ein mit Backpapier belegtes Blech legen und bei 160 °C langsam ca. 10 Minuten unter mehrmaligem Wenden hell-nussig rösten. Danach erkalten lassen und fein cuttern oder reiben. Bei Haselnüssen lassen sich die feinen Häutchen gleich nach dem Rösten leicht über einen feinen Mehlsieb gerollt entfernen. Mandeln häutet man indessen am besten, wenn man sie 2 bis 3 Minuten in Salzwasser kurz ankocht und danach mit kaltem Wasser abschreckt – woraufhin sie sich leicht aus der Schale drücken lassen.
Die beste Aufbewahrungsmöglichkeit ist, in einem entsprechenden Nylonsack abgefüllt, in der Tiefkühltruhe. So werden die Nüsse weder ranzig noch von Insekten zerfressen.
Für „Bequeme" werden im Lebensmittelhandel auch vorgeriebene und vorgeröstete Nüsse angeboten.

SÜSSER SCHNEE

So nennt man in der Fachsprache Staubzucker, der mit Pflanzenfett ummantelt bzw. verkapselt wird, wodurch er keine Feuchtigkeit mehr aufnimmt. Eignet sich ideal für Krapfen- bzw. für alles Schmalzgebackene.

DIE ERFINDUNG DES „SÜSSEN GOLDES"

Während die Alchemisten der Renaissance daran scheiterten, aus Mineralien Gold zu machen, schaffte es der Berliner „Chymicus" Andreas Sigismund Marggraf (1709–1782) glorios, eine simple Runkelrübe in Zucker – und damit in „süßes Gold" umzuwandeln.
In seiner 1747 der Königlichen Preußischen Akademie der Wissenschaften vorgelegten Abhandlung über „Chymische Versuche, einen wahren Zucker aus verschiedenen Pflanzen, die in unseren Ländern wachsen, zu ziehen", erläuterte Marggraf zunächst, wie es ihm gelang, aus den unterschiedlichsten Pflanzen Salz auszuscheiden. Diese Errungenschaft, schreibt er, habe ihm Gelegenheit gegeben, „auch die Teile der Pflanzen, welche einen offenbar süßen Geschmack haben, hierauf zu untersuchen und da fand ich, daß einige derselben, nicht allein etwas Zuckerähnliches, sondern einen wahren, vollkommenen und dem gebräuchlichen bekannten aus dem Zucker-Rohr bereiteten vollkommen gleichen Zucker enthielten."
Franz Carl Achard, ein Schüler Marggrafs, setzte diese Erkenntnisse rund ein halbes Jahrhundert später in die Praxis um und gab am 15. Januar 1799 in Preußen den Startschuss zum flächendeckenden Zuckerrübenanbau.
Auf österreichischem Staatsgebiet schlug die Stunde des Rübenzuckers in St. Pölten, wo ein gewisser Johann Ries, der die Rübenfabrikation in Cunern gelernt hatte, 1803 die erste österreichische Rübenzuckerfabrik in Betrieb nahm – und damit den Wiener Mehlspeishimmel auch für die „kleinen Leute" weit öffnete.

RÜBEN- UND ROHRZUCKER

Im Groben werden folgende Zuckerarten unterschieden:

- PUDERZUCKER: feinstes Zuckerpuder
- STAUBZUCKER: etwas gröber als Puderzucker
- WIENER BACKZUCKER: sehr feiner Kristallzucker.
- FEINKRISTALLZUCKER: die in der Pâtisserie gebräuchlichste Zuckerart
- NORMALKRISTALLZUCKER: grober Kristallzucker, vor allem zum Einkochen verwendet
- GELBZUCKER: Vorstufe des Kristallzuckers, etwas gelblich-klebrig, aber mit viel Geschmack
- DEMERARAZUCKER: Braunzucker aus Zuckerrohr
- MUSKOVADOZUCKER: Braunzucker, der zwar klebrig ist, jedoch voller unbekannter Aromen steckt. Die ideale Zutat für Rumtopf, Gewürzlebkuchen oder als Geschmacksträger bei Crème Brûlée
- GEKOCHTER ODER GESPONNENER ZUCKER: Hier unterscheiden Profis die verschiedensten Temperaturen und somit auch Verwendungsmöglichkeiten. In jedem Fall wird Wasser mit Zucker versetzt und bis zu einer gewissen Konsistenz und Temperatur, am besten im Kupfertopf, verkocht.

SCHNEESCHLAGEN

Die wichtigste Voraussetzung für das Schneeschlagen ist fettfreies Werkzeug. Außerdem benötigt man sauber vom Eidotter getrenntes Eiklar. Dotterreste, und seien sie noch so winzig, müssen penibel entfernt werden. Die Hälfte des Kristallzuckers sowie ein paar Spritzer Zitronensaft (erhöht Volumen und Stand) werden beigegeben, bevor man die Masse auf höchster Stufe aufzuschlagen beginnt. Erst wenn der Schnee halbfest ist, lässt man die zweite Hälfte des Zuckers einrieseln und schlägt die Masse auf halber Stufe weiter. Bei Biskuits und Aufläufen ist es ratsam, den Schnee nur bis zu einer schmierigen Konsistenz zu schlagen. Ist er nämlich zu steif, würde man beim Eimengen der restlichen Zutaten die ganze Luft herausdrücken.

VANILLESCHOTEN

Die in der Zuckerbäckerei meistverwendete Vanillesorte ist die Bourbon-Vanilleschote. Die Sacher-Patisserie arbeitet mit der noch etwas luxuriöseren „Königin der Vanilleschoten", der Tahiti-Vanille *(Vanille tahitenis)*, die sich durch einen besonders exotischen, feinherben und intensiven Duft auszeichnet und mehr Mark enthält.

ACHTUNG: Vanille kann ihre aromatischen Eigenschaften nur in feuchtem Zustand voll entwickeln. Es ist daher sinnvoll, die Vanilleschoten zunächst in mit etwas Wasser befeuchtetes Küchenkrepp einzuschlagen und dann in einem Tupperwaregeschirr aufzubewahren.Vanilleschoten lassen sich aber auch gut einfrieren. Nach dem Auskratzen des Marks kann die Außenhaut weiterverwendet werden. Man setzt sie einfach mit feinem Kristallzucker trocken an – und nach bereits zwei Wochen besitzt man völlig chemofreien, aber hocharomatischen Vanillezucker. Die Schoten können auch noch ein zweites Mal mit Zucker befüllt und dann für Vanillesauce oder Cremen weiterverwendet werden.

GRUNDTEIGE UND MASSEN

LEBKUCHENTEIG

ZUTATEN

500 g Roggenmehl · 100 g Butter · 100 g zimmerwarmes Marzipan · 1 EL Speisesoda oder Hirschhornsalz · 100 g Rohrzucker · 200 g Honig · 1 EL Lebkuchengewürz · 2 Eier 1 Eidotter · abgeriebene Schale einer unbehandelten Zitrone · 80 g geröstete, geriebene Mandeln oder Haselnüsse · 1 Ei oder etwas Milch zum Bestreichen

ZUBEREITUNG

Roggenmehl mit Speisesoda oder Hirschhornsalz vermischen. Mit Butter verbröseln und restliche Zutaten zugeben. Am besten mit einer Rührmaschine verkneten, mit Klarsichtfolie abdecken und über Nacht im Kühlschrank rasten lassen. Danach auf einer bemehlten Arbeitsfläche 6 mm dick ausrollen und mit verquirltem Ei oder Milch bestreichen. Im vorgeheizten Backrohr bei 160 bis 170 °C 12 bis 15 Minuten hellbraun backen und auskühlen lassen.

BACKZEIT: 12–15 Minuten
BACKROHRTEMPERATUR: 160–170 °C

Wenn der Teig als Dekoration verwendet wird, dann mit gefärbter Spritzglasur (Rezept s. S. 34) je nach Geschmack verzieren und über Nacht trocknen lassen.Wenn er schön saftig sein soll, sollten Sie ihn mit ein paar Apfelstücken in einer Tupperdose mindestens zwei Wochen rasten lassen. So entfaltet er sein volles Aroma und einen tollen weihnachtlichen Apfelduft.

BLÄTTERTEIG (BUTTERTEIG)

ZUTATEN FÜR DEN VORTEIG

500 g glattes Mehl · 75 g Teebutter · 1 Eidotter · 10 g Salz · ca. 3–4 EL Wasser

FÜR DEN BUTTERZIEGEL

450 g Teebutter · 80 g glattes Mehl

ZUBEREITUNG

Mehl, Butter, Eidotter, Salz und Wasser zu einem geschmeidigen Vorteig verarbeiten. Diesen zu einer Kugel schleifen (mit dem Handballen bearbeiten und zu einer Kugel formen) und kreuzförmig einschneiden. Zugedeckt 2 Stunden rasten lassen. Für den Butterziegel die Butter mit dem Mehl mischen, glatt verkneten und zu einem Ziegel formen. Den Vorteig auf einer bemehlten Arbeitsfläche dünn ausrollen, den flach gearbeiteten Butterziegel darauflegen und mit dem Vorteig einpacken. An einem kühlen Ort ca. 20 Minuten rasten lassen. Danach kann man mit dem Tournieren

beginnen. Darunter versteht man das mehrfache Ausrollen und Zusammenlegen des Teiges.
Man rollt den Butterteig vorsichtig zu einem Rechteck aus. Dann schlägt man die eine Seite bis zur Mitte ein, legt die andere Hälfte darüber (einfache Tour) und drückt die Teigränder fest zusammen. Anschließend lässt man den Teig wieder 20 Minuten rasten. Danach rollt man den Teig wieder zu einem Rechteck aus (nicht dünner als 10 mm) und schlägt ihn jeweils von links und rechts zu 1/3 ein (doppelte Tour) und klappt beide Teile wieder zusammen. Mit einer einfachen und einer doppelten Tour schließt man den Vorgang ab. Wieder kühl und zugedeckt rasten lassen, damit der Teig nicht schrumpft. Auf diese Weise entstehen beim Blätterteig die 144 Butterschichten (3 x 4 x 3 x 4).

TIPPS: Die Backtemperatur bei Blätterteig-Gebäck sollte bei ca. 200 bis 220 °C liegen. Bei zu niedriger Temperatur besteht die Gefahr, dass sich die Butter vom Teig trennt bzw. Butter ausläuft. Blätterteig wird zum einen für pikantes Gebäck wie die Sacher-Mini-Kipferl (Trüffelschinkenkipferl oder Steinpilztascherl), für verschiedenste Salzgebäcke sowie Süßes wie beispielsweise Cremeschnitten, Topfentascherl, Schaumrollen u. v. m. verwendet.
Fertiger Blätterteig kann mit diesem selbst gemachten Produkt nicht mithalten, da er mit Teebutter, vorgefertigter Blätterteig hingegen mit gehärteten Pflanzenfetten oder Margarine hergestellt wird.

PLUNDERTEIG (GERMBLÄTTERTEIG)

ZUTATEN FÜR DEN VORTEIG

1 Würfel Germ · ca. 250 ml Milch · 3 Dotter · etwas Salz
abgeriebene Schale einer unbehandelten Zitrone · 1 P. Vanillezucker
50 g Butter · 500 g glattes, gesiebtes Mehl · 50 g Feinkristallzucker

FÜR DEN BUTTERZIEGEL

400 g Teebutter · 50 g glattes Mehl

ZUBEREITUNG

Für den Teig Germ in der lauwarmen Milch (max. 40 °C) auflösen und mit den übrigen Zutaten zu einem glatten Teig verarbeiten. Für den Butterziegel Butter mit Mehl glatt arbeiten und zu einem Ziegel formen. Den Germteig zu einer Kugel schleifen (mit dem Handballen bearbeiten und zu einer Kugel formen) und kreuzweise einschneiden. Den Teig 30 Minuten zugedeckt rasten lassen und auf einer bemehlten Arbeitsfläche 5 mm dick ausrollen. Den Butterziegel darauflegen und mit dem Germteig einschlagen. Danach wieder zu einem Rechteck (ca. 40 x 25 cm) 1 cm dick ausrollen. Die Hälfte des Teiges bis zur Mitte einschlagen, die andere Hälfte darüberlegen. Den Vorgang zweimal wiederholen, so dass man am Schluss 3 einfache Touren hat. Zwischen den einzelnen Touren immer 20 Minuten kühl rasten lassen.

TIPPS

Plunderteig – auch Germbutterteig genannt – sollte immer kühl verarbeitet werden.
Gebäck aus Plunderteig bei 220 °C anbacken und bei 180 °C fertig backen. Es kann daraus Marzipan-, Topfen- oder Nussgebäck fabriziert werden. Die Gebäckstücke noch heiß aprikotieren oder mit Fondant glasieren oder einfach mit Staubzucker bestreuen.

BRANDTEIG (FÜR PROFITEROLES)

ZUTATEN

500 ml Milch · 125 g Butter · 250 g Universalmehl · 5 g Salz
7–8 Eier je nach Festigkeit, Konsistenz bzw. Verwendungszweck des Teigs

ZUBEREITUNG

Milch, Salz und Butter aufkochen. Sobald die Mischung zu kochen beginnt, vom Herd nehmen und gesiebtes Mehl dazugeben. Zurück auf den Herd stellen und bei schwacher Hitze mit einem Kochlöffel so lange rühren, bis sich die Masse vom Topfrand löst bzw. das Mehl „verkleistert". Die Masse kurz abkühlen lassen. Eier nach und nach unterrühren.
Die Eiermenge reguliert die Festigkeit der Masse je nach Verwendungszweck. Für verschiedene Gebäckstücke wie Eclairs oder Windbeutel sollte der Teig dressierbar sein. Bei Fettgebackenem sollte der Teig eher eine festere Konsistenz aufweisen. Für Profiteroles aus der Brandteigmasse mithilfe eines Spritzbeutels mit Loch- oder Sterntülle entsprechende Formen auf ein vorbereitetes Backblech dressieren. Diese bei geschlossenem Rohr mit Wasserdampf bei 220 °C ca. 30 Minuten backen.

BACKZEIT: ca. 30 Minuten
BACKROHRTEMPERATUR: 220 °C

TIPPS: Wasserdampf am besten mit Hilfe eines flachen Metallblechs, das zu etwa 1 cm mit Wasser gefüllt ist, am Beginn zugeben und nach ca. 5 bis 8 Minuten entfernen. Trocken fertig backen.

EINFACHER GERMTEIG

Je nach Verwendungszweck unterscheidet man festen, gerührten (Savarin, Babas = ital. Gebäck), eingeschlagenen (Plunderteiggebäck) und geschlagenen Germteig (Krapfen).

ZUTATEN

500 g glattes Mehl · 25 g Germ (1/2 Würfel) · etwa 250 ml Milch
70 g flüssige Butter · 70 g Feinkristallzucker · etwas Salz · 1 Ei · 1 Eidotter
abgeriebene Schale einer unbehandelten Zitrone

ZUBEREITUNG

Etwa zwei Stunden vor der Zubereitung des Teiges alle Zutaten aus dem Kühlschrank nehmen, damit sie bei der Verarbeitung Zimmertemperatur haben. Zuerst wird das so genannte Dampfl (Vorteig) zubereitet. Germ mit der lauwarmen Milch (max. 40 °C) und einer Prise Zucker auflösen. So viel Mehl dazugeben bis eine breiige Masse entsteht. Zugedeckt an einem warmen Ort gehen lassen, bis sich das Volumen verdoppelt hat und die Oberfläche Risse zeigt (am besten im Backrohr bei 40 °C und geöffneter Türe). Dann die restlichen Zutaten sowie das restliche Mehl dazugeben (die flüssige Butter zum Schluss) und zu einem glatten Teig verarbeiten.

TIPPS: Wenn Sie den Teig wie beschrieben herstellen und über Nacht zugedeckt im Kühlschrank lagern, so wird dieser feinporiger. Durch die kalte Lagerung erfolgt nämlich ein so genannter „Gärstopp", der das Gebäck luftiger und flaumiger werden lässt.

BRIOCHETEIG

ZUTATEN

500 g glattes Mehl · 40 g Germ · ca. 200 ml lauwarme Milch · 5 Dotter
2 Eier · 30 g Feinkristallzucker · 1 KL Salz · 150 g zimmerwarme Butter

ZUBEREITUNG

Etwa zwei Stunden vor der Zubereitung des Teiges alle Zutaten aus dem Kühlschrank nehmen, damit sie bei der Verarbeitung Zimmertemperatur haben. Für den Vorteig 100 g Mehl mit der zerbröckelten Germ und so viel lauwarmer Milch glatt verrühren, bis eine breiige Masse entstanden ist. Zugedeckt an einem warmen Ort gehen lassen, bis der Teig deutlich aufgegangen ist und die Oberfläche Risse zeigt. Dann das restliche Mehl in eine Schüssel sieben, in die Mitte eine Mulde drücken und den Vorteig hineingeben. Dotter, Eier, Zucker, Salz und die geteilte Butter auf dem Mehlrand verteilen. Die restliche Milch zufügen und alles zu einem glatten Teig verarbeiten. Gut durchkneten, erneut mit einem Tuch bedecken und an einem warmen Platz gehen lassen, bis er sein Volumen verdoppelt hat.

MÜRBTEIG

ZUTATEN

300 g glattes Mehl · 200 g klein geschnittene Butter · 100 g Staubzucker
1 Ei · 1 Prise Salz · 1/2 abgeriebene Schale einer unbehandelten Zitrone
Mark einer Vanilleschote

ZUBEREITUNG

Mehl, Butter, Aromate und Staubzucker abbröseln, Ei untermischen und alles rasch zu einem Teig kneten. Vor der Verarbeitung mit Klarsichtfolie abgedeckt 2 bis 3 Stunden im Kühlschrank rasten lassen.

TIPPS: Dieser Teig wird auch 1-2-3 Teig genannt (1 Teil Zucker, 2 Teile Butter, 3 Teile Mehl). Er kann auf Vorrat hergestellt werden und ist bei sachgemäßer, kühler Lagerung länger haltbar.
Geschmacklich kann Mürbteig durch Zusatz von Kakao, Nüssen und verschiedenen Gewürzen wie z. B. Zimt, Nelken u. a. verfeinert werden.
Wichtig bei der Herstellung von Mürbteig ist es, diesen nicht zu lange mit den Händen zu kneten, da der Teig durch die Handwärme brandig (brüchig) wird und dann äußerst schwer zu verarbeiten ist.
Wenn man statt Staubzucker Feinkristallzucker verwendet, eignet sich dieser Teig sehr gut als Unterlage für Torten oder Tartes.
Für die Herstellung eines Topfenmürbteigs ersetzt man den Staubzucker durch Topfen (20 %) und ein bisschen mehr Salz. Dieser ist ideal für pikante Quiches und gefülltes Snack-Gebäck. Der Teig ist mehrere Tage im Kühlschrank haltbar und kann auch tiefgekühlt werden. (siehe S. 25)

SCHOKOLADEMÜRBTEIG

ZUTATEN

300 g glattes Mehl · 200 g klein geschnittene Butter · 120 g Staubzucker
20 g Kakaopulver · 1 Ei · 2 Dotter · 1 Prise Salz · Mark einer Vanilleschote

ZUBEREITUNG

wie Mürbteig s. S. 23

VERWENDUNGSZWECK: Schwarz-Weiß-Gebäck, Kekse etc.

KRÜMMELBODEN

Einfache schnelle Herstellung ohne Backen

ZUTATEN

150 g geschälte, geriebene und geröstete Haselnüsse
180 g gewürfelte Butterkekse · 150 g gehackte Bitterkuvertüre
(max. 50 % Kakaogehalt) · 150 g weiche Butter
40 g geschmolzene weiße Kuvertüre · Prise Salz

ZUBEREITUNG

Alles miteinander verkneten und zwischen 2 Stk. Backpapier oder Backmatten auf 5 mm ausrollen. Kaltstellen. Ideal für Mousse-Torten oder als Unterlage für Stückdesserts.

STRUDELTEIG

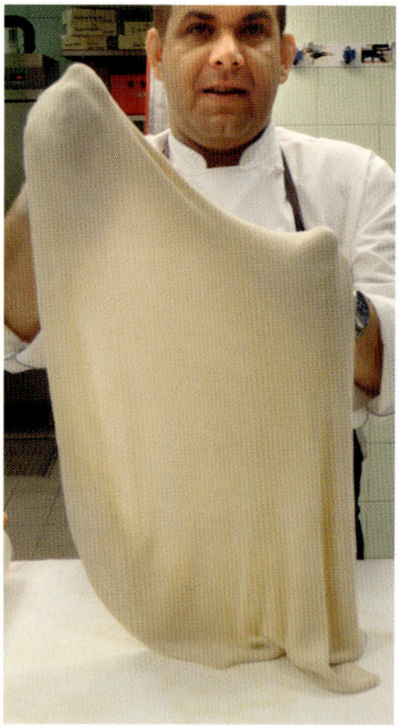

ZUTATEN

250 g Universalmehl · 20 ml Pflanzenöl
Prise Salz · ca. 125 ml lauwarmes Wasser
Pflanzenöl zum Bestreichen

ZUBEREITUNG

Mehl mit Wasser, Salz und Öl am besten mit der Rührmaschine zu einem geschmeidigen Teig verarbeiten. Zu einer Kugel schleifen (mit dem Handballen zu einer Kugel formen). Mit Öl bestreichen und den Teig in einer Klarsichtfolie oder in einen Suppenteller eingepackt ca. 4 Stunden kühl rasten lassen. Nach dem Rasten auf ein bemehltes Tuch legen und den Teig ein wenig rechteckig ausrollen. Hände bemehlen und mit den Handrücken so dünn wie möglich ausziehen. Dabei zuerst den Rand ein wenig nach außen ziehen. Dann mit den bemehlten Händen unter den Teig fahren und gleichmäßig hin- und herbewegen, bis er so dünn geworden ist, dass man eine Zeitung darunter lesen könnte. Mit diversen Zutaten wie Äpfel, Birnen, Nüssen, Mohn etc. füllen.

WIE STRUDELTEIG IMMER GELINGT

10 Goldene Regeln von Sacher-Küchenchef Hans Peter Fink

1. *Verwenden Sie stets Universalmehl.*
2. *Verwenden Sie lauwarmes Wasser. Das löst den Kleber besser.*
3. *Kneten sie den Teig stets mit allen Zutaten in der Küchenmaschine.*
4. *Kneten Sie den Teig zunächst nur an. Lassen Sie ihn danach ca. 10 Minuten rasten und kneten Sie ihn dann nochmals.*
5. *Bepinseln Sie den Teig stets mit etwas Öl, damit er nicht austrocknet.*
6. *Lassen Sie den Teig am besten über Nacht in einem zugedeckten Suppenteller rasten.*
7. *Tupfen Sie beim Ausrollen des Teigs auf einem schön bemehlten Strudeltuch immer vorsichtig das Öl ab.*
8. *Entfernen Sie beim Ausziehen des Teigs immer etwas Material für spätere Schmuckringe.*
9. *Walken Sie den Teig immer gleichmäßig und eher rundlich als eckig aus.*
10. *Ziehen Sie den ausgerollten Teig immer mit dem Handrücken aus.*

PALATSCHINKENTEIG

ZUTATEN

75 g glattes Mehl · ca. 125 ml Milch · 1–2 Eier · 2 1/2 EL Öl
abgeriebene Schale von 1/2 unbehandelten Zitrone · 1/2 TL Vanillezucker · Salz
Erdnussöl oder Butterschmalz zum Herausbacken

ZUBEREITUNG

Mehl mit etwas Milch, Eiern und Öl gut verrühren. Zitronenschale, Vanillezucker sowie eine Prise Salz zugeben und restliche Milch nach und nach unterrühren, so dass ein dünnflüssiger Teig entsteht. Durch ein Sieb streichen und 20 Minuten rasten lassen. Palatschinkenteig bei Bedarf noch mit etwas Milch verdünnen.

TOPFENTEIG

ZUTATEN

250 g glattes Mehl · 100 g Butter · 60 g Topfen (20 %)
Prise Salz · 50 g Staubzucker · 1 Eidotter

ZUBEREITUNG

Mehl, Butter, Salz, Topfen und Staubzucker abbröseln, Eidotter untermischen und alles rasch zu einem Teig kneten. Vor der Verarbeitung mit Klarsichtfolie abgedeckt 2 bis 3 Stunden im Kühlschrank rasten lassen.

SACHERMASSE

ZUTATEN

140 g zimmerwarme Butter · 110 g Staubzucker
ausgekratztes Mark von 1/2 Vanilleschote · 6 Eidotter · 6 Eiklar
130 g Speiseschokolade · 110 g Feinkristallzucker · 140 g glattes Mehl

ZUBEREITUNG

In einer Schüssel weiche Butter mit Staubzucker und Vanillemark cremig rühren. Eidotter hintereinander langsam einrühren und alles zu einer dickschaumigen Masse schlagen. Schokolade im Wasserbad oder in der Mikrowelle schmelzen lassen und unterrühren. Eiklar steif schlagen, dabei den Kristallzucker einrieseln lassen und so lange weiter schlagen, bis der Schnee schnittfest und glänzend ist. Schnee auf die Dottermasse häufen, das Mehl darübersieben und alles vorsichtig mit einem Kochlöffel miteinander vermengen.

SCHWERE SANDMASSE

ZUTATEN

4 Eidotter · 4 Eiklar · 200 g Butter · 200 g Feinkristallzucker · 1P. Vanillezucker
1 Prise Salz · abgeriebene Schale und Saft einer unbehandelten Zitrone
200 g glattes Mehl · 1 TL Weinsteinbackpulver

ZUBEREITUNG

Butter mit der Hälfte des Zuckers, Vanillezucker, Zitronensaft, Zitronenschale und Salz schaumig rühren. Nach und nach Eidotter dazugeben. Den restlichen Zucker mit den Eiklar schaumig schlagen. Mehl mit Backpulver vermischen. Abwechselnd Eischnee und Mehl unter die Buttermasse heben.

NUSSMASSE

ZUTATEN

150 g Butter · abgeriebene Schale von einer 1/2 unbehandelten Zitrone
1 EL Vanillezucker · Prise Salz · Prise Zimt · 7 Eidotter · 5 Eiklar
120 g Feinkristallzucker · 30 g glattes Mehl · 150 g geriebene Walnüsse oder geröstete, geriebene Haselnüsse · 80 g Biskottenbrösel

ZUBEREITUNG

Butter, Zitronenschale, Prise Salz, Zimt und Vanillezucker schaumig rühren. Eidotter nach und nach zugeben. Eiklar mit Zucker zu „schmierigem" Schnee schlagen. Mehl, Nüsse und Biskottenbrösel vermischen und unter die Dotter-Buttermasse heben. Schnee vorsichtig untermischen. In einen Tortenring (24 cm Ø) füllen und im vorgeheizten Backrohr bei 160 °C 50 Minuten goldbraun backen.

BACKZEIT: 50 Minuten
BACKROHRTEMPERATUR: 160 °C

BROWNIES

ZUTATEN

270 g Butter · 80 g Kakaopulver · 350 g Feinkristallzucker · 120 g glattes Mehl
4 Eier · 220 g fein gehackte, geröstete Haselnüsse · 130 g gehackte, dunkle Kuvertüre

ZUBEREITUNG

Butter mit Zucker schaumig schlagen. Eier nach und nach zugeben. Mehl, gesiebtes Kakaopulver, Nüsse und Kuvertüre mischen und vorsichtig untermischen. Auf ein vorbereitetes Backblech streichen und im vorgeheizten Backrohr bei 200 °C 10 Minuten hell backen.

BACKZEIT: 10 Minuten
BACKROHRTEMPERATUR: 200 °C

TIPP: Diese Masse eignet sich als Unterlage für Torten, Schnitten oder Moussen. In Würfel geschnitten, kann man die vor allem bei Kindern beliebten Brownies auch als Dessertdekor für Cremen etc. verwenden. Sie lassen sich gebacken – wie alle anderen Biskuitmassen auch – gut auf Vorrat tiefkühlen.

DÜNNER BISKUITBODEN (AUSLEGEBISKUIT)

ZUTATEN

5 Eier · 150 g Feinkristallzucker · 1 KL Vanillezucker · Salz
abgeriebene Schale einer 1/2 Zitrone · 80 g glattes Mehl
80 g Maistärke (Maizena) · 70 g heiße, flüssige Butter

ZUBEREITUNG

Eier, Kristallzucker, Vanillezucker, Zitronenschale und Salz schaumig rühren. Mehl mit Maisstärke vermischen und einrühren, dann Butter vorsichtig untermischen. Etwa 5 mm dünn auf ein vorbereitetes Backblech aufstreichen und im vorgeheizten Backrohr bei 200 °C 12 Minuten backen.

BACKZEIT: 12 Minuten
BACKROHRTEMPERATUR: 200 °C

KOKOS-BISKUITTEIG

ZUTATEN

60 g geschälte, geriebene Mandeln · 60 g Kokosraspeln · 50 g glattes Mehl
120 g Staubzucker · 5 Eiklar · 30 ml Schlagobers · 130 g Feinkristallzucker

ZUBEREITUNG

Mandeln, Mehl, Kokosraspeln und Staubzucker mischen. 2 Eiklar sowie Schlagobers darunterrühren. Restliche Eiklar mit Zucker steif schlagen und nach und nach unter die Masse heben.
Ca. 4 mm hoch auf ein vorbereitetes Backblech streichen und im vorgeheizten Backrohr bei 170 °C 12 Minuten hellbraun backen.

BACKZEIT: 12 Minuten
BACKROHRTEMPERATUR: 170 °C

DUNKLER MANDELBISKUIT

ZUTATEN

40 g geschälte, geriebene Mandeln · 90 g Feinkristallzucker · 3 Eier
60 g glattes Mehl · 25 g Kakaopulver · 25 g flüssige Butter

ZUBEREITUNG

Für den Biskuitteig Mandeln mit Zucker und Eiern sehr schaumig schlagen. Mehl mit Kakaopulver sieben und vorsichtig unter die Masse mischen. Zum Schluss zerlassene Butter unterheben, auf zwei vorbereitete Backbleche ca. 1 cm hoch aufstreichen und im vorgeheizten Backrohr bei 200 °C etwa 15 Minuten backen.

BACKZEIT: 15 Minuten
BACKROHRTEMPERATUR: 200 °C

BISKUITMASSE FÜR TORTEN

ZUTATEN

5 Eier · 200 g Feinkristallzucker · 1 EL Vanillezucker · Prise Salz
40 g Butter · 160 g glattes oder Universalmehl · 60 ml Milch

ZUBEREITUNG

Eier mit Kristallzucker, Vanillezucker und Salz über Dampf bei 45 °C schaumig schlagen. Danach ca. 10 Minuten in der Rührmaschine rühren. Milch erhitzen und Butter darin schmelzen. Zusammen mit gesiebtem Mehl vorsichtig unter die Dotterschaummasse mischen. In einen Tortenring (24 cm Ø) füllen und im vorgeheizten Backrohr bei 160 °C 35 Minuten goldgelb backen.

BACKZEIT: 35 Minuten
BACKROHRTEMPERATUR: 160 °C

BISKUITMASSE FÜR ROULADEN

ZUTATEN

6 Eidotter · 100 g Feinkristallzucker · 4 Eiklar · 80 g glattes Mehl
abgeriebene Schale einer unbehandelten Zitrone
Prise Salz · 1 EL Vanillezucker · 20 g Maisstärke (Maizena)

ZUBEREITUNG

Eiklar mit Kristallzucker, Vanillezucker, Salz und Zitronenschale steif schlagen. Dotter melieren und mit versiebtem Mehl und Maizena vorsichtig mischen (am besten gelingt das mit einem Schneebesen). Masse auf ein vorbereitetes Backblech ca. 8 mm hoch aufstreichen. Im vorgeheizten Backrohr bei 220 °C 5 bis 8 Minuten mit Umluft backen.

BACKZEIT: 8 Minuten
BACKROHRTEMPERATUR: 220 °C (Umluft)

DEKOR-BISKUIT FÜR QUICK-PATISFORMEN

ZUTATEN FÜR 2 BLECHE (JE 40 X 35 CM)

130 g Feinkristallzucker · 3 Eier · 3 Eiklar
abgeriebene Schale einer unbehandelten Zitrone · 1 EL Vanillezucker
120 g Universalmehl · 30 g flüssig, heiße Butter · 1 KL Kakaopulver

ZUBEREITUNG

120 g Kristallzucker mit Eiern im Wasserbad (50 °C) schaumig schlagen. Restlichen Zucker mit Vanillezucker sowie Zitronenschale und Eiklar zu Schnee schlagen. Mehl auf die Eiermasse sieben und 1/3 des Eischnees unterziehen. Heiße Butter und restlichen Eischnee rasch einarbeiten. 5 EL der Masse mit dem Kakaopulver und 2 EL Wasser vermischen und in Streifen oder Wellen mit Hilfe eines Riffkammes auf die zwei Backbleche auftragen und rasch anfrieren, damit beim Aufstreichen der hellen Masse nichts verrinnt. Danach die restliche Masse auftragen und im vorgeheizten Backrohr bei 180 °C für 10 Minuten hell backen. Sofort herausnehmen und zugedeckt abkühlen lassen. Den Biskuit lösen und zum Auslegen der Quickformen (Auslege-Kunststoffformen) in Streifen schneiden. Die genaue Länge ist dabei sehr wichtig, damit diese gut verschließen. Pro Blech sind ca. 10 bis 15 Streifen mit 4 mm Dicke möglich. Von der übrigen Masse müssen je Blech auch Bodenkreise mit 2 cm Ø ausgestochen und eingelegt werden.

BACKZEIT: 10 Minuten
BACKROHRTEMPERATUR: 180 °C

SCHAUMMASSE

ZUTATEN

4 Eiklar · 380 g Feinkristallzucker · 100 ml Wasser

ZUBEREITUNG

Eiklar mit 30 g Kristallzucker aufschlagen. Restlichen Zucker mit Wasser ca. 5 Minuten zu einem Sirup kochen, bis der Zucker dickflüssig über einen umgedrehten Löffel rinnt. Danach langsam unter starkem Rühren in den Eischnee (s. Schneeschlagen, S. 19) einfließen lassen, bis die gewünschte Konsistenz erreicht ist. Masse über Fruchttorten oder Schnitten dressieren, abflämmen oder bei starker Oberhitze bräunen.

HIPPENMASSE

ZUTATEN

100 g Butter · 100 g Staubzucker · 2 Eiklar · 105 g glattes Mehl

ZUBEREITUNG

Butter mit Staubzucker schaumig rühren. Mehl und Eiklar abwechselnd unterrühren und rasten lassen.

BISKOTTEN

ZUTATEN

4 Eidotter · 5 Eiklar · 80 g Feinkristallzucker · 100 g glattes Mehl
40 g Staubzucker oder 40 g geriebene Haselnüsse zum Bestreuen

ZUBEREITUNG

Dotter mit etwas Zucker schaumig rühren. Eiklar mit dem Rest des Zuckers schaumig schlagen und den Eischnee abwechselnd mit dem Mehl unter die Dotter-Zucker-Masse heben. Auf ein mit Backpapier ausgelegtes Blech kleine Biskotten aufdressieren und mit Staubzucker oder Haselnüssen bestreut im vorgeheizten Backrohr bei 200 °C 20 bis 30 Minuten hellbraun backen.

BACKZEIT: 20 bis 30 Minuten
BACKROHRTEMPERATUR: 200 °C

KASTANIENTORTENBODEN

ZUTATEN

7 Eidotter · 7 Eiklar · 150 g Feinkristallzucker · 1 KL Vanillezucker · 150 g gekochte, geschälte und fein gehackte Kastanien · 40 g fein geriebene Haushaltsschokolade
80g geröstete, geriebene Haselnüsse · 80 g glattes Mehl
Feinkristallzucker zum Bestreuen der Unterlage

ZUBEREITUNG

Dotter mit Vanillezucker und 70 g Kristallzucker schaumig rühren. Eiklar mit restlichem Kristallzucker schaumig schlagen. Schokolade, Kastanien und Nüsse mit Mehl vermischen und Eischnee unterheben. Im vorgeheizten Backrohr bei 170 bis 180 °C in einem Tortenreifen (24 cm Ø) 30 bis 35 Minuten hellbraun backen und stürzen. Unterlage mit Kristallzucker bestreuen und auskühlen lassen.

BACKZEIT: 30–35 Minuten
BACKROHRTEMPERATUR: 170–180 °C
TIPP: Eignet sich als Torten- oder Schnitten-Kapselboden. Er kann mit Rum-Läuterzucker getränkt oder mit Preiselbeeren gefüllt zu einer Torte zusammengesetzt werden.

PARFAIT-SCHMANKERLMASSE

ZUTATEN I

250 ml Milch · 20 g Feinkristallzucker · 1 KL Vanillezucker · 70 g glattes Mehl

ZUTATEN II

4 Eier · 100 g Feinkristallzucker · 150 g glattes Mehl

ZUBEREITUNG I

Milch, Zucker und Vanillezucker aufkochen. Mehl einrühren und abrösten, bis sich die Masse vom Geschirr löst. Kaltstellen und evtl. etwas Milch dazugeben. Auf ein vorbereitetes Blech hauchdünn aufstreichen (am besten mit einer Spachtel) und im vorgeheizten Backrohr bei 220 °C auf Sicht goldgelb backen. Noch heiß vom Blech schaben und in Splitter zerbrechen.

BACKROHRTEMPERATUR: 220 °C

ZUBEREITUNG II

Eier, Zucker und Mehl langsam schaumig rühren, auf ein vorbereitetes Backblech streichen und im vorgeheizten Backrohr bei ca. 220 °C 5 bis 8 Minuten goldbraun backen.

BACKZEIT: 5–8 Minuten
BACKROHRTEMPERATUR: 220 °C

GRILLAGEBODEN

ZUTATEN

7 Eier · 220 g Feinkristallzucker · 30 ml Wasser · 2 EL Vanillezucker abgeriebene Schale einer unbehandelten Zitrone · Prise Salz · etwas Zimt 150 g glattes Mehl · 200 g Grillagebrösel · 30 ml Pflanzenöl 100 g geröstete, geriebene Haselnüsse

FÜR DIE GRILLAGEBRÖSEL

100 g Feinkristallzucker · 100 g geschälte, geröstete Haselnüsse

ZUBEREITUNG

Zunächst die Grillagebrösel zubereiten. Hierfür Kristallzucker hell karamellisieren, Nüsse zugeben und abmischen. Auf ein geöltes oder mit Backmatte ausgelegtes Blech geben, erkalten lassen und fein reiben.

Für den Boden Eier in Eidotter und Eiklar trennen. Dotter mit 70 g Zucker, Wasser, Vanillezucker, Zimt und Zitronenschale schaumig rühren. Eiklar mit restlichem Kristallzucker und Salz zu Schnee schlagen und unter die Dottermasse heben. Grillagebrösel, Haselnüsse und Mehl mischen und unterziehen. Öl langsam unterrühren. Masse in einem Tortenreifen (24 cm Ø) bei ca. 160 °C 25 bis 30 Minuten hellbraun backen.

BACKZEIT: 25–30 Minuten
BACKROHRTEMPERATUR: 160 °C

SCHNELLER BLECHKUCHEN

ZUTATEN

400 g Joghurt (3,6 %) · 400 g Feinkristallzucker · 5 Eier · 550 g glattes Mehl 1 KL Backpulver · Prise Salz · abgeriebene Schale einer unbehandelten Zitrone etwas Maisstärke (Maizena) zum Bestreuen · Zimt-Zucker-Gemisch und Mandelstifte zum Bestreuen · Marillenmarmelade oder Gelee zum Bestreichen

ZUBEREITUNG

Alle Zutaten miteinander vermischen und glatt rühren. Etwa 2 cm hoch auf ein bebuttertes, bemehltes Backblech (40 x 35 cm) aufstreichen und mit etwas Maisstärke bestreuen, damit die Früchte nicht so stark absinken. Dieser Teig kann nun mit verschiedenen Früchten (ca. 1 kg entsteinte Marillen, Zwetschken etc.) belegt werden. Zusätzlich noch mit einem Zimt-Zucker-Gemisch und Mandelstiften bestreuen und im vorgeheizten Backrohr bei 160 °C etwa 50 Minuten backen. Dann mit heißer Marillenmarmelade oder Gelee bestreichen und noch lauwarm genießen.

BACKZEIT: etwa 50 Minuten
BACKROHRTEMPERATUR: 160 °C

BAISER- ODER MERINGUEMASSE

Baiser stammt aus dem Französischen und bedeutet so viel wie „Kuss". Die Masse wird jedoch auch als „spanischer Wind" bezeichnet. Ob die Bezeichnung „Meringue" entweder auf einen Zuckerbäcker aus der ostdeutschen Stadt Meringen oder auf die Marzynka, das Lieblingsgebäck des Polenkönigs Stanislaus I. zurückgeht, ist historisch nicht geklärt.

ZUTATEN

7 Eiklar · 300 g Staubzucker · Prise Salz · Spritzer Zitronensaft
Staubzucker oder Mandelblättchen zum Bestreuen

ZUBEREITUNG

Die Eiklar mit 200 g Staubzucker, Zitronensaft und Salz im Wasserbad (50 °C) cremig schlagen. Restlichen Staubzucker untermischen und steif ausschlagen. Mit einem Spritzsack Krapferl auf ein vorbereitetes Backblech dressieren. Mit Staubzucker oder Mandelblättchen bestreuen und im vorgeheizten Backrohr bei 100 bis 120 °C bei offenem Zug (Rohr bleibt einen Spalt offen, indem man z. B. einen Kochlöffel zwischen Tür und Ofen klemmt; keine Dampfentwicklung) 2 bis 4 Stunden – je nach Luftfeuchtigkeit – antrocknen lassen.

TIPPS: Ganz besonders gut schmeckt Baiser, wenn es im Kern wachsweich ist und nicht völlig zerbricht. Diese Art ist ideal als Zugabe, aber nicht als Einlage, dafür müsste man diese durchtrocknen.

BACKZEIT: 2 bis 4 Stunden

BACKROHRTEMPERATUR: 100 bis 120 °C

DOBOSMASSE

Diese Masse ist nach der weltberühmten Dobostorte (s. S.48) benannt.

ZUTATEN

7 Eiklar · 7 Eidotter · 180 g Feinkristallzucker · 130 g Mehl · 60 g zerlassene Butter
Prise Salz · 1 P. Vanillezucker · abgeriebene Schale einer unbehandelten Zitrone

ZUBEREITUNG

Für die Masse Eiklar mit Kristallzucker, Salz, Vanillezucker, Zitronenschale schaumig rühren. Eidotter vorsichtig unterheben, ebenso das gesiebte Mehl, zuletzt die zerlassene Butter einrühren. Mit dem Tortenring (24 cm Ø) 5 Kreise aus das Backpapier zeichnen, die Masse auf die Kreise aufteilen und gleichmäßig verstreichen. Jeden Boden im vorgeheizten Backrohr bei 200 °C 10 bis 15 Minuten backen. Vom Papier lösen und abkühlen lassen.

BACKZEIT: 10 bis 15 Minuten

BACKROHRTEMPERATUR: 200 °C

ESTERHÁZYMASSE

Diese Masse ist nach den berühmten Esterházyschnitten (s. S. 87) benannt.

ZUTATEN

5 Eiklar · 150 g Feinkristallzucker · 150 g geschälte, geriebene Mandeln

ZUBEREITUNG

Für die Masse Eiklar mit dem Zucker schaumig schlagen und die Mandeln unterheben. Die Mandelmasse auf ein vorbereitetes Backblech (40 x 35 cm) gleichmäßig verstreichen und im vorgeheizten Backrohr bei 200 °C und offenem Zug (Rohr bleibt einen Spalt offen, indem man z. B. einen Kochlöffel zwischen Tür und Ofen klemmt; keine Dampfentwicklung) ca. 20 bis 25 Minuten backen.

BACKZEIT: 20 bis 25 Minuten

BACKROHRTEMPERATUR: 200 °C

INSTANT-KAKAO-BECHERKUCHEN

ZUTATEN

1 Becher Sauerrahm · 1 Becher Feinkristallzucker
1 Becher geriebene, geröstete Haselnüsse · 1 Becher Instant-Kakaopulver
1 Becher glattes Mehl · 3 Eier · 1 Becher Öl · 1/2 P. Weinsteinbackpulver
1 Becher = 250 g

ZUBEREITUNG

Eier mit Zucker etwas schaumig rühren und mit einem Handmixer Öl ohne Luftzufuhr einmischen. Sauerrahm beigeben. Kakaopulver, Nüsse, Mehl und Backpulver miteinander vermischen und ebenfalls dazugeben. Etwa 2 cm hoch auf ein vorbereitetes Blech oder einen Tortenring streichen und im vorgeheizten Backrohr bei 165 °C 15 Minuten gut durchbacken.

BACKZEIT: 15 Minuten

BACKROHRTEMPERATUR: 165 °C

TIPP: Kann auch als Untergrund für Torten oder glasiert als Schnitte verarbeitet werden.

GLASUREN

DOBOSGLASUR

ZUTATEN

100 g Feinkristallzucker · ca. 1 TL Butter

ZUBEREITUNG

Zucker karamellisieren, Butter dazugeben und im Zucker auflösen. Im Eiswürfelbad abkühlen und relativ rasch mit einer in Öl getauchten Palette ca. 2 mm dick über den Boden ziehen. Dann rasch mit einem in Öl getauchten Messer entsprechende Tortenecken schneiden.

FADENZUCKERGLASUR

ZUTATEN

500 g Feinkristallzucker · 200 ml Wasser

ZUBEREITUNG

Kristallzucker mit Wasser auf 108 °C kochen lassen (Zuckerthermometer verwenden; Probe: etwas Zuckerwasser zwischen zwei Finger nehmen. Es sollte sich dazwischen ein Fädchen bilden).

SPRITZGLASUR

ZUTATEN

2 Eiklar · 4 EL Staubzucker · Saft einer Zitrone

ZUBEREITUNG

Eiklar mit Staubzucker und Zitronensaft dick anmischen und eventuell färben. Mithilfe eines Spritzsacks oder einer Palette auftragen.

SCHOKOLADEGLASUR

ZUTATEN

100 ml Schlagobers · 50 ml Milch · 1 Blatt Gelatine
150 g fein geschnittene, dunkle Kuvertüre

ZUBEREITUNG

Gelatine einweichen. Schlagobers und Milch aufkochen und Kuvertüre darin auflösen. Gelatine ausdrücken und dazugeben. Kurz ohne Luftzufuhr mit dem Mixstab aufmixen (Mixstab muss dazu während des Mixens untergetaucht bleiben).

SACHERGLASUR FÜR TORTEN UND WÜRFEL (KONSERVGLASUR)

ZUTATEN

200 g Feinkristallzucker · 125 ml Wasser · 150 g Zartbitterkuvertüre (mindestens 55 %)

ZUBEREITUNG

Zucker und Wasser 5 bis 6 Minuten sprudelnd aufkochen, dann leicht überkühlen lassen. Schokolade darin schmelzen und unter Rühren nach und nach mit der Zuckerlösung vermischen, bis eine dickflüssige, glatte Glasur entsteht.

TIPP: Die Ideale Überzugstemperatur von Glasuren liegt bei plus 10 °C Temperaturunterschied gegenüber dem zu überziehenden Gebäckstück. Wenn das Gebäck also eine Temperatur von 25 °C aufweist, sollte die Temperatur der Glasur 35 °C betragen. Nur dann ist auch ein optimaler Glanz und Halt garantiert.

DUNKLE GANACHEGLASUR

ZUTATEN

100 ml Wasser · 250 g Feinkristallzucker · 200 ml Schlagobers · 2 Blatt Gelatine
50 g Kakaopulver · 150 g Zartbitterkuvertüre · 20 g Kokosfett

ZUBEREITUNG

Gelatine in eiskaltes Wasser einweichen. Obers aufkochen, Gelatine ausdrücken und dazugeben, Kuvertüre über einem Wassserbad oder in der Mikrowelle schmelzen. Kakaopulver und Kokosfett einmengen. Zucker mit Wasser ca. 5 Minuten sprudelnd kochen (125 °C). Schokolademasse mit Stabmixer ohne Luftzufuhr (Mixer am Boden aufsetzen) dazumischen.

MILCH-GANACHEGLASUR

ZUTATEN

100 ml Milch · 75 g Schlagobers · 45 g Feinkristallzucker · 60 ml Wasser
50 g Glucose (Zuckersirup; in Apotheke erhältlich) · 2 Blatt Gelatine
500 g Milchkuvertüre

ZUBEREITUNG

Gelatine in eiskaltes Wasser einweichen. Milch mit Obers, Zucker, Glucose und Wasser aufkochen. Gelatine ausdrücken und dazugeben. Kuvertüre im Wasserbad oder in der Mikrowelle schmelzen und mit Stabmixer ohne Luftzufuhr (Mixer am Boden aufsetzen) dazumischen.

WEISSE GANACHEGLASUR

ZUTATEN

2 Blatt Gelatine · 20 ml Wasser · 100 ml Schlagobers
100 ml Milch · 400 g weiße Kuvertüre

ZUBEREITUNG

Gelatine in eiskaltes Wasser einweichen. Obers mit Milch aufkochen, Gelatine ausdrücken und dazugeben. Kuvertüre im Wasserbad oder in der Mikrowelle schmelzen und mit Stabmixer ohne Luftzufuhr (Mixer am Boden aufsetzen) dazumischen.

TIPP: Ganache hält sich gut verschlossen und gekühlt über mehrere Tage und ist durch die darin enthaltene Gelatine auch sehr elastisch und bruchsicher. Ganache ist also auch ideal geeignet zum Überziehen von Backwaren oder Moussewürfeln, die geschnitten werden müssen.

WARME UND KALTE SAUCEN

VANILLESAUCE

ZUTATEN FÜR 4 PORTIONEN

3 Eidotter · 150 ml Milch · 125 ml Schlagobers
60 g Feinkristallzucker · 1/2 aufgeschnittene Vanilleschote

ZUBEREITUNG

Milch mit Vanilleschote aufkochen, vom Herd nehmen und 5 Minuten ziehen lassen. Dotter mit Zucker verrühren, Vanilleschote entfernen und Milch nach und nach unterrühren und bei mäßiger Hitze so lange rühren, bis die Sauce leicht bindet. Topf in ein Gefäß mit Eiswasser stellen und abkühlen lassen. Währenddessen ab und zu umrühren. In die erkaltete Sauce das halbfest ausgeschlagene Obers unterrühren.

SCHOKOLADESAUCE

ZUTATEN FÜR 10 PORTIONEN

1/2 l Schlagobers · 300 g dunkle, klein geschnittene Kuvertüre
100 g klein geschnittene Milchkuvertüre · Rum nach Geschmack

ZUBEREITUNG

Schlagobers aufkochen. Klein geschnittene Kuvertüre und Rum dazugeben. Alles mit einem Stabmixer gut verrühren. Darauf achten, dass keine Luft eingeschlagen wird. Hierzu den Stabmixer immer zur Gänze in die Sauce halten und nicht schrägstellen.

TIPP: Die Sauce kann kalt oder warm genossen werden. Sie hält sich im Kühlschrank problemlos einige Tage.

TOPFENSAUCE

ZUTATEN FÜR 6 PORTIONEN

150 g Topfen (20 %) · 50 g Naturjoghurt · 50 g Staubzucker
Mark von 1 Vanilleschote · etwas Saft einer Zitrone · 125 g Crème fraîche

ZUBEREITUNG

Topfen und Joghurt vermischen und mit Crème fraîche, Staubzucker, Vanillemark sowie Zitronensaft cremig rühren.

SOMLÓER SCHOKOLADESAUCE

Diese Sauce trägt ihren Namen nach den berühmten Somlóer Nockerln (s. 174)

ZUTATEN

300 ml Milch · 100 g Feinkristallzucker · 200 ml Wasser · 1 EL Vanillezucker
Prise Salz · 40 g Vanillepuddingpulver · 200 g Zartbitterkuvertüre
50 g Kakaopulver · 150 g QimiQ · 80 ml Barack

ZUBEREITUNG

Milch mit Kristallzucker, Wasser, Vanillezucker und Salz aufkochen und mit Puddingpulver binden. Kuvertüre brechen, zugeben. Kakaopulver und QimiQ einrühren. Barack dazugießen und kaltstellen.

KARAMELLSAUCE

ZUTATEN FÜR 10 PORTIONEN

500 ml Milch · 1 EL Vanillezucker · Prise Salz
100 g Glucose (Zuckersirup; in Apotheke erhältlich) · 400 g Feinkristallzucker
20 cl Wasser · 100 g Butter · 100 g weiße Schokolade oder Kuvertüre · 6 cl Baileys

ZUBEREITUNG

Wasser mit Glucose aufkochen, Kristallzucker langsam einrühren und hell karamellisieren. Mit Milch und Vanillezucker vorsichtig aufmischen (Zucker sehr heiß, kann leicht spritzen). Prise Salz zugeben und 3 bis 5 Minuten unter ständigem Rühren einkochen. Schokolade, Butter und Baileys zugeben und leicht mit dem Stabmixer ohne Lufzufuhr (Mixer am Boden aufsetzen) dazumischen.

FRUCHTSAUCEN-COULIS

Es eignen sich Beerenfrüchte wie Himbeeren, Erdbeeren, Heidelbeeren oder Waldbeeren. Es können frische oder tiefgekühlte Früchte verwendet werden, bei Erdbeeren sind tiefgekühlte Früchte vorzuziehen, da diese beim Kochen eine bessere Farbe erhalten und auch der Geschmack intensiver ist.

ZUTATEN FÜR DAS GRUNDREZEPT

500 g Früchte · 150 g Feinkristallzucker · Saft einer Zitrone
2 EL Maisstärke (Maizena) oder Pfeilwurzelmehl · 4 EL Wasser

ZUBEREITUNG

Früchte mit Zucker und Zitronensaft aufkochen, passieren und nochmals aufkochen. Maisstärke oder Pfeilwurzelmehl mit Wasser verrühren, Früchte binden und abkühlen lassen. Unter Umständen mit Stabmixer anrühren, da so die Sauce sämiger wird.

TIPP: Bei der Verwendung von Himbeeren können Sie das Mark von 1/2 Vanilleschote, bei Erdbeeren Grand Marnier und bei Heidelbeeren oder gemischten Waldfrüchten Bacardi dazumischen.

ORANGENSAUCE

ZUTATEN FÜR 6 PORTIONEN

100 g Feinkristallzucker · 50 g Butter · 150 ml frisch gepresster Orangensaft
Saft einer Zitrone · abgeriebene Schale einer unbehandelten Orange (nach Belieben)
4 cl Grand Marnier (ersatzweise anderer Orangenlikör) · 4 cl Cognac (oder Weinbrand)

ZUBEREITUNG

Zucker in einer erhitzten Pfanne schmelzen lassen und karamellisieren. Butter in kleinen Stückchen zugeben und mit Orangen- sowie Zitronensaft ablöschen. Nach Belieben geriebene Orangenschale zugeben und alles kochen, bis sich der Karamell aufgelöst hat. Grand Marnier dazugießen. Mit vorgewärmtem Cognac flambieren (übergießen und anzünden).
Passt hervorragend für Crêpes Suzette.

WEINCHAUDEAU (GRUNDREZEPT)

Diese altwienerische Köstlichkeit wird in alten Wiener Kochbüchern auch häufig „Schado" genannt.

ZUTATEN FÜR 6 PORTIONEN

250 ml geschmacksintensiver Weißwein (Riesling oder Gewürztraminer)
4 Eidotter · 100 g Feinkristallzucker · einige Tropfen Zitronensaft

ZUBEREITUNG

Alle angeführten Zutaten glatt verrühren und in einem Schneekessel mittels Schneerute über Dampf bei ca. 60 bis 70 °C cremig schlagen. Nicht überhitzen, da die Masse sonst ausflockt.

TIPPS: Den Geschmack des Weines können sie mit Zimtstangen, Nelken, Zitronenschale oder durch die Zugabe von Vanilleschoten variieren. Hierzu einfach den Wein einmal mit der jeweiligen Zutat aufkochen, abseihen und weiterverarbeiten. Der Wein kann jedoch auch z. B. durch Fruchtsäftepunsch, Most oder andere essenzielle Geschmacksträger ersetzt werden.

VARIANTE: Ein Rezept, das im Sommer überaus erfrischend wirkt, ist folgendes: 2 Kugerl Vanilleeis und 2 Kugerl Zitroneneis in einem Eisglas oder einer Schale mit Himbeeren übergießen und Weinchaudeau überziehen. Etwas Obers aufdressieren und eventuell noch frisch geschnittene Zitronenmelisse darüberstreuen.

MANDELSCHAUM

ZUTATEN

250 ml Milch · Prise Salz · 100 g geröstete, geschälte Mandelblättchen
100 g Crème fraîche · 2 Blatt Gelatine · etwas Amaretto nach Belieben

ZUBEREITUNG

Gelatine in eiskaltem Wasser einweichen. Milch mit Prise Salz und gerösteten Mandelblättchen aufkochen. Crème fraîche zugeben und 1 Stunde ziehen lassen. Mandelmilch abseihen, Gelatine ausdrücken und darin auflösen. In eine Espumaflasche füllen und 4 Stunden kaltstellen. Vor dem Servieren gut schütteln und auftragen. Eventuell mit Amaretto verfeinern.

Sacher

TORTEN UND SCHNITTEN

DIE HOHE SCHULE DER WIENER ZUCKERBÄCKERKUNST

HOTEL
SACHER
WIEN
HOTEL
SACHER
WIEN

TORTEN

SACHERTORTE

Das Originalrezept für diese berühmteste aller Schokoladetorten wird im Sacher in einem Safe unter Verschluss gehalten und wie ein Schatz gehütet. Das folgende Rezept von Sacher-Küchenchef Hans-Peter Fink ist eine etwas vereinfachte Variante, die dem Original, wenn man es richtig macht, geschmacklich schon ziemlich nahekommt.

ZUTATEN FÜR EINE SPRINGFORM MIT 22–24 CM Ø

140 g zimmerwarme Butter · 110 g Staubzucker · ausgekratztes Mark von 1/2 Vanilleschote · 6 Eidotter · 6 Eiklar · 130 g Speiseschokolade 110 g Feinkristallzucker · 140 g glattes Mehl · ca. 200 g Marillenmarmelade zum Füllen · Butter und Mehl für die Form · Schlagobers als Garnitur

FÜR DIE GLASUR

200 g Feinkristallzucker · 125 ml Wasser · 150 g Schokolade

ZUBEREITUNG

In einer Schüssel weiche Butter mit Staubzucker und Vanillemark cremig rühren. Eidotter hintereinander langsam einrühren und alles zu einer dickschaumigen Masse schlagen. Schokolade im Wasserbad oder in der Mikrowelle schmelzen lassen und unterrühren. Eiklar steif schlagen, dabei den Kristallzucker einrieseln lassen und so lange weiterschlagen, bis der Schnee schnittfest und glänzend ist. Schnee auf die Dottermasse häufen, das Mehl darübersieben und alles vorsichtig mit einem Kochlöffel miteinander vermengen.

Den Boden einer Springform mit Backpapier auslegen und Tortenrand mit Butter ausstreichen sowie mit Mehl ausstreuen. Masse einfüllen, glattstreichen und im vorgeheizten Backrohr bei 170 °C 55 bis 60 Minuten backen. Dabei die ersten 10 bis 15 Minuten die Backrohrtür einen Fingerbreit offen lassen, dann schließen. (Der Kuchen ist richtig durchgebacken, wenn ein leichter Fingerdruck leise erwidert wird.) Torte mit der Form auf ein Kuchengitter stürzen und etwa 20 Minuten überkühlen lassen. Dann Papier abziehen, Torte umdrehen und in der Form völlig erkalten lassen. Aus der Form lösen und mit einem scharfen Messer waagrecht halbieren. Marmelade leicht erwärmen, glattrühren, beide Tortenböden damit bestreichen und wieder zusammensetzen. Rundherum ebenfalls mit Marmelade bestreichen und etwas antrocknen lassen.

Für die Glasur Zucker und Wasser 5 bis 6 Minuten sprudelnd aufkochen, dann leicht überkühlen lassen. Schokolade darin schmelzen und unter Rühren nach und nach mit der Zuckerlösung vermischen, bis eine dickflüssige, glatte Glasur entsteht (s. Tipp). Lippenwarme Glasur auf einmal, d. h. in einem einzigen raschen Guss, über die Torte gießen und mit so wenigen Strichen wie möglich mit einer Palette rundum glatt verstreichen. Einige Stunden trocknen lassen, bis die Glasur wirklich erstarrt ist. Portionieren und mit geschlagenem Obers servieren.

DIE SACHERTORTE – SÜSSER KULT UM EINE RUNDE SACHE

Man braucht nicht besonders zu übertreiben, um festzustellen, dass die Sachertorte die berühmteste Torte der Welt ist. Allein die Gegenfrage „Welche sonst?" macht Sie sicher. An ihren weltweiten Bekanntheits- und Beliebtheitsgrad kommen selbst Tortenseller wie die Malakoff-, die Dobos- oder die Esterházytorte nicht heran. Lediglich Tiramisu und Mousse au chocolat könnten ihr vielleicht Konkurrenz machen – aber beides sind keine Torten.

Nein, was Torten betrifft, hat schon die Sachertorte die Quadratur des Kreises geschafft (und das keineswegs nur deshalb, weil die runde Torte ohne das eckige Holzkästchen dazu kaum denkbar ist.). Es ist nachgerade unmöglich, irgendjemandem auf dieser Welt, und wohne sie oder er in Yokohama, Buenos Aires, Wladiwostok oder Dschibuti, mit einer Sachertorte keine Freude zu bereiten. Die Sachertorte ist ein süßer Donauwalzer, ein schokobrauner Lipizzaner, kurzum: ein Stück süßes Wien, das der Welt gehört.

Begonnen hat diese Erfolgsstory ohnegleichen damit, dass „Urahn" Franz Sache in der Biedermeierzeit als Kocheleve in Diensten des Fürsten Mettternich den erkrankten Küchenchef vertreten musste, als es darum ging, ein neues Dessert zu kreieren. „Dass er mir aber keine Schand' macht heute Abend", soll Staatskanzler Klemens Fürst Metternich im Jahr 1832 den jungen Mann noch ermahnt haben.

Von „Schand'" sollte jedoch keine Rede sein. Ganz im Gegenteil: Spätestens seit die Sachertorte von der berühmten Katharina Prato 1858 durch Aufnahme in ihr legendäres Kochbuch „Die süddeutsche Küche" gewissermaßen in den kulinarischen Adelsstand erhoben wurde, verbreitete sie sich bis in die entlegensten Winkel der Donaumonarchie – und von dort aus über den ganzen Globus.

Da mögen schnöde Kritiker immer wieder einwenden, es gäbe kreativere, prächtigere, ziselierte und verführerischere Torten. All diese letztlich banale Kritik prallt an der Tatsache ab, dass die Sachertorte, im Gegensatz zu all ihren Konkurrentinnen, Kult ist. Es ist die Ikone einer Torte, kurzum, es ist die Torte schlechthin.

Diese Eigenschaft verdankt die Sachertorte vor allem und gerade ihrer Schlichtheit. Sie ist nicht der komplexeste, sondern der einfachste aller edlen Tortengenüsse. Der freilich stellt sich nur dann ein, wenn alle Zutaten (im Grunde nur Butter, Zucker, Schokolade, Eier, Zucker, Mehl, Vanille und Wachauer Marillen) nicht nur erster Güte sind, sondern in vollendeter Harmonie zueinander komponiert wurden.

Der viel zitierte Satz von der einfachen Raffinesse und der raffinierten Einfachheit – auf nichts trifft er so punktgenau zu wie auf die Sachertorte.

Freilich gibt es da auch noch das berühmte im Sacher-Safe aufbewahrte „Geheimrezept" und die Tortenbäckerei im Süden Wiens, die freilich so ganz und gar nichts von einer Fließbandbäckerei an sich hat. Manche Produktionsvorgänge wurden zwar klug mechanisiert, aber im Grunde wird die Sachertorte heute genauso zubereitet wie vor hundertfünfzig Jahren: nämlich in Handarbeit und mit viel Liebe.

Zur Liebe gesellt sich seit einigen Jahren auch noch Licht. Denn während die Sacher-Tortenbäckerei früher im Keller des Hotels untergebracht war, arbeiten die Tortenbäckerinnen und Tortenbäcker heute bei Tageslicht.

Manche sagen, die Torte sei seither – was kaum noch denkbar schien – noch besser geworden.

BACKZEIT: 55 bis 60 Minuten
BACKROHRTEMPERATUR: 170 °C

GARNITUREMPFEHLUNG: In der Regel wird die Sachertorte nicht verziert, nur im Hause Sacher wird sie mit dem berühmten „Tortensiegel" belegt.
TIPP: Um die richtige Konsistenz der Glasur zu überprüfen, lassen Sie die Glasur über einen Holzkochlöffel laufen. Dieser sollte dann von einer etwa 4 mm dicken Glasurschicht bedeckt bleiben. Gerät die Glasur zu dick, so kann sie durch einige Tropfen Läuterzucker (Zuckerrückstände im Topf nochmals mit wenig heißem Wasser lösen) verdünnt werden. Achten Sie auch darauf, dass die Glasur nicht zu heiß wird – sie bleibt sonst nach dem Trocknen stumpf und keinesfalls glänzend.

Foto rechts

MACHEN SÜSSIGKEITEN DICK?

Dass Zucker dick macht, ist ein weitverbreitetes Vorurteil, das viele zu chemischen Zuckerersatzstoffen greifen lässt, die aus ernährungsphysiologischer Sicht in Wahrheit wesentlich bedenklicher sind als der Zucker an sich. Selbst wer vom Arzt auf eine 800-Kalorien-Diät gesetzt wurde, braucht auf das gewohnte Stück Würfelzucker keineswegs zu verzichten, um seinen Kaffee oder Tee zu süßen. Es verfügt mit seinen recht bescheidenen16 Kalorien nämlich über kaum mehr als den Brennwert einer vollreifen Tomate. Ähnliches gilt etwa für Bitterschokolade mit hohem Kakaoanteil, die in zahlreichen – ansonsten durchaus strengen – Diäten sogar ausdrücklich empfohlen wird.

Schließlich wissen auch gute Diätärzte um die zutiefst menschliche Sehnsucht nach dem Süßen. Nur wenn diese Sehnsucht auch auf verantwortungsvolle Weise gestillt wird, hat eine Diät letztlich Aussicht auf Erfolg.

Dass ebendiese Sehnsucht auch zur gefährlichen Sucht werden kann, ist leider eine ebenso unbestrittene Tatsache, deren wahre Ursachen freilich fast immer in der Psyche des Betroffenen und nicht so sehr in den unleugbaren Lockungen der süßen Welt liegen, die – mit Vernunft genossen – gerade jene Lebensfreude zu schenken vermag, die der Süchtige vielleicht so nötig braucht.

So gilt also auch und gerade für den Zucker, was der große Arzt und Alchemist Paracelsus vernünftigerweise über alle Lebensmittel sagte: „Allein die Dosis macht's!" Eine Weisheit, die sich längst auch alle guten Patissiers dieser Welt zu eigen gemacht haben, wenn sie Zucker genauso sparsam und mit Bedacht einsetzen wie die Köche das Salz.

HOTEL
SACHER
WIEN

MALAKOFFTORTE

Die nach Jean J. Pélissier (1794–1864), dem Erstürmer der russischen Bastion Malakoff bei Sewastopol auf der Krim, benannte Biskottentorte stammt vermutlich aus dem damals österreichischen Norditalien und ist eine Verwandte der Mascarpone-Creme Tiramisu.

ZUTATEN FÜR EINE TORTE MIT 24 CM Ø

FÜR DEN BISKUITBODEN

5 Eier · 150 g Feinkristallzucker · 1 P. Vanillezucker · Prise Salz
abgeriebene Schale einer unbehandelten Zitrone · 120 g glattes Mehl
40 g Maisstärke (Maizena) · 80 g zerlassene Butter
Für den Boden kann auch „Dunkler Mandelbiskuit" (s. S. 28) verwendet werden.

FÜR DIE VANILLECREME

2 Eidotter · 2 Eier · 100 g Feinkristallzucker · 500 ml Schlagobers
6 Blatt Gelatine · Mark einer Vanilleschote · 1 P. Vanillezucker · 4 cl Amaretto

FÜR DEN RUMSIRUP

150 g Feinkristallzucker · 150 ml Wasser · 1/4 l Rum
1 P. Biskotten zum Belegen

14 Biskotten, Schokoladespäne und 250 ml Schlagobers zum Dekorieren

ZUBEREITUNG

Für den Biskuitboden Eier mit Kristallzucker, Vanillezucker, Salz und Zitronenschale über Dampf erst warm, dann kalt schlagen. Mehl mit Maisstärke versieben und langsam unterheben. Zerlassene Butter unterziehen. In eine ausgefettete, bemehlte Tortenform füllen und im vorgeheizten Backrohr bei 180 °C 30 bis 35 Minuten backen. Auskühlen lassen und einmal waagrecht halbieren.
Für die Creme Eier und Dotter mit Kristallzucker, Vanillezucker und Vanilleschotenmark über Dampf zuerst warm, dann kalt schlagen. Gelatine einweichen, ausdrücken und mit dem erwärmten Amaretto vermischen. Das halbfest geschlagene Obers der aufgeschlagenen Eierschaummasse unterziehen.
Für den Sirup Kristallzucker mit Wasser aufkochen, abkühlen lassen und Rum dazugeben.
Einen der beiden Biskuitböden in eine Tortenform legen, mit Rumsirup beträufeln und Vanillecreme etwa 2 cm hoch einfüllen. Darauf eine Schicht getränkte Biskotten legen und diese ebenfalls mit Creme bestreichen. Nochmals eine Schicht Biskotten darüberlegen und wieder tränken. Mit der restlichen Creme auffüllen und mit dem zweiten Biskuitboden abschließen. Über Nacht kühlstellen und dann aus der Form lösen. Obers aufschlagen und ganze Torte damit einstreichen sowie Rosetten aufdressieren. Mit Schokoladespänen und 14 Biskotten fertig dekorieren.

BACKZEIT: 30–35 Minuten
BACKROHRTEMPERATUR: 180 °C

DOBOSTORTE

Diese Torte trägt ihren Namen nach dem 1924 verstorbenen ungarischen Zuckerbäcker Lajos Dobos, fand jedoch schon 1895 Eingang in die Wiener Mehlspeiskultur.

ZUTATEN FÜR EINE TORTE MIT 24 CM Ø

FÜR DOBOSBODENMASSE

**7 Eiklar · 7 Eidotter · 180 g Feinkristallzucker · 130 g glattes Mehl · 60 g Butter
Prise Salz · 1 P. Vanillezucker · abgeriebene Schale einer unbehandelten Zitrone**

FÜR DIE SCHOKOLADEBUTTERCREME

**160 ml Milch · 30 g Feinkristallzucker · 20 g Vanillecremepulver · 1 Eidotter
Prise Salz · etwas Rum · 250 g Butter · 100 g Zartbitterkuvertüre · 40 g Staubzucker**

FÜR DIE DOBOSGLASUR

100 g Feinkristallzucker · ca. 1 TL Butter

ZUBEREITUNG

Für den Boden Eiklar mit Kristallzucker, Salz, Vanillezucker und Zitronenschale schaumig rühren. Eidotter vorsichtig unterheben, ebenso gesiebtes Mehl, zuletzt Butter einrühren. Mit dem Tortenring 5 Kreise auf das Backpapier zeichnen, Masse auf die Kreise aufteilen und gleichmäßig verstreichen. Jeden Boden im vorgeheizten Backrohr bei 200 °C ca. 10 bis 15 Minuten backen. Vom Papier lösen und abkühlen lassen.

Für die Creme 2/3 der Milch mit Zucker und der Prise Salz zum Kochen bringen. Restliche Milch mit Cremepulver und Dotter vermischen und zum Milchzucker rühren. Kurz köcheln lassen, vom Herd nehmen und auskühlen lassen.

In der Zwischenzeit Butter mit Staubzucker schaumig rühren und die Vanillecreme dazugeben und weiterrühren. Kuvertüre im Wasserbad oder in der Mikrowelle auflösen, ebenfalls beifügen und weiterrühren, zuletzt Rum dazugeben.

Für die Glasur Zucker karamellisieren, Butter dazugeben und im Zucker auflösen. Karamell auf dem schönsten Dobosboden verteilen, sofort in 14 Teile schneiden und auskühlen lassen. Eines der restlichen Dobosblätter in den Tortenring setzen und mit Créme bestreichen. Zwei weitere ebenso auffüllen und mit dem vierten Boden abschließen. Mit der restlichen Buttercreme kleine Rosetten aufdressieren und die Karamellspalten fächerförmig auflegen.

BACKZEIT: 10 bis 15 Minuten

BACKROHRTEMPERATUR: 200 °C

SCHWARZWÄLDER KIRSCHTORTE

Die Schwarzwälder Kirschtorte wurde 1915 von Josef Keller, einem Konditor aus Radolfszell am Bodensee, zur Meisterprüfung in Bad Godesberg bei Bonn eingereicht.

ZUTATEN FÜR EINE TORTE MIT 24 CM Ø

FÜR DEN SCHOKOLADEBODEN

100 g Butter · 100 g Staubzucker · 6 Eidotter · 6 Eiklar · 100 g Feinkristallzucker 100 g Zartbitterkuvertüre · 120 g glattes Mehl · abgeriebene Schale einer unbehandelten Zitrone · 1 P. Vanillezucker · Prise Salz

FÜR DAS SCHOKOLADEOBERS

180 ml Schlagobers · 100 g Zartbitterkuvertüre

FÜR DAS KIRSCHOBERS

270 ml Schlagobers · 1 EL Staubzucker · 4 cl Kirschwasser · 3 Blatt Gelatine

FÜR DIE ABGEZOGENEN WEICHSELN

1 Glas Weichseln (ca. 300 g) · 30 g Weizenstärke · 1 P. Vanillezucker · etwas Wasser

250 ml Schlagobers zum Bestreichen · Sauerkirschsaft zum Tränken der Böden Sauerkirschen zum Garnieren

ZUBEREITUNG

Für den Boden Butter, Staubzucker, Vanillezucker, Zitronenschale und Salz schaumig rühren. Langsam Eidotter unterziehen. Kuvertüre im Wasserbad oder in der Mikrowelle schmelzen und ebenfalls unter den Butterabtrieb rühren. Eiklar mit dem Kristallzucker zu Schnee schlagen und abwechselnd mit dem gesiebten Mehl unter die Masse heben. In eine ausgebutterte, bemehlte Tortenform geben und im vorgeheizten Backrohr bei 170 °C 45 bis 50 Minuten backen.

Für die Bereitung des Schokoladeobers Kuvertüre im Wasserbad oder in der Mikrowelle schmelzen, Obers leicht anschlagen, die zerlassene Kuvertüre darunterrühren (Wichtig: Die Schokolade sollte nicht zu heiß sein!).

Für das Kirschobers Gelatine in eiskaltes Wasser einweichen, ausdrücken und Obers mit Staubzucker leicht aufschlagen. Gelatine im erwärmten Kirschwasser auflösen und unter die Masse ziehen.

Für die abgezogenen Weichseln Kompottsaft mit Vanillezucker aufkochen. Stärke mit wenig Wasser verrühren und in den wallenden Kirschsaft einrühren. Kurz mitköcheln lassen, vom Herd nehmen, Kirschen dazugeben und auskühlen lassen.

Dann die Torte wie folgt zusammensetzen. Den Schokoladeboden zweimal durchschneiden, sodass drei gleich hohe Böden entstehen. Den ersten in eine Tortenform legen und mit Kirschsaft tränken, Schokoladeobers auf dem Boden verstreichen und die abgezogenen Weichseln darauf verteilen. Den zweiten Boden darüberlegen und ebenfalls mit Kirschsaft tränken. Das Kirschobers aufstreichen und mit dem dritten Boden abschließen. Diesen auch mit Kirschsaft tränken und die Torte am besten über Nacht kühlstellen. Aus der Tortenform lösen, Schlagobers aufschlagen und mit einem Teil davon die Torte einstreichen. Etwas Obers zurückbehalten, damit Rosetten aufdressieren und mit Kirschen dekorieren (auf jede Sahnerosette jeweils 1 Kirsche legen).

BACKZEIT: 45 bis 50 Minuten

BACKTEMPERATUR: 170 °C

PAPAGENOTORTE

ZUTATEN FÜR EINE TORTE MIT 24 CM Ø

FÜR DEN TEIG

180 g Rohmarzipan · etwas Wasser · 5 Eidotter · 5 Eiklar · Prise Salz
1 P. Vanillezucker · abgeriebene Schale einer unbehandelten Zitrone
100 g Feinkristallzucker · 70 g glattes Mehl · 25 g Maisstärke (Maizena)
30 g zerlassene Butter · 150 g Kompottmandarinenspalten

FÜR DIE CREME

300 ml Schlagobers · 60 g klein geschnittene Zartbitterkuvertüre

FÜR DIE VERZIERUNG

250 ml Schlagobers · 100 g Mandelnougat · 100 g Milchkuvertüre
100 g Milchschokoladestreusel

Cointreau zum Tränken des Bodens
Zartbitterkuvertüre zum Bestreichen des Backpapiers

ZUBEREITUNG

Die Creme sollte bereits am Vortag vorbereitet werden. Hierfür Obers aufkochen, die Kuvertüre dazugeben und mit dem Stabmixer einige Minuten mixen und kühlstellen.
Für den Teig Rohmarzipan mit Wasser schaumig schlagen. Dotter langsam einrühren, dann Salz, Vanillezucker und Zitronenschale dazugeben. Eiklar mit Zucker zu Schnee schlagen. Mehl mit Maisstärke versieben und abwechselnd mit dem Eischnee vorsichtig unter die Marzipanmasse mischen. Dann Mandarinen unterheben und abschließend die zerlassene Butter einrühren. In eine bebutterte, bemehlte Tortenform geben und im vorgeheizten Backrohr bei 170 °C ca. 40 bis 45 Minuten backen. Auskühlen lassen und aus der Form lösen.
Den Tortenreifen (Höhe 5 cm) auf ein Backpapier setzen und mit wenig aufgelöster Kuvertüre das Papier bestreichen, den Marzipanboden daraufsetzen und mit Cointreau tränken. Die Creme vom Vortag vorsichtig aufschlagen, bis zum oberen Tortenrand auffüllen und kühlstellen.
Zum Verzieren aus der Form nehmen. Das Obers aufschlagen und die Torte damit einstreichen. Die Oberseite mit gehobelten Milchschokoladestreuseln bestreuen. Für den Rand Nougat und Milchkuvertüre im Wasserbad oder in der Mikrowelle schmelzen und vermischen. Davon einen 7 cm breiten Streifen auf ein Backblech streichen und auskühlen lassen. Mit einer Spachtel herunterlösen und um die Torte legen.

BACKZEIT: 40 bis 45 Minuten
BACKROHRTEMPERATUR: 170 °C

X.O.
1976

TRÜFFELTORTE KLASSISCH

ZUTATEN FÜR EINE TORTE MIT 24 CM Ø

FÜR DEN SCHOKOLADEBODEN

s. Rezept Schwarzwälder Kirschtorte S. 50

FÜR DIE TRÜFFELCREME

300 g klein geschnittene, Zartbitterkuvertüre · 300 ml Schlagobers

FÜR DEN WEINBRANDSIRUP

100 g Feinkristallzucker · 100 ml Wasser · 250 ml Weinbrand

FÜR DIE GLASUR

150 g Zartbitterkuvertüre · 80 g Nougat

ZUBEREITUNG

Für den Boden Butter mit Staubzucker, Vanillezucker, Zitronenschale und Salz aufschlagen. Langsam die Dotter einrühren. Kuvertüre im Wasserbad oder in der Mikrowelle schmelzen und unterrühren. Eiklar mit dem Kristallzucker aufschlagen und abwechselnd mit dem Mehl unter die Masse heben. In eine bebutterte, ausgemehlte Form geben und im vorgeheizten Backrohr bei 170 °C ca. 40 bis 45 Minuten backen. Auskühlen lassen, von der Form lösen und in 3 gleiche Teile waagrecht durchschneiden.

Für die Creme (kann bereits am Vortag hergestellt werden) das Obers aufkochen, die klein geschnittene Kuvertüre dazugeben, darin auflösen und überkühlen lassen.

Für den Sirup Wasser mit Zucker aufkochen, abkühlen lassen und Weinbrand dazugeben.

Böden mit Weinbrandsirup beträufeln, die Trüffelcreme eventuell kurz aufschlagen und Schicht für Schicht zusammensetzen (etwas Trüffelcreme für die Dekoration zurückbehalten). Mit Creme abschließen und kühlstellen.

Die überkühlte Torte aus der Form lösen, mit der Schokoladeglasur (hierzu die Kuvertüre mit dem Nougat im Wasserbad oder in der Mikrowelle schmelzen) überziehen und mit der restlichen Creme dekorieren.

BACKZEIT: 40 bis 45 Minuten

BACKROHRTEMPERATUR: 170 °C

SCHOKOMOUSSE-HIMBEERTORTE

ZUTATEN FÜR EINE TORTE MIT 24 CM Ø

FÜR DEN SCHOKOLADEBODEN

s. Rezept Schwarzwälder Kirschtorte S. 50

FÜR DIE SCHOKOLADEMOUSSE

3 Eier · 2 Eidotter · 45 g Feinkristallzucker · 1 P. Vanillezucker
200 g Zartbitterkuvertüre · 30 g Milchkuvertüre · 380 ml Schlagobers
3 Blatt Gelatine · 2 cl Amaretto

FÜR DEN AMARETTOSIRUP

100 g Zucker · 100 g Wasser · 125 ml Amaretto

500 g frische oder tiefgekühlte Himbeeren zum Belegen
Tortengelee zum Glasieren · Himbeermarmelade zum Bestreichen
Schlagobers zum Einstreichen · gehobelte Schokolade zum Bestreuen

ZUBEREITUNG

Für den Boden Butter mit Staubzucker, Vanillezucker, Zitronenschale und Salz schaumig schlagen und nach und nach Dotter dazugeben. Kuvertüre im Wasserbad oder in der Mikrowelle schmelzen und unter den Butterabtrieb rühren. Eiklar und Kristallzucker aufschlagen und abwechselnd mit dem Mehl unter die Buttermasse melieren. In eine bebutterte, bemehlte Form füllen und im vorgeheizten Backrohr bei 180 °C ca. 45 Minuten backen. Auskühlen lassen und dreimal waagrecht durchschneiden.

Für die Mousse Gelatine in eiskaltes Wasser einweichen. Eier, Dotter, Kristallzucker und Vanillezucker über Dampf erst warm, dann kalt schlagen. Die Milch- und Zartbitterkuvertüre zusammen im Wasserbad oder in der Mikrowelle schmelzen. Gelatine ausdrücken, im erwärmten Amaretto auflösen und unterrühren. Obers halbfest schlagen. Kuvertüren und zuletzt das Obers vorsichtig unterziehen.

Für den Sirup Zucker mit Wasser aufkochen, abkühlen lassen und Amaretto dazugeben.

Dann die Torte wie folgt zusammensetzen: In einen Tortenreifen einen Schokoladeboden einsetzen und mit Amarettosirup tränken. Die Hälfte der Schokolademousse auf dem Boden verteilen und etwa 10 Himbeeren einlegen. Dann den nächsten Tortenboden daraufsetzen, mit Amarettosirup tränken und das restliche Mousse darauf verstreichen. Mit dem dritten Tortenboden abschließen und am besten über Nacht kühlstellen.

Dann die Oberseite der Torte mit Himbeermarmelade bestreichen, mit frischen Himbeeren belegen und mit Tortengelee abgelieren. Die Seiten mit geschlagenem Obers einstreichen und mit gehobelter Schokolade bestreuen.

BACKZEIT: ca. 45 Minuten
BACKROHRTEMPERATUR: 180 °C

WIE DIE SCHOKOLADE IN WIEN EINZUG HIELT

Mit der Schokolade bekam der Zucker in der Renaissance – spät, aber doch – jene süße Schwester, mit deren Hilfe er vom süßen Gewürz erst wirklich zur echten „Süßigkeit" werden konnte. Die spanischen Konquistadoren hatten nämlich – quasi im Gegenzug fürs Zuckerrohr, das sie selbst der Neuen Welt beschert hatten – von dieser einen seltsamen Rauschtrank zurückgebracht, den sie zunächst nur „indianische Brühe" nannten.

In seinem Ursprungsland war das „chocolatl" – das Wort stammt aus dem Aztekischen und bedeutet „bitteres Wasser"– allerdings alles andere als ein süßer Trank und wurde daher von abendländischen Gaumen auch alles andere als geschätzt. Manche, die davon kosteten, meinten gar, dass das „chocolatl" wie die Hölle selbst schmecke. Aus den vom Caucauatlbaum gepflückten Kakaobohnen bereiteten die Eingeborenen nämlich einen zwar kühlen, aber dafür mit Chilischoten versetzten Erfrischungstrank zu, der in Europa zunächst auf ebenso wenig Gegenliebe stieß wie die als äußerst giftig verschrieenen Tomaten und Kartoffeln.

Erst als man den Pfefferoni durch Zucker und das kalte durch kochendes Wasser ersetzte, konnte die Schokolade zu jenem Lieblingsgetränk der feudalen Gesellschaft werden, das sowohl in den Salons des Sonnenkönigs Ludwig XIV. Furore machte, als auch in den Gemächern des spanisch-österreichischen Habsburgerhauses. Als „kostbares Pech" und als „indianischen Niederschlag, von dem der Gaumen im Sommer und im Winter glücklich ist" feierte man das damals nur zu Höchstpreisen gehandelte Luxusprodukt, aus dem die begehrte Trinkschokolade hergestellt wurde.

Das elitäre Schokoladevergnügen büßte seine Exklusivität erst ein, als die Schokoladeproduktion – ähnlich wie die Zuckerherstellung – im 19. Jahrhundert allmählich industrialisiert wurde. Doch bis dahin konnte die elegante Welt noch zahlreiche Kapriolen aus Zucker und Schokoguss schlagen, die einzig und allein ihr vorbehalten blieben.

BITTER-ORANGENMOUSSE-PUNSCHTORTE

Das Wort Punsch geht auf die indische Wurzel „pandscha" zurück. Darunter versteht man nicht nur die Zahl fünf (auch heute noch heißt das indische Fünfstromland Pandschab), sondern auch ein von der Priesterkaste zubereitetes Kultgetränk, das aus fünf Zutaten bestand: Wasser, Tee, Arrak, Zitronensaft und Zucker.

ZUTATEN FÜR EINE TORTE MIT 24 CM Ø

FÜR DEN SCHOKOLADEBODEN

s. Rezept Schwarzwälder Kirschtorte S. 50

FÜR DEN BISKUITBODEN

**5 Eier · 150 g Feinkristallzucker · 1 P. Vanillezucker · Salz
abgeriebene Schale einer unbehandelten Zitrone · 120 g glattes Mehl
40 g Maisstärke (Maizena) · 80 g zerlassene Butter**

FÜR DIE PUNSCHMASSE

Biskuitboden von obigem Rezept · 100 g Marillenmarmelade · 50 g Orangenmarmelade · etwas Rum · 90 g Feinkristallzucker · 50 g Zartbitterkuvertüre

FÜR DIE BITTERORANGENMOUSSE

**250 ml frisch gepresster Orangensaft · Schale einer unbehandelten Orange
50 g Feinkristallzucker · 20 g Maisstärke (Maizena) · 250 ml Schlagobers
3 Blatt Gelatine · 4 cl Grand Marnier**

FÜR DEN GRAND MARNIER-SIRUP

**100 g Wasser · 100 g Feinkristallzucker · 125 ml Grand Marnier
Saft einer unbehandelten Orange**

FÜR DAS ORANGENGELEE

**100 ml frisch gepresster Orangensaft · 30 g Feinkristallzucker · Mark einer Vanilleschote
etwas abgeriebene Schale einer unbehandelten Orange · 2 Blatt Gelatine**

500 ml Schlagobers zum Bestreichen und Dressieren · 14 Orangenfilets zum Belegen

ZUBEREITUNG

Für den Schokoladeboden Butter mit Staubzucker, Vanillezucker, Zitronenschale und Salz schaumig rühren. Langsam Eidotter unterrühren. Kuvertüre im Wasserbad oder in der Mikrowelle schmelzen und unter den Butterabtrieb rühren. Eiklar mit Kristallzucker zu Schnee schlagen und abwechselnd mit dem gesiebten Mehl unter die Masse heben. In eine ausgefettete, bemehlte Tortenform geben und im vorgeheizten Backrohr bei 180 °C ca. 45 bis 50 Minuten backen. Abkühlen lassen und einmal waagrecht durchschneiden.
Für den Biskuitboden Eier mit Kristallzucker, Vanillezucker, Salz und Zitronenschale über Dampf erst warm, dann kalt schlagen, bis die Masse schaumig ist. Das mit der Maisstärke versiebte Mehl unterheben, dann die zerlassene Butter unterrühren. In eine gefettete, bemehlte Form füllen und im vorgeheizten Backrohr bei 180 °C 30 bis 35 Minuten backen. Auskühlen lassen.
Für die Punschmasse Biskuitboden in kleine Würfel schneiden. Zucker mit Rum vermischen und Biskuitwürfel damit tränken. Kuvertüre im Wasserbad oder in der Mikrowelle schmelzen. Marillenmarmelade und Orangenmarmelade mischen und flüssige Schokolade unterrühren. Über Nacht durchziehen lassen.

Für die Bitterorangenmousse Zucker karamellisieren, mit etwas Orangensaft ablöschen, Orangenschale dazugeben und aufkochen lassen, bis der Zucker aufgelöst ist. Mit restlichem Orangensaft verrühren. Maisstärke dazugeben, nochmals aufquellen lassen und kühlstellen. Gelatine in eiskaltes Wasser einweichen, ausdrücken, im erwärmten Grand Marnier auflösen und zur Orangenmasse geben. Obers halbfest schlagen und unter die Masse heben.

Für den Sirup Wasser mit Zucker aufkochen, abkühlen lassen und Grand Marnier sowie Orangensaft dazugießen.

Tortenreifen auf ein Backpapier stellen und den Schokoladeboden hineinlegen und mit Grand Marnier-Sirup beträufeln. Die Punschmasse 2 cm hoch einfüllen, mit der Bitterorangenmousse auffüllen und kühlstellen.

Für das Gelee Gelatine in eiskaltes Wasser einweichen, Zucker karamellisieren und mit Orangensaft ablöschen. Etwas Orangenschale und Vanilleschotenmark dazugeben. Gelatine ausdrücken und unter die noch warme Orangenmasse geben. Kurz überkühlen lassen (sollte fast kalt sein).

Die Oberseite der Torte mit dem Orangengelee glasieren und wieder kühlstellen. Nachdem das Gelee angezogen hat, den Tortenreifen entfernen. Obers aufschlagen und die Seite der Torte damit einstreichen. Mit Sahnerosetten und Orangenfilets dekorieren.

BACKZEIT: 40 bis 45 Minuten (Schokoladeboden); 30 bis 35 Minuten (Biskuitboden)
BACKROHRTEMPERATUR: 180 °C (Schokolade- und Biskuitboden)

MARACUJA-SCHOKOMOUSSETORTE

ZUTATEN FÜR EINE TORTE MIT 24 CM Ø

FÜR DEN SCHOKOLADEBODEN

s. Rezept Schwarzwälder Kirschtorte S. 50

FÜR DIE MARACUJAMOUSSE

**125 ml Maracujamark · 70 g Kristallzucker · Mark einer Vanilleschote
40 g Maisstärke (Maizena) · 125 g Schlagobers · 3 Blatt Gelatine · 4 cl Cointreau**

FÜR DIE SCHOKOLADEMOUSSE

3 Eier · 2 Eidotter · 45 g Feinkristallzucker · 1 P. Vanillezucker · 200 g Zartbitterkuvertüre · 30 g Milchkuvertüre · 380 ml Schlagobers · 3 Blatt Gelatine · 2 cl Amaretto

FÜR DAS MARACUJAGELEE

**50 g Marillenmarmelade · 120 g Maracujamark · 50 g Feinkristallzucker
2 Blatt Gelatine**

FÜR DEN COINTREAUSIRUP

**100 g Feinkristallzucker · 100 g Wasser · 125 ml Cointreau
Saft einer unbehandelten Orange**

FÜR DIE GARNITUR

300 ml Schlagobers

ZUBEREITUNG

Für den Schokoladeboden Butter mit Staubzucker, Vanillezucker, Zitronenschale und Salz schaumig rühren. Langsam Eidotter unterziehen. Kuvertüre im Wasserbad oder in der Mikrowelle schmelzen und unter den Butterabtrieb rühren. Eiklar mit Kristallzucker zu Schnee aufschlagen und abwechselnd mit dem gesiebten Mehl unter die Masse melieren. In eine gebutterte, bemehlte Tortenform geben und im vorgheizten Backrohr bei 170 °C 40 bis 45 Minuten backen. Auskühlen lassen und dreimal waagrecht in gleiche Teile schneiden.

Für die Fruchtmousse Fruchtmark mit Zucker und Vanilleschotenmark aufkochen. Maisstärke mit ein wenig Wasser verrühren, ins Fruchtmark geben und kurz köcheln und abkühlen lassen. Gelatine einweichen, ausdrücken, im erwärmten Cointreau auflösen und zum Passionsfruchtmark geben. Obers halbfest aufschlagen und unterziehen.

Für das Maracujagelee 100 g Fruchtmark und Marillenmarmelade mit dem Zucker erhitzen. Das restliche Mark dazugeben. Gelatine einweichen, ausdrücken und darin auflösen. Durch ein Sieb streichen, bis sich das restliche Mark von den Fruchtkernen gelöst hat.

Für den Sirup Wasser mit Kristallzucker aufkochen, abkühlen lassen und Cointreau sowie Orangensaft dazurühren.

Tortenreifen mit einem Tortenboden auslegen, mit Cointreausirup beträufeln und Schokoladenmousse einfüllen. Mit den anderen Tortenböden ebenso verfahren und mit Maracujamousse abschließen. Einige Stunden kühlstellen.

Für die Schokolademousse Eier, Eidotter, Kristallzucker und Vanillezucker über Dampf erst warm, dann kalt schlagen, bis die Masse eine cremige Konsistenz hat. Kuvertüren im Wasserbad oder in der Mikrowelle schmelzen. Gelatine einweichen, ausdrücken, im erwärmten Amaretto auflösen und unter die Eimasse rühren. Die geschmolzene Kuvertüre dazurühren und das halbfest geschlagene Obers unterziehen.

Nur die Oberseite mit dem Maracujagelee glasieren und nochmals kühlen, bis das Gelee angezogen ist. Aus der Tortenform lösen. Obers aufschlagen und die Seite der Torte damit einstreichen. Mit Maracujas und Minze garnieren.

BACKZEIT: 40 bis 45 Minuten
BACKROHRTEMPERATUR: 170 °C

ANNATORTE

Die Annatorte ist eine der berühmtesten Torten aus der 1786 Ludwig Dehne am Michaelerplatz gegründeten k. u. k. Hofzuckerbäckerei, die später als „Demel" weltberühmt werden sollte.

ZUTATEN FÜR EINE TORTE MIT 24 CM Ø

FÜR 6 TORTENBÖDEN

150 g Staubzucker · 5 Eidotter · 1 P. Vanillezucker · abgeriebene Schale einer unbehandelten Zitrone · Prise Salz · 125 ml Pflanzenöl · 125 ml Wasser · 5 Eiklar 175 g Feinkristallzucker · 200 g glattes Mehl · 35 g Kakaopulver

FÜR DIE CREME

400 ml Schlagobers · 300 g klein geschnittene Milchkuvertüre · 30 g Honig

FÜR DIE NOUGATGLASUR

150 g Mandelnougat · 150 g weiße Kuvertüre · Staubzucker zum Bestreuen

FÜR DEN AMARETTOSIRUP

125 ml Amaretto · 2 EL Wasser · ein wenig Zucker

Staubzucker zum Bestreuen

ZUBEREITUNG

Für die Böden Dotter mit Staubzucker, Zitronenschale, Salz und Vanillezucker schaumig rühren. Langsam zuerst das Öl, dann das Wasser einfließen lassen. Eiklar mit dem Kristallzucker cremig aufschlagen und unter die Ei-Zucker-Masse heben. Mehl mit Kakaopulver versieben und ebenfalls unterziehen. Zwei Backbleche mit Backpapier auslegen und mit dem Tortenreifen (Höhe 5 cm) je einen Kreis aufzeichnen und einen Teil der Masse darauf 5 mm aufstreichen. Im vorgeheizten Backrohr bei 180 °C ca. 10 bis 15 Minuten backen und abkühlen lassen. Diesen Vorgang noch zweimal wiederholen.

Für die Creme Obers aufkochen, vom Herd nehmen, Honig und Kuvertüre dazugeben. Mit dem Stabmixer 5 bis 10 Minuten mixen. Über Nacht durchkühlen lassen. Vor Gebrauch im Sahnekessel leicht anschlagen (Vorsicht: Kann leicht überschlagen werden!)

Für die Nougatglasur Kuvertüre im Wasserbad oder in der Mikrowelle schmelzen, Nougat einrühren. Auf einem großen vorbereiteten Blech dünn aufstreichen und im Kühlschrank anziehen lassen. Zucker mit Wasser und Amaretto zu einem Sirup kochen.

Dann die Torte wie folgt zusammenfügen, Tortenreifen auf ein Backpapier setzen, den ersten Tortenboden einlegen und mit etwas Creme bestreichen. Restliche Tortenböden in Amaretto tränken, ebenfalls einlegen und mit Creme bestreichen (etwas Creme zurückbehalten). Mit einem Kakaoboden abschließen. Ein wenig beschweren und kühlstellen. Dann aus der Form lösen und die ganze Torte mit der restlichen Creme einstreichen.

Das Nougat aus dem Kühlschrank herausnehmen, mit einer Spachtel 8 cm breite Streifen herunterschälen, um die Torte legen und auf der Oberseite der Torte fächerförmig anordnen. Abschließend mit Staubzucker bestreuen.

BACKZEIT: 10 bis 15 Minuten
BACKROHRTEMPERATUR: 180 °C

TOPFENMOUSSETORTE

ZUTATEN FÜR EINE TORTE MIT 24 CM Ø

FÜR DEN MÜRBTEIGBODEN

300 g glattes Mehl · 200 g Butter · 100 g Staubzucker · 1 Ei
abgeriebene Schale einer unbehandelten Zitrone
1 P. Vanillezucker · 1 Prise Salz

FÜR DEN BISKUITBODEN

5 Eier · 150 g Feinkristallzucker · 1 P. Vanillezucker · Prise Salz
abgeriebene Schale einer unbehandelten Zitrone · 120 g glattes Mehl
40 g Maisstärke (Maizena) · 80 g zerlassene Butter

FÜR DIE TOPFENMOUSSE

100 g Sauerrahm · 200 g Topfen (20 %) · 2 Eidotter · 80 g Staubzucker
1/2 P. Vanillezucker · Saft einer Zitrone · 500 ml Schlagobers · 8 Blatt Gelatine

FÜR DIE GARNITUR

250 g frische Erdbeeren oder andere Früchte · 1 P. Tortengelee
200 g gehobelte, geröstete Mandeln · 200 ml Schlagobers · Marillenmarmelade
zum Bestreichen · Saft von 1 Orange zum Tränken

ZUBEREITUNG

Für den Mürbteigboden Mehl, Butter, Staubzucker, Zitronenschale, Vanillezucker und Salz abbröseln. Dann das Ei unterkneten und zu einem Teig verarbeiten. Mit einer Klarsichtfolie abdecken und 2 bis 3 Stunden kühlstellen. Mürbteig auf einer bemehlten Arbeitsfläche auf 24 cm ausrollen, „stupfen", im vorgeheizten Backrohr bei 200 °C etwa 15 Minuten backen und auskühlen lassen.
Für den Biskuitboden Eier mit Kristallzucker, Vanillezucker, Salz, Zitronenschale über Dampf erst warm, dann kalt schlagen, bis die Masse schaumig ist. Zuerst das mit der Maisstärke versiebte Mehl, dann die zerlassene Butter langsam einrühren. In eine ausgebutterte, bemehlte Form füllen und im vorgeheizten Backrohr bei 180 °C 30 bis 35 Minuten backen. Danach mit Mehl bestauben, aus der Form lösen und umgedreht auskühlen lassen. Zweimal waagrecht durchschneiden.
Für die Mousse Topfen mit Dotter, Staubzucker, Vanillezucker und Zitronensaft glattrühren. Gelatine einweichen, ausdrücken, im erwärmten Orangensaft auflösen und unter die Topfenmasse rühren. Obers halbfest schlagen und unterziehen.
In einen Tortenreifen den Mürbteigboden einsetzen und mit Marillenmarmelade bestreichen. Einen Biskuitboden daraufsetzen und mit etwas Orangensaft tränken. Die Topfenmasse einfüllen, mit einem Biskuitboden abschließen und kühlstellen. Die Torte mit Marillenmarmelade bestreichen und mit Erdbeeren oder anderen Früchten belegen und abgelieren. Den Rand mit steif geschlagenem Obers bestreichen und mit gehobelten, gerösteten Mandeln bestreuen.

BACKZEIT: etwa 15 Minuten (Mürbteig), 30 bis 35 Minuten (Biskuitteig)
BACKROHRTEMPERATUR: 200 °C (Mürbteig), 180 °C (Biskuitteig)

ALT-WIENER-MANDEL-SCHOKOLADETORTE

ZUTATEN FÜR EINE TORTE MIT 24 CM Ø

FÜR DEN MANDELBODEN

220 g Feinkristallzucker · 7 Eidotter · 100 g Zartbitterkuvertüre
170 g geriebene Mandeln · 50 g glattes Mehl · 7 Eiklar · 1 Prise Salz

FÜR DIE SCHOKOLADECREME

140 g Feinkristallzucker · 140 g Zartbitterkuvertüre · 2 Eier · 150 g Butter

FÜR DEN AMARETTOSIRUP

100 ml Wasser · 100 g Feinkristallzucker · 125 ml Amaretto

FÜR DIE GLASUR

125 g Zartbitterkuvertüre · 125 ml Schlagobers · 30 g Honig

geröstete Mandelblättchen zum Bestreuen des Tortenrands

ZUBEREITUNG

Für den Mandelboden Dotter mit 190 g Kristallzucker und Salz schaumig rühren. Kuvertüre im Wasserbad oder in der Mikrowelle schmelzen und dazurühren. Eiklar mit etwas Kristallzucker aufschlagen. Abwechselnd mit dem Mehl und den geriebenen Mandeln unter die Eimasse ziehen. In eine gebutterte, bemehlte Form füllen und im vorgeheizten Backrohr bei 180 °C ca. 40 bis 45 Minuten backen. Aus der Form lösen, auskühlen lassen und dreimal waagrecht in gleiche Teile schneiden, so dass es vier Böden ergibt.

Für die Creme Eier mit Zucker über Dampf aufschlagen. Kuvertüre im Wasserbad oder in der Mikrowelle auflösen und unter die Eimasse geben. Butter ebenfalls schaumig rühren und die Schokolademasse einarbeiten. Für den Sirup Zucker mit Wasser aufkochen, abkühlen lassen und Amaretto dazumischen.

Einen Tortenreifen mit einem Mandelboden auslegen und mit Amarettosirup tränken. Mit Schokoladecreme einstreichen. Den Vorgang zweimal wiederholen und mit einem Boden abschließen. Mit der restlichen Creme den Tortenrand einstreichen, kühlstellen.

Für die Glasur Obers aufkochen, Kuvertüre dazugeben und Honig einrühren. Die Mandeltorte damit glasieren. Den Tortenrand mit gerösteten Mandelblättchen bestreuen.

BACKZEIT: 40 bis 45 Minuten
BACKROHRTEMPERATUR: 180 °C

CANTATA ALLA CIOCCOLATA

Im Jahre 1744, also zur gleichen Zeit, als Marggraf die Geheimnisse der Runkelrübe erforschte, konstituierte sich in Wien bereits eine eigene Bruderschaft der Schokolademacher, die der ursprünglich scharf wie Chilipfeffer mundenden „indianischen Brühe" zu einiger Popularität verhalf, indem sie ihrer Klientel riet, die in Milch aufgelösten Schokotäfelchen nicht wie die Indios mit Pfeffer, sondern stattdessen mit Zucker zu „würzen".

Dass sich die Schokolade damals auch allerhöchster Beliebtheit erfreute, beweist nicht nur der Umstand, dass der maria-theresianische Hofdichter und Opernlibrettist Pietro Metastasio (1698–1782) mit seiner „Cantata à la Cioccolata" eine eigene Schokokantate komponierte, sondern beispielsweise auch das goldene Schokoladeservice Kaiserin Maria-Theresias, das sich mitsamt Kännchen, Tassen, Schokobecher, Löffel und Zuckerstreuer noch heute im Wiener Kunsthistorischen Museum befindet. Dort trifft man übrigens auch auf das aufschlussreiche Aquarell eines „Schokoladelēvers", das die Kaiserin und den Kaiser mit ihren Kindern und einer Hofdame beim Einnehmen der Frühstücksschokolade zeigt. Der Künstlerin kann ein gewisser intimer Einblick in den höfischen Alltag dabei nicht abgesprochen werden. Immerhin handelt es sich bei der Aquarellistin um Erzherzogin Maria Christine.

In Wahrheit war das kaiserliche Frühstücksidyll allerdings längst nicht so zuckersüß wie auf dem Gemälde. Maria Theresia nahm meistens Kaffee, die kaiserliche Kinderschar wurde mit Gerstenschleimsuppe aufgepäppelt, nur Prinzgemahl Franz Stephan von Lothringen begann den Tag tatsächlich niemals ohne Schokoladekännchen.

MOHNTORTE

ZUTATEN FÜR EINE TORTE MIT 24 CM Ø

150 g Butter · 70 g Staubzucker · 4 Eidotter · 4 Eiklar · 80 g Feinkristallzucker
50 g glattes Mehl · 170 g geriebener Mohn · 50 g Maisstärke (Maizena)
60 ml Milch · 1 geriebener Apfel (Golden Delicious oder Idared)
Prise Salz · 1 P. Vanillezucker · abgeriebene Schale einer unbehandelten Zitrone
Zucker zum Bestreuen oder Himbeermarmelade zum Bestreichen
Fondant zum Glasieren

ZUBEREITUNG

Butter mit Staubzucker, Salz, Vanillezucker und Zitronenschale schaumig schlagen. Eidotter langsam einrühren. Mohn und Apfel unterheben. Eiklar mit Kristallzucker zu Schnee schlagen. Mehl mit Maisstärke zusammensieben und abwechselnd mit dem Eischnee und der Milch unter die Masse heben.

Bebutterte, bemehlte Form damit füllen und im vorgeheizten Backrohr bei 180 °C ca. 40 bis 45 Minuten backen. Danach anzuckern oder mit Himbeermarmelade einstreichen und mit Fondant glasieren.

BACKZEIT: 40 bis 45 Minuten
BACKROHRTEMPERATUR: 180 °C

ENGADINER NUSSTORTE

ZUTATEN FÜR EINE TORTE MIT 24 CM Ø

FÜR DEN MÜRBTEIG

**300 g glattes Mehl · 150 g Butter · 150 g Feinkristallzucker · 1 Ei · 1 Prise Salz
1 P. Vanillezucker · abgeriebene Schale einer unbehandelten Zitrone**

FÜR DIE FÜLLUNG

**300 ml Schlagobers · 200 g Feinkristallzucker · 250 g grob gehackte Walnüsse
abgeriebene Schale einer unbehandelten Zitrone · 1 EL Honig**

1 Eidotter zum Bestreichen des Teigs

ZUBEREITUNG

Aus den oben genannten Zutaten rasch einen Mürbteig kneten und mit Klarsichtfolie abgedeckt 2 bis 3 Stunden kühl rasten lassen. Für die Fülle Zucker schmelzen, mit Schlagobers ablöschen und Zitronenschale zugeben. Honig und grob gehackte Walnüsse beigeben, alles vermischen und auskühlen lassen.

Mürbteig ausrollen, die Tortenform ausbuttern, bemehlen und mit dem Teig auslegen (einen Teil des Teiges zurückhalten). Mit der Gabel kurz „stupfen" (einige Male zart anstechen) und ohne Fülle bei 180 °C hellbraun backen. Noch heiß mit dem Dotter bestreichen, die Walnussfüllung daraufgeben und verteilen. Mit dem restlichen Mürbteig abdecken, sodass die Ränder verklebt sind. Mit der Gabel nochmals leicht anstechen und mit Dotter bestreichen. Im vorgeheizten Backrohr bei 180 °C ca. 20 bis 25 Minuten fertig backen.

BACKZEIT: 20–25 Minuten
BACKROHRTEMPERATUR: 180 °C

MARACUJA-MANGOTORTE

ZUTATEN FÜR EINE TORTE MIT 24 CM Ø

FÜR DEN MÜRBTEIG

220 g glattes Mehl · 110 g Butter · 50 g Staubzucker · 1 Eidotter · 1 Msp. Salz

FÜR DAS MARACUJAGELEE

**160 g Maracujamark · 100 g Blutorangensaft · Kerne von 5 Maracujas
100 g Feinkristallzucker · 6 Blatt Gelatine**

FÜR DIE CREME

**5 Blatt Gelatine · 50 g Maracujamark · 150 g Mangomark · 100 g Feinkristallzucker
80 ml Orangensaft · Saft und Schale von 2 Limetten · 300 ml Schlagobers · 3 Eidotter**

**2 Handvoll geröstete Kokosraspeln
ca. 100 g weiße Kuvertüre zum Einstreichen des Bodens**

ZUBEREITUNG

Für den Mürbteigboden das Mehl in eine Schüssel sieben und in die Mitte eine Mulde drücken. Butterstücke, Staubzucker, Eidotter und Salz hineingeben und zu einem Teig verarbeiten. Mit Klarsichtfolie abdecken und 2 bis 3 Stunden im Kühlschrank ruhen lassen. Auf einer bemehlten

Arbeitsfläche gleichmäßig dick ausrollen und einen Boden von 24 cm Ø ausschneiden, auf ein vorbereitetes Backblech legen, mit einer Gabel einige Male einstechen und bei 200 °C in 8 bis 10 Minuten auf Sicht hellbraun backen. Abkühlen lassen. Inzwischen weiße Kuvertüre im Wasserbad oder in der Mikrowelle schmelzen, Boden damit einstreichen und stocken lassen.
Für das Gelee Gelatine in eiskaltes Wasser einweichen. In einer Kasserolle Maracujamark und Maracujakerne mit Zucker und Blutorangensaft mischen, aufkochen und vom Herd nehmen. Gelatine ausdrücken und darin auflösen.
Für die Creme Gelatine in wenig eiskaltem Wasser einweichen. In einer Kasserolle Maracujamark, Orangensaft, Mangomark, Limettensaft und -schale mit dem Kristallzucker aufkochen, bei mittlerer Hitze langsam weiterkochen und etwas reduzieren. Inzwischen das Obers steif schlagen. Eingekochtes Mark durch ein Sieb in einen Topf geben, Eidotter unterrühren und alles nochmals unter ständigem Rühren mit einem Schneebesen bis kurz vor dem Siedepunkt erhitzen. Die gut ausgedrückte Gelatine darin auflösen. Die Flüssigkeit abkühlen lassen. Kurz bevor sie zu stocken beginnt, das geschlagene Obers mit dem Schneebesen unterrühren. Einen Tortenreifen auf den Mürbteig stellen und die Creme einfüllen. Glattstreichen, anfrosten, mit Gelee überglänzen und kaltstellen. In Stücke schneiden und evtl. vorher den Tortenrand mit gerösteten Kokosraspeln einstreuen.

BACKZEIT: 8 bis 10 Minuten
BACKROHRTEMPERATUR: 200 °C

ZUCCOTTO-PIEMONT-HASELNUSSKUPPEL

ZUTATEN FÜR DEN BISKUITBODEN

5 Eier · 120 g Staubzucker · 1 EL Vanillezucker · 50 g Maisstärke (Maizena)
50 g glattes Mehl

FÜR DIE FÜLLUNG

100 g Zartbitterschokolade · 50 g Baiser (Rezept s. S. 32) · 200 g QimiQ
50 g geschälte Mandeln · 50 g geschälte Haselnüsse · 800 ml Schlagobers
50 g Staubzucker · 100 g gehackte Schokolade
4 cl Eierlikör · 4 cl Amaretto (Mandellikör) · Öl zum Einpinseln
100 g Schokoladeglasur (Rezept s. S. 34) · Staubzucker zum Bestäuben

ZUBEREITUNG

Den Biskuit möglichst schon am Vortag backen. Hierzu Eier in Eiklar und Eidotter trennen. Eidotter, Staubzucker und Vanillezucker mit dem Schneebesen schön schaumig schlagen. Eiklar zu steifem Schnee schlagen und vorsichtig unterziehen. Maisstärke und Mehl einrieseln lassen und unterrühren. Masse etwa 1 cm hoch auf ein vorbereitetes Blech streichen und im vorgeheizten Backofen bei 190 °C etwa 10 Minuten backen. Auf ein Brett stürzen, Papier abziehen und Biskuit gut auskühlen lassen.

Eine tiefe runde Schüssel (ca. 20 cm Ø) mit Öl bepinseln und mit Klarsichtfolie auslegen. Aus dem Biskuit einen kleinen Kreis ausschneiden und in die Schüssel legen. Restlichen Biskuit in Streifen schneiden, mit einem Teil davon die Seiten der Schüssel bis oben hin auskleiden. Amaretto und Eierlikör mischen und mit einem Pinsel auf den Biskuit auftragen.

Für die Fülle QimiQ glattrühren, Mandeln sowie Nüsse grob hacken und kurz anrösten. Baiser zerkrümeln. Obers halbsteif schlagen. Staubzucker, Mandeln und Nüsse vermischen, Obers und QuimiQ unterheben. Obersmasse halbieren. Unter eine Hälfte das zerkrümelte Baiser rühren, die zweite mit der gehackten und geschmolzenen Schokolade vermischen. Abwechselnd dunkle und helle Masse löffelweise in die Form einfüllen und den Biskuit rundum bis oben hin gleichmäßig bestreichen. Oberfläche mit den restlichen Biskuitstreifen abdecken. Mindestens 6 Stunden, eventuell über Nacht, in den Kühlschrank stellen.

Die gut gekühlte Torte stürzen und Folie abziehen. Mit Glasur überziehen, mit Staubzucker bestäuben und trocknen lassen. In Portionsstücke schneiden und sofort servieren.

BACKZEIT: 10 Minuten
BACKROHRTEMPERATUR: 190 °C

GEBACKENE TOPFENTORTE

ZUTATEN FÜR EINE TORTE MIT 24 CM Ø

FÜR DEN MÜRBTEIG

300 g glattes Mehl · 200 g Butter · 100 g Staubzucker · 1 Dotter
Schale einer unbehandelten Zitrone · 1 P. Vanillezucker · Salz

FÜR DIE TOPFENMASSE

500 g Topfen (20 %) · 250 g Sauerrahm · 3 Dotter · 6 Eiklar · 165 g Feinkristallzucker
abgeriebene Schale einer unbehandelten Zitrone · 40 g Vanillecremepulver
1 P. Vanillezucker · 1 Prise Salz · 250 ml Milch

30 g Brösel zum Aufstreuen
500 g Dosenpfirsiche zum Belegen · Staubzucker zum Bestreuen

ZUBEREITUNG

Aus Mehl, Butter, Staubzucker, Dotter, Zitronenschale, Salz, Vanillezucker einen Mürbteig kneten. Mit einer Klarsichtfolie abgedeckt 2 bis 3 Stunden kühl rasten lassen.

Für die Topfenmasse Topfen, Sauerrahm, Dotter, 125 g Kristallzucker, Vanillecremepulver, Milch, Zitronenschale, Vanillezucker und Salz vermischen und glattrühren. Eiklar mit restlichem Kristallzucker zu Schnee schlagen (sollte noch cremig sein). Eischnee unter die Topfenmasse heben.

Mürbteig ausrollen und in den Tortenreifen legen. Brösel daraufstreuen. Die Form mit den Pfirsichen auslegen, einen kleinen Rand freilassen. Topfenmasse in den Tortenreifen füllen. Im vorgeheizten Backrohr bei 200 °C kurz anbacken, bis sich eine Backkruste gebildet hat. Dann die Masse vorsichtig mit einem kleinen Messer vom Tortenrand lösen und bei 160 bis 170 °C ca. 50 bis 60 Minuten weiterbacken. Auskühlen lassen und mit Staubzucker bestreuen.

BACKZEIT: 50 bis 60 Minuten
BACKROHRTEMPERATUR: 160 bis 170 °C

Foto rechts

FRISCHKÄSE-TARTE MIT HIMBEEREN

ZUTATEN FÜR 6 PORTIONEN

120 g passierter Topfen (20 %) · 120 g Ricotta oder Gervais · 60 g Staubzucker
2 Eier · 1 Eidotter · 40 g Sauerrahm · 20 g glattes Mehl · 1 Eiklar · 25 g Feinkristallzucker · 10 g Vanillezucker · Prise Salz · 300 g zerbröselter Biskuitboden
(Rezept s. S. 27) · frische Himbeeren und Staubzucker zum Garnieren

ZUBEREITUNG

Topfen mit Ricotta oder Gervais, Staubzucker, Eiern, Dotter, Sauerrahm, Mehl, Vanillezucker und Salz schaumig schlagen. Eiklar mit Zucker zu Schnee schlagen und unter die Masse ziehen. Diese in eine ausgebutterte und mit zerbröseltem Biskuit ausgelegte Form (16 cm Ø) füllen und im vorgeheizten Backrohr bei 160 °C 55 Minuten bei offenem Zug (Rohr bleibt einen Spalt offen, indem man z. B. einen Kochlöffel zwischen Tür und Ofen klemmt; keine Dampfentwicklung) backen.
Törtchen nach dem Erkalten portionieren, mit frischen Himbeeren garnieren und evtl. anzuckern.

BACKZEIT: 55 Minuten
BACKROHRTEMPERATUR: 160 °C

MANDELTARTE MIT HIMBEEREN

ZUTATEN FÜR EINE TORTE MIT 24 CM Ø

FÜR DIE TARTE

250 g Mehl · 150 g Butter · 90 g Staubzucker · 30 g geriebene Mandeln
1 Ei · abgeriebene Schale einer unbehandelten Zitrone · Prise Salz

FÜR DIE MANDELCREME

125 g geröstete, fein geriebene Mandelblätter · 125 g Butter · 125 g Staubzucker
3 Eier · 30 g glattes Mehl

FÜR DIE VANILLECREME

200 ml Milch · 50 g Feinkristallzucker · 30 g Vanillepuddingpulver
1 KL Vanillezucker · 200 ml Schlagobers · 3 Blatt Gelatine · 2 cl Rum

Amaretto zum Tränken · frische oder tiefgekühlte Himbeeren oder
andere Früchte der Saison zum Garnieren · Feinkristallzucker zum Anzuckern

ZUBEREITUNG

Für die Tarte Mehl, Butter, Staubzucker, Salz, Zitronenschale, Mandeln und Ei miteinander verkneten. Über Nacht rasten lassen. Tarteform ausbuttern und bemehlen. Den Teig „stupfen" (damit keine Blasen entstehen) und die Form damit auslegen. Kühlstellen.

Für die Mandelcreme Butter, Staubzucker und Mandeln schaumig rühren, dann Eier und Mehl unterheben. Tarte aus dem Kühlschrank nehmen, Mandelmasse einfüllen und im vorgeheizten Backrohr bei 190 °C ca. 30 bis 35 Minuten backen und abkühlen lassen.

Für die Vanillecreme einen Vanillepudding zubereiten. Hierfür 100 ml Milch mit Vanillepuddingpulver anrühren. Restliche Milch mit Vanillezucker und Feinkristallzucker aufkochen und angerührte Milch einrühren, dick kochen und kaltstellen. Vor der Weiterverarbeitung am besten passieren, damit der Pudding schön cremig wird und keine Haut dabei ist. Gelatine einweichen. Vanillepudding aufschlagen, Gelatine ausdrücken, im erwärmten Rum auflösen und unter den Pudding rühren. Obers halbfest schlagen, unter den Vanillepudding ziehen und kaltstellen.

Die abgekühlte Mandeltarte ein wenig mit Amaretto tränken, die Vanillecreme kreisförmig auftragen, mit frischen Himbeeren belegen und anzuckern.

BACKZEIT: 30 bis 35 Minuten

BACKROHRTEMPERATUR: bei 190 °C

LINZER TORTE GERÜHRT

Der aus dem deutschen Weihenzeller stammende und nach Linz ausgewanderte Zuckerbäcker Johann Konrad Vogel gilt zu Unrecht als Erfinder der Linzer Torte. Bereits im alten Ägypten ist ein zumindest von der Form her vergleichbares Backwerk nachgewiesen. Vermutlich geht der Name der Linzer Torte darauf zurück, dass man unter einem „Linzer Teig" einen Mürbteig verstand. J. K. Vogel hat die Linzer Torte lediglich populär gemacht.

ZUTATEN FÜR EINE TORTE MIT 24 CM Ø

200 g Butter · 200 g Staubzucker · 3 Eier · 1 Dotter · 1 Prise Salz
abgeriebene Schale einer unbehandelten Zitrone und einer unbehandelten Orange
1 Msp. Nelkenpulver · 2 Msp. Zimt · 200 g geriebene Haselnüsse · 100 g glattes Mehl
300 g Kuchenbrösel · 1 Ei zum Bestreichen · 1 große runde Oblate (20 cm Ø)
150 g Preiselbeermarmelade · 150 g gehobelte Mandeln zum Bestreuen

ZUBEREITUNG

Butter, Staubzucker, Zimt, Zitronen-, sowie Orangenschale und Nelkenpulver schaumig rühren. Nach und nach Eier und Dotter unterrühren. Nüsse, Kuchenbrösel und Mehl zusammenmischen und ebenfalls unter die Masse heben. Tortenform ausbuttern und bemehlen. 2/3 der Masse einfüllen und die Oblate darauflegen. Preiselbeermarmelade darüberstreichen. Mithilfe eines Spritzsacks mit einer Lochtülle (Größe Nr. 6) aus der restlichen Masse ein Gitter aufdressieren. Mit gehobelten Mandeln bestreuen und im vorgeheizten Backrohr bei 160 bis 170 °C ca. 50 Minuten goldbraun backen.

BACKZEIT: ca. 50 Minuten
BACKROHRTEMPERATUR: 160 bis 170 °C

ZITRONENZUCKER GEGEN HERZKLOPFEN UND OHNMACHTEN

Ein Rezept aus dem Jahr 1686

Erstens nimm – je nach Größe – ein oder zwei Zitronen und hacke sie mitsamt den Schalen sehr klein, nimm zu gleichen Teilen welschen Rosmarin, Boretschblüte, Ochsenzungenblüte, gelbe Veilchenblüte und gib alles in ein Glas. Gieße einen guten Muskat oder einen anderen starken Wein darauf, daß alles gut durchtränkt wird, laß es zwei Tage beizen und brenne (destilliere) es fein kühl aus. Dann nimm von diesem Wasser ein Mäßel (= 1,4 l) und gieße es auf ein Pfund (0,5 kg) Küchenzucker, und laß ihn sieden, bis er erstarrt. Dann nimm 12 Lot (1 Lot = 17,5g) schöne dicke, rote, frisch abgeschnittene Gewürznelken, zerstoße sie in einem steinernen Mörser und schütte es in den Zucker. Nun setze noch ein oder zwei kleine Sude auf, dann schäle aus sechs Zitronen das Saure heraus und gib es ebenfalls zum Zucker, mache weitere drei oder vier Sude, nimm die Flüssigkeit vom Feuer und gieße sie zum Gebrauch in ein Glas um. Wer es will und leiden mag, der kann zuletzt, wenn er die Flüssigkeit ins Glas umschüttet, ein bis zwei Gran Bisam oder Ambra, wohl gerieben, hineinrühren.

ZITRONENTORTE

ZUTATEN FÜR EINE TORTE MIT 24 CM Ø

FÜR DEN MÜRBTEIG

s. S. 68 Mango-Maracujatorte

FÜR DIE ZITRONENCREME

250 ml Milch · 30 g Feinkristallzucker · 3 Eidotter · 30 g Vanillepuddingpulver abgeriebene Schale und Saft von 2 unbehandelten Zitronen · 100 g QimiQ

FÜR DIE BAISERMASSE

5 Eiklar · 150 g Feinkristallzucker · 100 g Staubzucker

Backpapier und Hülsenfrüchte (Linsen oder Erbsen) zum Blindbacken

ZUBEREITUNG

Für den Teig das Mehl in eine Schüssel sieben und in die Mitte eine Mulde drücken. Butterstücke, Staubzucker, Eidotter und Salz hineingeben und zu einem Mürbteig verarbeiten. Mit Klarsichtfolie abdecken und 2 bis 3 Stunden im Kühlschrank ruhen lassen.

Den Teig auf einer bemehlten Arbeitsfläche ausrollen und eine Tortenform damit auslegen. Die Ränder andrücken und den überstehenden Teig abschneiden. Den Boden blind backen. Hierfür das Backpapier in die Form legen, die Hülsenfrüchte (Linsen oder Erbsen) einfüllen und den Teig bei 190 °C etwa 15 Minuten backen. Die Hülsenfrüchte und das Papier entfernen und den Boden in nochmals 10 bis 15 Minuten hellbraun backen.

Für die Creme Milch mit Kristallzucker aufkochen. Eidotter mit Puddingpulver verrühren, 3 EL der heißen Milch darunterrühren und mit dieser Mischung das Milch-Zucker-Gemisch binden, das heißt, unter ständigem Rühren mit dem Schneebesen die Milch einige Male aufwallen lassen. Zitronensaft- und schale unterrühren.

Parallel zur Zitronencreme für die Baisermasse die Eiklar in einer völlig fettfreien Schüssel zu Schnee schlagen, dabei den Feinkristallzucker einrieseln lassen und weiter schlagen, bis ein steifer, absolut schnittfester Eischnee entstanden ist. Mit einem Holzspatel den gesiebten Staubzucker unterheben. Die Hälfte dieses Eischnees auf dem Herd mit dem Schneebesen unter die Zitronencreme rühren und das Ganze nochmals aufwallen lassen. QimiQ unterheben.

Die heiße Zitronencreme auf den gebackenen Mürbteigboden in der Form geben und die Oberfläche glattstreichen. Den restlichen Eischnee auf der Torte verteilen, die Oberfläche mithilfe eines Spritzsacks mit vielen Tupfern versehen und im vorgeheizten Backrohr bei 220 °C (Oberhitze) 5 bis 8 Minuten backen.

BACKZEIT: 25–30 Minuten (Mürbteig), 5–8 Minuten (Torte)

BACKROHRTEMPERATUR: 190 °C (Mürbteig), 220 °C (Torte)

HIMBEER-VANILLETARTE

ZUTATEN FÜR EINE TORTE MIT 24 CM Ø

FÜR DIE TARTE

250 g glattes Mehl · 150 g Butter · 90 g geriebene Mandeln · 90 g Staubzucker
1 Ei · abgeriebene Schale einer unbehandelten Zitrone · Prise Salz
Backpapier und getrocknete Linsen oder Erbsen zum Blindbacken

FÜR DIE VANILLECREME

300 ml Milch · 5 Eidotter · 30 g Feinkristallzucker · 1 P. Vanillezucker
1/2 P. Vanillepuddingpulver · Prise Salz · Mark einer Vanilleschote
300 g frische oder tiefgekühlte Himbeeren zum Belegen
1 P. Tortengelee zum Glasieren

ZUBEREITUNG

Für die Tarte Mehl, Butter, Staubzucker, Salz, Zitronenschale, Mandeln und Ei miteinander vermengen und zu einem Teig kneten und am besten über Nacht rasten lassen. Tarteform ausbuttern und bemehlen, den Teig auf einer bemehlten Arbeitsfläche ausrollen und die Form damit auslegen und Teig „stupfen". Kühlstellen und 1 Stunde rasten lassen. Backpapier über den Teig legen, mit Linsen oder Erbsen bestreuen und im vorgeheizten Backrohr bei 180 bis 190 °C ca. 10 Minuten blind backen. Nach dem Backen Erbsen oder Linsen und Backpapier entfernen.
Für die Creme Milch erwärmen. Dotter, Kristallzucker, Vanillezucker, Vanillepuddingpulver, Salz und Vanilleschotenmark vermischen und zur heißen Milch geben. Kurz verrühren, vom Herd nehmen und zur Tarte geben. Im vorgeheizten Backrohr bei 110 °C 20 bis 30 Minuten im Ofen lassen, bis die Creme angezogen ist, danach abkühlen. Mit Himbeeren belegen und mit Tortengelee glasieren.

BACKZEIT: etwa 10 Minuten (Boden), 20–30 Minuten (Torte)
BACKROHRTEMPERATUR: 180 bis 190 °C (Boden), 110 °C (Torte)

Foto rechts

SCHOKOLADETARTE

ZUTATEN FÜR EINE TORTE MIT 24 CM Ø

FÜR DIE TARTE

250 g glattes Mehl · 150 g Butter · 90 g Staubzucker · 30 g geriebene Mandeln
1 Ei · 1 Eidotter zum Bestreichen · Backpapier und getrocknete Linsen oder Erbsen zum Blindbacken

FÜR DIE SCHOKOLADECREME

300 ml Schlagobers · 110 g Milchkuvertüre · 110 g dunkle Kuvertüre · 1 Ei · 30 g Butter

Schokoladeglasur (s. Rezept S. 34) · Kakaopulver zum Bestreuen

ZUBEREITUNG

Für die Tarte Mehl, Butter, Staubzucker, geriebene Mandeln und Ei vermischen und zu einem Teig kneten und am besten über Nacht kühl rasten lassen. Eine Tarteform ausbuttern und bemehlen, mit dem Teig auslegen, mit einer Gabel „stupfen" (damit keine Blasen entstehen) und auskühl-

len lassen. Mit Backpapier belegen, getrocknete Erbsen oder Linsen daraufstreuen und im vorgeheizten Backrohr bei 180 °C 10 Minuten blind backen. Hülsenfrüchte und Backpapier entfernen. Mit Dotter bestreichen.

Für die Creme Obers aufkochen und Kuvertüren, Ei und Butter einmixen. Auf die Tarte verteilen und im vorgeheizten Backrohr bei 140 bis 150 °C pochieren, bis die Masse gestockt ist. Nach dem Pochieren auskühlen lassen. Mit Schokoladeglasur glasieren, stocken lassen und mit Kakaopulver bestreuen.

BACKZEIT: 10 Minuten
BACKROHRTEMPERATUR: 180 °C

SCHOKOLADETARTE MIT ZWERGORANGEN

ZUTATEN FÜR EINE TORTE MIT 24 CM Ø

FÜR DIE TARTE

250 g Mehl · 150 g Butter · 90 g Staubzucker · 30 g geriebene Mandeln · 1 Ei
Butter und Mehl für die Tarteform · Eidotter zum Bestreichen · Backpapier und getrocknete Linsen oder Erbsen zum Blindbacken

FÜR DIE SCHOKOLADENCREME

300g Obers · 110g Milchkuvertüre · 110g dunke Kuvertüre · 1 Ei · 30g Butter

FÜR DIE ZWERGORANGEN

50 g Feinkristallzucker · 2–3 EL Grand Marnier oder Cointreau
100 g Weißwein (am besten einen trockenen Riesling)
1 Stk. Sternanis · Mark von 1/2 Vanilleschote
20 in 2 mm dicke Scheiben geschnittene, entkernte Kumquats

FÜR DIE GARNITUR

4 Stück essbares Blattgold · evtl. Schokoladehippen (Rezept s. S. 161)
Zwergorangen · dunkle Ganacheglasur S. 35
Kakao zum Bestäuben

ZUBEREITUNG

Für die Tarte Mehl, Butter, Staubzucker, geriebene Mandeln, Ei zu einem Teig kneten und kühl rasten lassen. Die Tarteform ausbuttern und bemehlen. Dann mit dem Teig auslegen, mit einer Gabel „stupfen" (damit keine Blasen entstehen) und kühl rasten lassen. Mit Dotter bestreichen, Backpapier darüberlegen, mit Hülsenfrüchten bestreuen und im vorgeheizten Backrohr bei 180 °C 12 Minuten blind backen. Danach Backpapier und Hülsenfrüchte entfernen.
Für die Zwergorangen Zucker in einem Topf hell karamellisieren. Mit Grand Marnier und Weißwein ablöschen. Sternanis und Vanillemark hinzufügen und auf die Hälfte einkochen. Kumquatscheiben hinzufügen und etwa 10 Minuten weich dünsten.
Für die Schokoladecreme Obers aufkochen, Schokolade, Ei und Butter einmixen. Auf die Tarte verteilen und bei 140 bis 150 °C ca. 20 Minuten pochieren, bis die Masse gestockt ist.
Nach dem Auskühlen stehen lassen und mit Schokoladeglasur glasieren.
Jeweils ein Stück Blattgold auflegen und mit je einer Schokoladehippe verzieren und mit Zwergorangen garnieren.

BACKZEIT: ca. 12 Minuten

BACKROHRTEMPERATUR: 180 °C

TIPP: Sollten die Zwergorangen zu flüssig sein, können Sie mit etwas Maisstärke nachhelfen. Die Zwergorangen können durch Orangenfilets und Mangos ersetzt werden.

GEBACKENE SCHOKOLADETARTE

ZUTATEN FÜR 2 TARTELETTEFORMEN (JE 22 CM Ø)

FÜR DEN TEIG

ca. 300 g Mürbteig (Rezept s. S. 23)

FÜR DIE FÜLLUNG

80 g Butter · Prise Salz · 2 EL Staubzucker · Schale einer unbehandelten Zitrone
Prise Piment · etwas gemahlener Chili · 5 Eidotter · 5 Eiklar · 40 g Feinkristallzucker
100 g Zartbitterkuvertüre · 100 g Biskuitbrösel · 50 ml Milch · 40 g glattes Mehl

ZUBEREITUNG

Gekühlten Teig etwas ankneten, damit er elastisch wird. Zwischen 2 Stk. Backpapier oder 2 Backmatten 2 bis 3 mm dick ausrollen. Zwei beschichtete Tarteletteformen damit auskleiden und mit einer Gabel leicht anstechen, damit der Teig keine Blasen wirft. Eine halbe Stunde in den Kühlschrank stellen und dann im vorgeheizten Backrohr bei 200 °C 10 Minuten hellbraun backen und auskühlen lassen.

Für die Fülle Butter mit Prise Salz und Staubzucker schaumig schlagen. Zitronenschale, Piment und Chili dazugeben. Eidotter mit Stabmixer dazumixen, bis eine homogene Masse entstanden ist. Kuvertüre im Wasserbad oder in der Mikrowelle schmelzen und einrühren. Biskuitbrösel mit Milch vermischen und dazugeben. Eiklar mit Kristallzucker schaumig schlagen und unter die Masse rühren. Mehl vorsichtig daruntermischen. In die vorbereiteten Formen füllen und im vorgeheizten Backrohr bei 160 °C ca. 15 Minuten backen.

BACKZEIT: 10 Minuten (Boden) ca. 15 Minuten (Torte)
BACKROHRTEMPERATUR: 200 °C (Boden), 160 °C (Torte)

MARONITARTE

ZUTATEN FÜR EINE TORTE MIT 24 CM Ø

FÜR DIE TARTE

250 g glattes Mehl · 150 g Butter · 80 g Staubzucker · 90 g geriebene Mandeln
1 Ei · abgeriebene Schale einer unbehandelten Zitrone · 1 Prise Salz

FÜR DIE MANDELCREME

125 g geröstete, geriebene Mandeln · 125 g Staubzucker
125 g Butter · 3 Eier · 30 g glattes Mehl

FÜR DAS DEKOR

250 ml Schlagobers · 4 cl Amaretto · 1 kl. Dose Amarenakirschen
400 g Maronipüree · 2 cl Rum · 2 cl Amaretto · 40 g Staubzucker · 1 Msp. Zimt
60 g Baiser (s. Rezept S. 32) · Staubzucker zum Bestreuen

ZUBEREITUNG

Für die Tarte Mehl, Butter, Staubzucker, Salz, Zitronenschale, geriebene Mandeln sowie Ei verkneten und über Nacht rasten lassen. Tarteform ausbuttern und bemehlen, Teig ausrollen und die Form damit auslegen, „stupfen" und kühlstellen.

Für die Creme Butter, Staubzucker und Mandeln schaumig rühren, dann Eier und Mehl einrühren.

Die Mandelcreme in die mit Teig ausgefüllte Form füllen und im vorgeheizten Backrohr bei 190 °C 30 bis 35 Minuten backen. Abkühlen und mit ein wenig Amarenasaft tränken. Für das Dekor Maronipüree mit Staubzucker, Rum, Amaretto, Zimt vermischen. Das Obers aufschlagen und kreisförmig aufdressieren. Die abgetropften Amarenakirschen und Baiserstücke darauf verteilen. Das Maronipüree mit einer Kartoffelpresse auf die Tarte drücken und diese mit Staubzucker bestreuen.

BACKZEIT: 30 bis 35 Minuten

BACKROHRTEMPERATUR: 190 °C

SCHNITTEN

CREMESCHNITTEN

ZUTATEN FÜR CA. 12 PORTIONEN

400 g Blätterteig (selbst gemacht oder fertig; Rezept s. S. 20) · 6 Blatt Gelatine 5 Eidotter · 3 Eier · 80 g Feinkristallzucker · 1 EL Vanillezucker · 4 cl Rum Prise Salz · 500 ml Schlagobers · Mark von 1 Vanilleschote · etwa 50 ml Wasser Marillenmarmelade zum Bestreichen · Fondant zum Glasieren

ZUBEREITUNG

Gelatine in eiskaltem Wasser einweichen. Vanillemark, Eidotter, Eier, Kristall- und Vanillezucker, Rum sowie Salz über Wasserdampf zuerst heiß, dann kalt schaumig rühren. Gelatine ausdrücken, in Wasser erhitzen und zugeben. Obers steif schlagen und behutsam einrühren. Vanilleoberscreme in eine etwa 30 x 20 cm große rechteckige Form füllen und gut durchkühlen lassen.

Blätterteig auf einer bemehlten Arbeitsfläche messerrückendick ausrollen und in 2 Teigblätter zu je 30 x 20 cm schneiden. Auf ein mit Backpapier belegtes Backblech geben, mit einer Gabel mehrmals „stupfen" (damit keine Blasen entstehen) und ca. 20 Minuten rasten lassen. Im vorgeheizten Backrohr bei 180 °C 15 bis 20 Minuten backen. Auskühlen lassen. Teigblätter auf der glatten Seite mit erwärmter Marillenmarmelade bestreichen. Fondant auf etwa 40 °C erwärmen und ein Teigblatt damit dünn glasieren. Bei etwa 60 °C trocknen lassen. Creme aus der Form direkt auf das unglasierte Teigblatt stürzen, glasiertes Oberteil auflegen und in Schnitten teilen.

BACKZEIT: 15–20 Minuten

BACKROHRTEMPERATUR: 180 °C

TIPP: Man kann der Einfachheit halber auch das bereits gebackene Teigblatt in die Form (in diesem Fall am besten in eine Rahmenform) legen, die Creme einfüllen und diese dann stocken lassen. Danach einfach den Rahmen abziehen und zweites, glasiertes Teigblatt auflegen. Foto Seite 89

Rechte Seite: Kreative Stückdesserts aus dem Hause Sacher

KARDINALSCHNITTEN

ZUTATEN FÜR 8 PORTIONEN

FÜR MASSE I (EISCHNEE)

9 Eiklar · 240 g Staubzucker · 1 TL Vanillezucker
Prise Salz · Staubzucker zum Bestreuen

FÜR MASSE II (DOTTERMASSE)

3 Eier · 4 Eidotter · 80 g Staubzucker · abgeriebene Schale einer unbehandelten Zitrone · 75 g glattes Mehl

FÜR MASSE III (FÜLLCREME)

400 ml Schlagobers · 2 Blatt Gelatine · 40 g Staubzucker
2 EL Löskaffeepulver · 2 cl Eierlikör · Prise Salz · 300 g frische Himbeeren
3 cl Himbeerbrand

1 Handvoll geröstete Mandelblättchen
Staubzucker zum Bestreuen

ZUBEREITUNG

Für Masse I aus Eiklar, Staubzucker, Vanillezucker und Salz einen „schmierig-festen" Schnee schlagen. Für Masse II die Eier mit Dottern, Staubzucker und Zitronenschale schaumig rühren und Mehl einmengen. Zwei je 14 x 35 cm große Backpapierstreifen zuschneiden und auf ein Backblech legen. Mithilfe eines Dressiersacks mit großer runder Tülle auf jedes Backpapier je 3 Eischnee-Streifen (Masse I) mit jeweils 2 cm Zwischenraum spritzen. Dottermasse (Masse II) ebenfalls mit Hilfe des Dressiersacks in die Zwischenräume einspritzen und alles dick mit Staubzucker bestreuen. Im vorgeheizten Backrohr bei 180 °C und leicht geöffneter Backofentür backen (die Masse sollte eher trocknen). Abkühlen lassen, auf eine Platte stürzen und Papier abziehen.

Für Masse III die Himbeeren mit Himbeerbrand marinieren. Obers mit Löskaffee steif schlagen. Gelatine einweichen, ausdrücken und in erhitztem Eierlikör auflösen. Gemeinsam mit Staubzucker und Salz in das Obers einrühren und kühl etwas stocken lassen. Die Hälfte davon mit Hilfe des Dressiersacks auf eine Schicht aufspritzen, mit den marinierten Himbeeren belegen und restliche Masse aufspritzen. Zweite Schicht darauflegen, mit gerösteten Mandelblättchen und mit Staubzucker bestreuen. Mit einem scharfen Messer portionieren.

TIPP: Wer es etwas kalorienärmer mag, kann die Füllcreme durch Topfen- oder Joghurtcreme ersetzen.

BACKZEIT: 20–25 Minuten

BACKROHRTEMPERATUR: 180 °C

Foto Seite 88

ESTERHÁZYSCHNITTEN

Die Esterházyschnitte ist, ebenso wie die gleichnamige Torte, nach dem ungarischen Magnatengeschlecht der Esterházy von Galantha benannt.

ZUTATEN FÜR 6 BIS 8 PORTIONEN

FÜR DIE MANDELMASSE

5 Eiklar · 150 g Feinkristallzucker · 150 g geschälte, geriebene Mandeln

FÜR DIE CREME

300 ml Milch · 150 g Feinkristallzucker · Mark einer Vanilleschote
40 g Vanillepuddingpulver · 3 Eidotter · 100 g Mandelnougat · 300 g Butter

FÜR DEN AMARETTOSIRUP

100 g Feinkristallzucker · 100 ml Wasser · 125 ml Amaretto

FÜR DIE GLASUR

50 g Marillenmarmelade · 200 g Fondant · 40 g Zartbitterkuvertüre

1 P. gehobelte, geröstete Mandeln

ZUBEREITUNG

Für die Masse Eiklar mit dem Zucker schaumig schlagen und die Mandeln unterheben. Die Mandelmasse auf ein vorbereitetes Backblech (40 x 35 cm) gleichmäßig verstreichen und im vorgeheizten Backrohr bei 200 °C und offenem Zug (Rohr bleibt einen Spalt offen, indem man z. B. einen Kochlöffel zwischen Tür und Ofen klemmt; keine Dampfentwicklung) ca. 20 bis 25 Minuten backen. Danach noch warm in ca. 7 cm breite Streifen schneiden.

Für die Creme 2/3 der Milch mit Zucker, Vanilleschotenmark aufkochen. Die restliche Milch mit Vanillepuddingpulver und Dotter vermischen, in die heiße Milch einrühren, kurz weiterköcheln lassen, das Mandelnougat darin auflösen und kurz überkühlen. In der Zwischenzeit die Butter schaumig rühren und dann ebenfalls zu der Pudding-Nougat-Masse geben.

Für den Sirup Wasser und Kristallzucker aufkochen, erkalten lassen und Amaretto dazugeben. Je einen Mandelstreifen damit leicht tränken und mit Creme bestreichen (auch die Seiten) und aufeinanderlegen. Mit einem Mandelstreifen abschließen und 2 Stunden kühlstellen.

Den obersten Mandelstreifen der Esterházyschnitte mit Marillenmarmelade bestreichen. Den Fondant erwärmen (Achtung: Sollte nur lippenwarm sein). Zartbitterkuvertüre im Wasserbad oder in der Mikrowelle ebenfalls schmelzen. Den Fondant der Länge nach gleichmäßig dünn auf die Esterházyschnitte auftragen. Mithilfe eines Spritzsacks dünne Kuvertürestreifen in gleichen Abständen aufspritzen und mit einem Spießchen oder mit der Spitze eines kleinen Messers das bekannte Esterházymuster zeichnen. Die Seiten der Schnitte mit den Mandeln bestreuen. Zum Portionieren am besten ein Sägemesser in heißes Wasser tauchen und die Schnitte aufteilen.

BACKZEIT: 20 bis 25 Minuten
BACKROHRTEMPERATUR: 200 °C

Foto Seite 89

Kardinalschnitten, Rezept S. 86

Fruchtschnitte, Rezept S. 94

Esterházyschnitten, Rezept S. 87

Cremeschnitten, Rezept S. 84

BROMBEERSCHNITTE

ZUTATEN FÜR 25 STÜCK

FÜR DEN DUNKLEN MANDEL-KAKAOBISKUIT

75 g geschälte, geriebene Mandeln · 180 g Feinkristallzucker · 6 Eier 125 g glattes Mehl · 50 g Kakaopulver · 50 g flüssige Butter

FÜR DIE EINLAGE

100 ml Schlagobers · 60 g Feinkristallzucker · 8 Brombeerblätter 160 g Zartbitterkuvertüre · 90 g Milchkuvertüre · 140 g tiefgekühlte Brombeeren · 30 g gewürfelte Butter · 40 ml Kirschlikör

FÜR DIE BROMBEERMOUSSE

120 g Feinkristallzucker · 2 Eidotter · 2 Eier · 250 g Zartbitterkuvertüre 7 Blatt Gelatine · 320 g Brombeerpüree · 400 ml Schlagobers

Kakao- oder Schokoladespäne sowie frische Brombeeren und Dekohippen zum Garnieren

ZUBEREITUNG

Für den Biskuitteig Mandeln mit Kristallzucker und Eiern schaumig schlagen. Mehl mit Kakaopulver sieben und vorsichtig unter die sehr schaumig geschlagene Masse mischen. Zum Schluss zerlassene Butter unterheben, auf zwei vorbereitete Backbleche ca. 1 cm hoch aufstreichen und im vorgeheizten Backrohr bei 200 °C etwa 15 Minuten backen.

Für die Einlage Obers, Hälfte des Kristallzuckers sowie Brombeerblätter aufkochen und 5 Minuten ziehen lassen. Kuvertüren im Wasserbad oder in der Mikrowelle schmelzen, Brombeertee abseihen und zur geschmolzenen Kuvertüre gießen. Für das Brombeerpüree die Brombeeren mit dem restlichen Kristallzucker aufkochen und passieren. Brombeerpüree und Kirschlikör der Tee-Kuvertüre-Masse zufügen, danach Butter einmontieren. Masse ca. 1 cm dick auf ein mit Klarsichtfolie ausgelegtes Blech aufstreichen und einfrieren.

Für die Mousse Gelatine in eiskaltes Wasser einweichen. Eidotter, Eier und Kristallzucker über Dampf (80 °C) warm und anschließend kalt schlagen. Kuvertüre im Wasserbad oder in der Mikrowelle schmelzen und zügig unter die Eidottermasse rühren. Obers nicht zu steif schlagen. Brombeerpüree und aufgelöste Gelatine verrühren und unter die Schokolademasse ziehen. Zum Schluss Obers unterheben.

Zur Fertigstellung der Schnitte Backblech (40 x 35 cm) mit passendem Rahmen mit Backpapier auslegen. Einen Boden einlegen, die Hälfte der Brombeermousse in die Form leeren und kurz anziehen lassen. Die Einlage für die Schnitte auf das Mousse geben. Den Rest der Mousse aufstreichen und mit dem zweiten Boden abschließen. Anfrieren lassen und ca. 4 x 8 cm große Rechtecke abschneiden. Mit Kakao- oder Schokoladespänen sowie frischen Brombeeren und Dekohippen garnieren.

BACKZEIT: etwa 15 Minuten

BACKROHRTEMPERATUR: 200 °C

TIPP: Mousse-Tortenschnitten lassen sich am besten schneiden, wenn man sie vorher ein bisschen anfriert. Auf diese Weise hat man einen glatten Schnitt und zerdrückt nichts.

SARAH BERNHARDT (MANDELBOGENGEBÄCK)

Diese süße Köstlichkeit ist nach der französischen Schauspielerin Sarah Bernhardt (1844–1923) benannt, einer der berühmtesten Darstellerinnen ihrer Epoche.

ZUTATEN FÜR 20 STÜCK

FÜR DEN MANDELBODEN

150 g Feinkristallzucker · 150 g geriebene Mandeln

FÜR DIE KAFFEEBUTTERCREME

150 ml Milch · 75 g Feinkristallzucker · 1 P. Vanillezucker · 40 g Vanillepuddingpulver
2 Eidotter · 150 g Butter · 4 cl Kaffee-Extrakt oder 1 kl. Tasse starker Mocca

FÜR DAS SCHOKOLADEOBERS

200 ml Milch · 50 g Feinkristallzucker · 30 g Vanillepuddingpulver
1 KL Vanillezucker · 300 g Zartbitterkuvertüre · 600 ml Schlagobers

FÜR DIE GLASUR

150 ml Schlagobers · 150 g klein geschnittene Zartbitterkuvertüre

ZUBEREITUNG

Für den Mandelboden Kristallzucker mit Eiklar aufschlagen, die geriebenen Mandeln unterheben und auf ein vorbereitetes Backblech (40 x 35 cm) gleichmäßig aufstreichen. Im vorgeheizten Backrohr bei 220 °C 20 bis 25 Minuten backen. Noch warm in 5 Streifen zu ca. 7 cm schneiden.

Für die Kaffeebuttercreme 1/3 der Milch zum Kochen bringen. Die restliche Milch mit Kristallzucker, Puddingpulver, Vanillezucker sowie Dottern mischen und unter die köchelnde Milch rühren. Abkühlen lassen, die schaumig gerührte Butter in den abgekühlten Pudding geben, Kaffee-Extrakt oder Mocca dazurühren.

Für das Schokoladeobers einen Vanillepudding zubereiten. Hierfür die Hälfte der Milch mit Vanillepuddingpulver anrühren. Restliche Milch mit Vanillezucker und Feinkristallzucker aufkochen und angerührte Milch einrühren, dick kochen und kaltstellen. Vor der Weiterverarbeitung am besten passieren, damit der Pudding schön cremig wird und keine Haut dabei ist. Kuvertüre im Wasserbad oder in der Mikrowelle schmelzen und Obers halbfest aufschlagen. Den Vanillepudding aufrühren, flüssige Kuvertüre dazumischen und halbfestes Obers unterziehen.

Drei Mandelstreifen jeweils mit Kaffeebuttercreme bestreichen und zusammensetzen (ein wenig Creme zum Einstreichen zurückbehalten). Auf oberste Cremeschicht eine Schicht Schokoladeobers aufdressieren. Einen weiteren Mandelboden auflegen, mit Schokoladeobers bestreichen und mit einem Mandelboden abschließen. Mit der restlichen Creme die Schnitte einstreichen. Kühlstellen.

Für die Glasur Obers aufkochen, Kuvertüre darin auflösen und die Schnitte damit glasieren.

BACKZEIT: 20 bis 25 Minuten
BACKROHRTEMPERATUR: 220 °C

FRUCHTSCHNITTE

ZUTATEN FÜR 20 PORTIONEN

FÜR DEN BISKUITFLECK

4 Eier · 100 g Feinkristallzucker · 130 g glattes Mehl · 30 g Maisstärke (Maizena)
30 g zerlassene Butter · 1 P. Vanillezucker · 1 Prise Salz
abgeriebene Schale einer unbehandelten Zitrone

FÜR DIE CREME

1 P. Vanillepuddingpulver · 500 ml Milch · 400 ml Schlagobers
Mark einer Vanilleschote · 1 P. Vanillezucker · 5 Blatt Gelatine
Saft einer unbehandelten Orange

100 g Erdbeermarmelade zum Bestreichen · 1 P. Tortengelee zum Gelieren
150 g gehobelte, geröstete Mandeln zum Bestreuen der Seiten

ZUBEREITUNG

Für den Biskuitfleck Eier mit Kristallzucker, Salz, Vanillezucker und Zitronenschale über Dampf aufschlagen, dann wieder kalt schlagen. Das mit Maisstärke versiebte Mehl vorsichtig unter die Masse heben. Zum Schluss die zerlassene Butter vorsichtig unterziehen. 5 mm hoch auf ein vorbereitetes Backblech (ca. 40 x 35 cm) streichen und im vorgeheizten Backofen bei 200 °C ca. 10 Minuten backen. Abkühlen lassen und in drei ca. 10 cm breite Streifen schneiden.

Für die Creme das Vanillepuddingpulver mit Vanillezucker und 6 EL der vorbereiteten Milch verrühren. Restliche Milch aufkochen und Vanille-Milch-Gemisch mit einem Schneebesen einrühren. Vanilleschotenmark dazugeben, eine Minute köcheln und auskühlen lassen. Das Schlagobers halbfest aufschlagen. Gelatine einweichen, Orangensaft leicht erwärmen und die ausgedrückte Gelatine einrühren. Schlagobers unterziehen und gut verrühren.

Einen Biskuitstreifen mit Erdbeermarmelade bestreichen und mit dem zweiten abdecken. Leicht mit Orangensaft tränken, die Vanille-Obers-Creme mit einem Dressiersack der Länge nach auftragen und den dritten Biskuitstreifen daraufsetzen. Auf den Seiten die restliche Creme gut verstreichen und 2 Stunden kühlstellen.

Herausnehmen, mit verschiedenen, frischen Früchten belegen und gelieren. Die Seiten mit gehobelten Mandeln bestreuen.

BACKZEIT: ca. 10 Minuten

BACKROHRTEMPERATUR: 200 °C

Foto Seite 88

WALNUSS-KROKANTSCHNITTE

ZUTATEN FÜR 25 STÜCK

FÜR DIE BISKUITBÖDEN

75 g geschälte, geriebene Mandeln · 180 g Feinkristallzucker
6 Eier · 125 g glattes Mehl · 50 g Kakaopulver · 50 g flüssige Butter

FÜR DEN MAKRONENBODEN

125 g geschälte, geriebene Mandeln · 175 g Staubzucker
45 g glattes Mehl · 5 Eiklar · 175 g Feinkristallzucker

FÜR DIE KONDITORCREME

500 ml Milch · 120 g Feinkristallzucker · Prise Salz · Mark von ? Vanilleschote
4 Eidotter · 40 g Vanillepuddingpulver · 50 g gewürfelte Butter

FÜR DIE KROKANTCREME

180 g Konditorcreme · 150 g Mandelkrokant · 4 Blatt Gelatine
425 ml Schlagobers · 125 g Walnusskrokant

FÜR DIE SCHOKOCREME

550 g Konditorcreme · 250 g Butter · 150 g Zartbitterkuvertüre
200 g Walnusskrokant · gehackte Wal- und schwarze Nüsse zum Garnieren

ZUBEREITUNG

Für die Biskuitböden Mandeln mit Kristallzucker und Eiern sehr schaumig schlagen. Mehl mit Kakaopulver sieben und vorsichtig unter die Masse mischen. Zum Schluss zerlassene Butter unterheben, auf zwei vorbereitete Backbleche ca. 1 cm hoch aufstreichen und im vorgeheizten Backrohr bei 200 °C etwa 10 Minuten goldbraun backen.
Für den Makronenboden Eiklar mit Feinkristallzucker zu Schnee schlagen. Mandeln, Staubzucker und Mehl vorsichtig daruntermischen, auf ein vorbereitetes Blech streichen und im vorgeheizten Backrohr bei 180 °C 10 Minuten hellbraun backen.
Für die Krokant- und Schokoladecreme zuerst eine Konditorcreme zubereiten. Hierfür 200 ml der Milch, Salz, Vanilleschotenmark, Eidotter, Hälfte des Kristallzuckers und Vanillepuddingpulver verrühren. Restliche Milch mit restlichem Zucker aufkochen und das Dottergemisch zügig einrühren. Erwärmen und am Herd so lange rühren, bis die Creme eine dickliche Konsistenz hat und dann Butterstücke einmontieren.
Für die Krokantcreme Gelatine in eiskaltem Wasser einweichen, ausdrücken und in die noch warme Konditorcreme rühren und kalt stellen. Mandel- und Walnusskrokant in die Masse heben. Obers schlagen und unterziehen
Für die Schokoladecreme Kuvertüre im Wasserbad oder in der Mikrowelle schmelzen. Butter schaumig schlagen und Kuvertüre sowie Konditorcreme einrühren. Walnusskrokant unterziehen.
Zur Fertigstellung der Schnitte Blech (40 x 35 cm) mit Backpapier oder Backmatte auslegen. Am besten einen passenden Rahmen verwenden. Einen dunklen Biskuit einlegen, die Krokantcreme einfüllen und den Makronenboden daraufsetzen. Schokocreme einfüllen und als Abschluss den zweiten Biskuitboden daraufsetzen. Das Ganze anfrieren und im leicht geeisten Zustand ca. 4 x 8 cm große Rechtecke abschneiden. Mit gehackten Wal- und schwarzen Nüssen garnieren.

BACKZEIT: 10 Minuten Biskuitböden), 10 Minuten (Makronenboden)
BACKROHRTEMPERATUR: 200 °C (Biskuitböden), 180 °C (Makronenboden)

KUCHEN, STRUDEL, GUGELHUPF

ZUCKERSÜSSE KÖSTLICHKEITEN AUS DEM ALTEN WIEN

PATZERLGUGELHUPF

Der Name „Gugelhupf" geht wahrscheinlich auf die lateinische Wurzel „cuculus" (Kopftuch, Kapuze) zurück. Eine andere Theorie verweist auf die Tatsache, dass der Germteig beim Aufgehen „wie eine Kugel aufhupft". Als „gugel" bezeichnete man früher jedoch auch Hefe bzw. Germ.

ZUTATEN FÜR DEN TEIG

500 g glattes Mehl · 70 g flüssige Butter · 50 g Feinkristallzucker · 1/2 Würfel Germ
2 Dotter · 1 Ei · 250 ml Milch · 1 KL Salz

FÜR DIE TOPFENFÜLLE

100 g Topfen (40 %) · 20 g Feinkristallzucker · 1 Dotter
2 EL Rosinen in Rum eingeweicht · 1/4 Zitrone (Saft und abgeriebene Schale)

FÜR DIE MOHNFÜLLE

100 g gemahlener Mohn · 20 g Honig · 20 g Feinkristallzucker
Zimt · 60 g Milch · 1/2 Zitrone (Saft und Schale)

FÜR DIE NUSSFÜLLE

100 g gemahlene Walnüsse · 20 g Feinkristallzucker · 3 EL Brösel
ca. 150 g heiße Milch · 1 Prise Zimt · Rum

FÜR DIE POWIDLFÜLLE

200 g Powidl · 2 cl Rum · 2 cl warmes Wasser

ZUBEREITUNG

Zuerst wird das so genannte Dampfl (Vorteig) zubereitet. Germ mit der lauwarmen Milch (max. 40 °C) und einer Prise Zucker auflösen. So viel Mehl dazugeben bis eine breiige Masse entsteht. Zugedeckt an einem warmen Ort gehen lassen, bis sich das Volumen verdoppelt hat und die Oberfläche Risse zeigt (am besten im Backrohr bei 40 °C und geöffneter Türe). Dann die restlichen Zutaten sowie das restliche Mehl dazugeben (die flüssige Butter zum Schluss) und zu einem glatten Teig verarbeiten und 30 Minuten gehen lassen. Inzwischen die verschiedenen Füllen zubereiten. Für die Topfenfülle alle Zutaten miteinander verrühren. Alle Zutaten für die Mohnfülle mit Milch aufkochen lassen. Ebenso bei der Nussfülle vorgehen. Für die Powidlfülle Powidl mit Rum und warmem Wasser verrühren. Dann den Teig auf einer bemehlten Arbeitsfläche zu einer langen Rolle formen und in 24 gleiche Teile schneiden. Diese wie Buchteln (s. S. 254) nacheinander verschiedenartig füllen und in eine befettete und bebröselte Gugelhupfform legen, so dass die „Patzerln" abwechselnd neben- und übereinander liegen. Nochmals gehen lassen und bei ca. 160 °C 50 bis 60 Minuten backen.

BACKZEIT: 50 bis 60 Minuten
BACKTEMPERATUR: 160 °C

DER STEINKOGLER GUGLHUPF

Der so genannte „Kaiserguglhupf" war zu Franz Josephs Zeiten im Volksmund auch als „Steinkogler Guglhupf" bekannt. Das kam so:
Katharina Schratt folgte dem Kaiser selbstverständlich in den heißen Monaten auch in dessen Sommerresidenz nach Bad Ischl, wo sie in der heute noch bestehenden Schratt-Villa residierte. Erschien Seine Majestät zum Déjeuner, so ließ die Burg-Diseuse stets auch dessen Lieblingsspeise, einen Gugelhupf, frisch aus der Konditorei Zauner anliefern. Da der Kaiser nach dem frühmorgendlichen Tête-à-Tête mit seiner kulturbeflissenen Freundin gerne auf die Jagd ging und dabei über den Steinkogel nach Offensee musste, hatten die diskret-indiskreten Bad Ischler bald eine griffige Wendung parat, wenn sie sahen, wie der Monarch klammheimlich das Haus der Burgschauspielerin verließ: „Jetzt hat der Kaiser grad wieder sein Steinkogler Guglhupf verspeist!" Wie derselbe geschmeckt haben mag, darüber lassen sich allerdings ebenfalls nur Vermutungen anstellen. Genaueres wissen wir hingegen über den so genannten „Kaiserguglhupf", der nachweislich vom Hofkoch A. Radlmacher erfunden und dessen Rezept im 1914 erschienenen „Ersten Wiener Kochkunst-Kalender" verraten wurde:
„Bedarf: 28 dg Mehl, 20 dg Butter, 5 ganze Eier, 1/2 Seidl Milch, 5 dg Germ, Rosinen, Zucker, Salz und Zitronengeschmack".

EIERLIKÖR-GUGELHUPF

ZUTATEN

5 Eier · 250 g Staubzucker · 1 P. Vanillezucker · 250 ml Pflanzenöl
250 ml Eierlikör · 125 g glattes Mehl · 125 g Stärkemehl · 1 P. Weinsteinbackpulver
100 g Instant-Kakaopulver zum Bestreuen · Eierlikör zum Bestreichen

ZUBEREITUNG

Eier mit Staubzucker und Vanillezucker schaumig rühren. Langsam das Öl einfließen lassen, danach den Eierlikör. Mehl, Stärkemehl und Weinsteinbackpulver miteinander versieben und unter die Masse heben. Eine Gugelhupfform ausfetten und bemehlen, die Masse einfüllen und im vorgeheizten Backrohr bei 180 °C ca. 50 bis 60 Minuten hellbraun backen. Stürzen, am besten noch mit Eierlikör bestreichen, auskühlen lassen und mit Kakaopulver bestreuen.

BACKZEIT: 50 bis 60 Minuten
BACKTEMPERATUR: 180 °C

Foto Seite 100

Eierlikör-Gugelhupf, Rezept S. 86

Zwetschkenfleck, Rezept S. 94

Gebackener Gewürzgugelhupf, Rezept S. 87

Schokoladegugelhupf, Rezept S. 94

WIENER GEWÜRZGUGELHUPF

ZUTATEN

280 g Butter · 50 g Staubzucker · 7 Eidotter · 7 Eiklar · 80 g Feinkristallzucker Prise Salz · abgeriebene Schale einer unbehandelten Zitrone und Orange 1 KL Vanillezucker · Prise Zimt · 220 g glattes Mehl · 100 g geröstete, geriebene Mandeln · 100 g Zitronat über Nacht mit 4 cl Rum mariniert 80 g kandierter, gehackter Ingwer · Marillenmarmelade zum Aprikotieren 150 ml frisch gepresster Orangensaft zum Tränken Butter zum Bestreichen und Mandeln zum Ausstreuen der Form evtl. Fondant oder helle Fettglasur

ZUBEREITUNG

Butter mit Staubzucker schaumig schlagen und Eidotter sowie Zitronen-, Orangenschale, Vanillezucker und Zimt dazugeben. Eiklar mit Kristallzucker und Salz schaumig schlagen. Mehl, Mandeln, Zitronat und Ingwer mischen und mit 1/3 des Eischnees unter die Buttermasse ziehen. Danach den restlichen Eischnee unter die Buttermasse ziehen und in eine mit Butter ausgestrichene und mit Mandelblättchen ausgestreute Gugelhupfform füllen und im vorgeheizten Backrohr bei 160 °C ca. 45 Minuten backen. 10 Minuten rasten lassen, stürzen, noch heiß mit Orangensaft tränken und auskühlen lassen. Danach mit heißer Marmelade aprikotieren und evtl. mittels Spritzsack fein mit heller Fettglasur oder Fondant überziehen.

BACKZEIT: 45 Minuten
BACKROHRTEMPERATUR: 160 °C

GEBACKENER GEWÜRZGUGELHUPF MIT RUMTOPFFRÜCHTEN

ZUTATEN

8 etwa 15 mm dicke Scheiben Gewürzgugelhupf (Rezept s. oben) oder anderer saftiger Gugelhupf · 100 ml frisch gepresster Orangensaft · 4 cl Rum 300 ml Palatschinkenteig (Rezept s. S. 25) · 2 Eidotter · 400 g Rumtopffrüchte 200 ml Erdnussöl · 200 g Butterschmalz · Staubzucker zum Bestreuen

ZUBEREITUNG

Orangensaft mit Rum vermischen. Gugelhupfscheiben kurz mit dem Orangensaft-Rum-Gemisch bepinseln. Palatschinkenteig und Eidotter vermischen und Gugelhupfscheiben eintauchen. Erdnussöl und Butterschmalz vermischen und erhitzen. Gugelhupfscheiben im heißen Fettgemisch goldgelb von beiden Seiten herausbacken. Auf Küchenkrepp abtropfen lassen. Mit Rumtopffrüchten anrichten und mit Staubzucker bestreuen.

TIPP: Gut passt hier auch ein Löffel leicht gesüßte Crème fraîche.

Foto Seite 101

TOBLERONE GUGELHUPF

Der Name dieses Gebäcks geht auf die berühmte dreieckige Schokoladespezialität zurück, die 1908 von den Schweizer Chocolatiers Theodor Tobler und Emil Baumann erfunden wurde.

ZUTATEN

4 Eier · 300 ml Schlagobers · 280 g glattes Mehl · 280 g Feinkristallzucker
80 g geschmolzene Milch- oder Bittertoblerone · 5 cl Eierlikör
1/2 P. Weinsteinbackpulver · Mark von einer halben Vanilleschote
abgeriebene Schale einer 1/2 unbehandelten Orange · Butter und geriebene, geröstete Haselnüsse oder Mandeln zum Bestreichen und Ausstreuen der Form

ZUBEREITUNG

Eier in Eidotter und Eiklar trennen. Schlagobers halbfest schlagen und unter starkem Rühren die Hälfte des Zuckers und das Vanilleschotenmark einarbeiten. Dotter und Orangenschale einrühren. Mehl und Weinstein-Backpulver sowie Eierlikör unterheben. Eiklar mit dem restlichen Zucker zu „schmierigem" Schnee schlagen und unter die Masse ziehen. Toblerone im Wasserbad oder in der Mikrowelle schmelzen und mit 1/3 der Masse verrühren. Eine Gugelhupfform mit Butter ausstreichen und mit den Haselnüssen oder Mandeln ausstreuen. Zuerst die Tobleronemasse einfüllen, dann den Rest. Gugelhupf im vorgeheizten Backrohr bei 170 °C ca. 1 Stunde backen.

BACKZEIT: 1 Stunde
BACKROHRTEMPERATUR: 170 °C
TIPP: Sie können die Toblerone auch durch Nougat ersetzen.

SCHOKOLADE-GUGELHUPF

ZUTATEN

180 g Butter · 100 g Kochschokolade · 80 g Staubzucker · 1 EL Vanillezucker
Prise Salz · 8 Eidotter · 7 Eiklar · 120 g Feinkristallzucker
120 g geriebene, geröstete Haselnüsse · 120 g grob zerbröselte Biskotten
60 g geriebene, geröstete Haselnüsse zum Bestreuen der Form
Butter zum Ausreiben der Form · Marillenmarmelade zum Aprikotieren

ZUBEREITUNG

Butter, Staubzucker, Vanillezucker und Salz schaumig schlagen. Eidotter nach und nach zugeben. Schokolade (am besten auf einem mit Staubzucker bestreuten Teller im Backrohr bei 100 °C) schmelzen und in den Butterabtrieb einarbeiten. Eiklar mit Kristallzucker schaumig schlagen. 1/3 des Eischnees unter die Buttermasse heben. Nüsse und Biskottenbröseln mischen, vorsichtig daruntermischen und danach den restlichen Eischnee unterheben. In eine mit Butter ausgestrichene und mit Haselnüssen bestreute Gugelhupfform abfüllen und im vorgeheizten Backrohr bei 160 °C 50 bis 60 Minuten durchbacken. Etwa 10 Minuten rasten lassen, stürzen und sofort mit (hausgemachter) heißer Marmelade aprikotieren. Auskühlen lassen und genießen.

BACKZEIT: 50–60 Minuten
BACKROHRTEMPERATUR: 160 °C
TIPP: Dieser Gugelhupf kann auch mit dunkler Ganacheglasur (Rezept s. S. 35) überzogen werden.

Foto Seite 101

ZUCCHINI-DINKELKUCHEN „ELFRIEDE WEINZETTEL"

Dieses und auch das folgende Rezept verdankt Sacher-Küchenchef Hans Peter Fink seiner geschätzten Lehrmeisterin Elfriede Weinzettel, die heute Bürgermeisterin in einem kleinen Ort names Thien bei Gnas in der Südoststeiermark ist.

ZUTATEN

4 Eidotter · 250 g Feinkristallzucker · etwas Wasser · Prise Salz 1 KL Vanillezucker · 4 Eiklar · 150 g Rapsöl · etwas Lebkuchengewürz 100 g geriebene, geröstete Haselnüsse · 400 g leicht gesalzene und ausgedrückte Zucchini · 300 g Dinkelmehl · 200 g glatt gerührte Ribiselmarmelade zum Bestreichen · gehackte, geröstete Haselnüsse zum Bestreuen

ZUBEREITUNG

Eidotter mit Wasser, 100 g Kristallzucker, Lebkuchengewürz und Salz schaumig schlagen. Öl einlaufen lassen und weiterschlagen. Eiklar mit restlichem Kristallzucker steif schlagen. Zucchini, Nüsse und Mehl zusammen mit 1/3 des Eischnees vorsichtig unter die Dottermasse mischen und dann restlichen Schnee unterheben. Auf ein mit Backpapier ausgelegtes Blech (40 x 35 cm, 3 cm hoch) streichen und im vorgeheizten Backrohr bei 170 °C ca. 30 Minuten goldgelb backen. Noch heiß mit Ribiselmarmelade bestreichen und mit Haselnüssen bestreuen.

BACKZEIT: etwa 30 Minuten

BACKROHRTEMPERATUR: 170 °C

TIPP: Sie können auch Schokoladenspäne darüberhobeln oder Kakaopulver darüberstreuen.

SCHNEEBROT-EIKLARKUCHEN „ELFRIEDE WEINZETTEL"

ZUTATEN

6 Eiklar · 150 g Feinkristallzucker · Prise Salz · 1 KL Vanillezucker abgeriebene Schale einer unbehandelten Zitrone · 100 g flüssige Butter 150 g griffiges oder Universalmehl · 50 g gehackte Haselnüsse 50 g gehackte Kochschokolade · Marillenmarmelade zum Abglänzen dunkle Ganacheglasur (Rezept s. S. 35)

ZUBEREITUNG

Eiklar mit Salz, Kristallzucker, Vanillezucker und Zitronenschale steif schlagen. Heiße Butter vorsichtig daruntermischen. Mehl mit Schokolade und Nüssen mischen und danach unter die Eiklarmasse heben. Auf ein mit Backpapier ausgelegtes Blech (40 x 35 cm) streichen und im vorgeheizten Backrohr bei 180 °C 20 Minuten goldgelb backen. Mit Marillenmarmelade abglänzen und kaltstellen. Mit dunkler Ganacheglasur glasieren. Zwei Stunden stocken lassen und in Würfel schneiden.

BACKZEIT: 20 Minuten

BACKROHRTEMPERATUR: 180 °C

TIPP: Ideal zur Verwertung von überschüssigem Eiklar.

ZWETSCHKENFLECK
MIT HASELNUSS-STREUSEL

Das Lieblingsgebäck von Sacher-Direktor Reiner Heilmann

ZUTATEN FÜR 10 STÜCK

FÜR DEN TEIG

300 g glattes Mehl · 25 g Germ oder 1/2 P. Trockengerm · Prise Salz
3 Dotter · 1 KL Vanillezucker · 30 g Feinkristallzucker · 100 ml Milch
1/2 abgeriebene Zitronenschale · 40 g flüssige Butter
4 cl Rum oder alter Zwetschkenbrand

FÜR DAS STREUSEL

120 g glattes Mehl · 100 g Feinkristallzucker · 100 g Butter · 60 g Marzipan
60 g geröstete, geriebene Haselnüsse · Salz · 1 KL Vanillezucker · Prise Zimt

20–25 geviertelte, möglichst kleine Zwetschken ohne Kerne
150 g Zwetschken- oder Marillenmarmelade · Staubzucker zum Bestäuben

ZUBEREITUNG

Für den Teig die Milch auf etwa 40 °C erwärmen. Germ einbröseln und gut verrühren. Restliche Zutaten zugeben (Butter zum Schluss). Mit dem Knethaken der Küchenmaschine zu einem glatten Teig verarbeiten und diesen zugedeckt 40 Minuten gehen lassen. Danach aus dem Gefäß nehmen und auf einer bemehlten Arbeitsplatte nochmals gründlich durchkneten und abermals 30 Minuten zugedeckt gehen lassen.

Für das Streusel alle Zutaten miteinander in kaltem Zustand gut verkneten, zu einer Rolle formen und in Folie gewickelt 1 Stunde an einem kühlen Ort rasten lassen. Den Teig auf einer bemehlten Arbeitsfläche oder zwischen zwei Backmatten ca. 6 mm dick ausrollen und ein vorbereitetes Backblech (ca. 40 x 35 cm) damit auslegen. Den Teig mit Marmelade bestreichen und mit den Zwetschken – nicht sehr dicht und mit der Schnittseite nach oben – belegen und leicht andrücken. Das Streusel mit einer Gemüsereibe grob darüberreiben und 20 Minuten rasten lassen. Im vorgeheizten Backrohr bei 190 °C Umluft ca. 30 bis 40 Minuten goldbraun backen. Noch warm mit Staubzucker bestäuben und genießen.

BACKZEIT: 30 bis 40 Minuten

BACKROHRTEMPERATUR: 190 °C

TIPP: Sollte Streusel übrig bleiben, können Sie dieses gut einfrieren.

Foto Seite 101

STREUSELKUCHEN

ZUTATEN FÜR DEN TEIG

**500 g glattes Mehl · 35 g Germ · 140 ml Milch · 90 g Butter
80 g Feinkristallzucker · 2 Dotter · 1 Ei**

FÜR DAS STREUSEL

**200 g glattes Mehl · 100 g geriebene Haselnüsse · 100 g Feinkristallzucker
160 g zerlassene Butter · Prise Zimt
Marillenmarmelade zum Bestreichen · 1 kg geriebene Äpfel zum Bestreuen
(am besten Jonagold oder Kronprinz oder noch hellgrüne Golden Delicious,
auf jeden Fall etwas säuerlich schmeckende Sorten)**

ZUBEREITUNG

Für den Teig die Milch auf etwa 40 °C erwärmen. Germ einbröseln und gut verrühren. Restliche Zutaten zugeben (Butter zum Schluss). Mit dem Knethaken der Küchenmaschine zu einem glatten Teig verarbeiten und diesen zugedeckt 40 Minuten gehen lassen. Danach aus dem Gefäß nehmen und auf einer bemehlten Arbeitsplatte nochmals gründlich durchkneten und abermals 30 Minuten zugedeckt gehen lassen. Inzwischen das Streusel bereiten. Mehl, Nüsse, Kristallzucker und etwas Zimt gut vermengen. Mit der zerlassenen Butter betropfen und wie ein Farfel zu kleinen Bröckchen verarbeiten. Den aufgegangenen Germteig nun etwas daumendick auf ein befettetes Backblech (ca. 40 x 35 cm) ausbreiten und mit Marmelade bestreichen. Eine Handvoll Brösel und die Äpfel aufstreuen und das Streusel darauf verteilen. Das Ganze nochmals gehen lassen und den Kuchen bei 160 °C 25 bis 30 Minuten backen.

BACKZEIT: ca. 25 bis 30 Minuten
BACKROHRTEMPERATUR: 160 °C

TIPP: Statt Äpfel verwenden wir gerne entkernte Zwetschken, Marillen oder Kirschen oder auch Pfirsiche. Eine Prise gemahlener Kaffee und Tonkabohnenpulver (im Bioladen oder in der Apotheke erhältlich) verfeinert das Aroma.

MARILLENSANDKUCHEN

ZUTATEN

**1 kg Marillen · 4 Eidotter · 4 Eiklar · 200 g Butter · 1 P. Vanillezucker · 1 Prise Salz
abgeriebene Schale und Saft einer unbehandelten Zitrone · 200 g Feinkristallzucker
200 g glattes Mehl · 1 TL Weinsteinbackpulver · Staubzucker zum Bestreuen**

ZUBEREITUNG

Marillen waschen, entkernen und halbieren. Butter mit der Hälfte des Kristallzuckers, Vanillezucker, Zitronensaft, Zitronenschale und Salz schaumig rühren. Nach und nach Eidotter dazugeben. Den restlichen Zucker mit den Eiklar schaumig schlagen. Mehl mit Backpulver vermischen. Abwechselnd Eischnee und Mehl unter die Buttermasse heben. Die Masse auf ein vorbereitetes Backblech (ca. 40 x 35 cm) streichen und mit Marillenhälften belegen (Schnittseite nach oben). Im vorgeheizten Backrohr bei 160 °C ca. 40 bis 45 Minuten backen. Auskühlen lassen, mit Staubzucker bestreuen.

BACKZEIT: 40 bis 45 Minuten
BACKROHRTEMPERATUR: 160 °C

KIRSCHSANDKUCHEN

ZUTATEN

1,5 kg Kirschen · 4 Eidotter · 4 Eiklar · 200 g Butter · 1 P. Vanillezucker · 1 Prise Salz abgeriebene Schale und Saft einer unbehandelten Zitrone · 200 g Feinkristallzucker 200 g glattes Mehl · 1 TL Weinsteinbackpulver · Staubzucker zum Bestreuen

ZUBEREITUNG

Kirschen waschen und entsteinen. Butter mit der Hälfte des Kristallzuckers, dem Vanillezucker, Zitronensaft, der Zitronenschale und dem Salz schaumig rühren. Nach und nach Eidotter dazugeben. Den restlichen Zucker mit den Eiklar schaumig schlagen. Mehl mit Backpulver vermischen. Abwechselnd Eischnee und Mehl unter die Buttermasse heben. Die Masse auf ein vorbereitetes Backblech (40 x 35 cm) streichen und mit Kirschen belegen. Im vorgeheizten Backrohr bei 160 °C ca. 40 bis 45 Minuten backen. Danach auskühlen lassen und mit Staubzucker bestreuen.

BACKZEIT: 40 bis 45 Minuten
BACKROHRTEMPERATUR: 160 °C

GERM-ZWETSCHKEN-WUTZELKUCHEN

ZUTATEN

500 g glattes Mehl · 50 g Feinkristallzucker · 1 Würfel Germ · 2 Eidotter 1 Ei · 250 ml lauwarme Milch · 60 g zerlassene Butter · Prise Salz 1 P. Vanillezucker · abgeriebene Schale einer unbehandelten Zitrone

FÜR DEN BELAG

1 kg gewaschene, entkernte Zwetschken · 50 g Feinkristallzucker · 2 Msp. Zimt 60 g gehackte, geröstete Haselnüsse · 1 verquirltes Ei · 100 g Hagelzucker

ZUBEREITUNG

Für den Teig lauwarme Milch (max. 40 °C), Prise Zucker und Germ vermischen. So viel Mehl dazugeben, bis eine breiige Masse entsteht. Mit einem Geschirrtuch zugedeckt an einem warmen Ort gehen lassen, bis sich das Volumen verdoppelt hat.

Restliches Mehl, restlichen Zucker, Eidotter, Ei, Vanillezucker, Prise Salz und Zitronenschale mit dem Dampfl vermischen und gut abschlagen. Anschließend die zerlassene Butter einschlagen und an einem warmen Ort nochmals 30 Minuten gehen lassen.

Dann die Hälfte des Teiges in der Größe des Backblechs (ca. 40 x 35 cm) auf einer bemehlten Arbeitsfläche ausrollen, auf ein vorbereitetes Backblech legen, mit einer Gabel „stupfen" (mehrmals zart anstechen, damit keine Blasen entstehen) und mit Zucker, Zimt und Nüssen bestreuen.

Die Zwetschken vierteln und mit der Schnittweite nach oben gleichmäßig auf dem Teig verteilen. Den restlichen Teig ausrollen, in 1 cm breite Streifen schneiden und damit ein Gitter über die Zwetschken legen. Mit verquirltem Ei bestreichen, mit Hagelzucker bestreuen und im vorgeheizten Backofen bei 180 °C 30 bis 40 Minuten backen.

BACKZEIT: 30 bis 40 Minuten
BACKROHRTEMPERATUR: 180 °C

APFELTASCHERL

ZUTATEN FÜR CA. 20 STÜCK À 35 G

Plunderteig (Rezept s. S. 21)

FÜR DIE APFELFÜLLE

300 g Apfelwürfel (z. B. Idared) · 3 EL Feinkristallzucker
2 EL in Rum eingelegte Rosinen · 3 cl Rum · 2 EL Biskuitbrösel · Prise Zimt
1 Ei zum Bestreichen · Marmelade zum Aprikotieren

ZUBEREITUNG

Teig wie im Rezept zubereiten und auf einer bemehlten Arbeitsfläche 2 mm dünn ausrollen und in Rechtecke von 4 x 6 cm schneiden. Für die Fülle Apfelwürfel mit Kristallzucker kurz anbraten (durchschwenken), Rumrosinen zugeben und mit Rum ablöschen. Biskuitbrösel und Zimt untermischen und abkühlen lassen.

Eine Teighälfte mit verquirltem Ei bestreichen und in die Mitte 1 EL Fülle setzen. Die andere Hälfte darüberklappen und mehrmals wie einen Kamm einschneiden. Verschluss ein wenig andrücken. Auf ein vorbereitetes Backblech setzen und mit Ei bepinseln. Ein mit ein wenig Wasser gefülltes Gefäß ins Backrohr stellen und im vorgeheizten Backrohr bei 220 °C 5 Minuten an- und dann bei 180 °C in 5 Minuten hellbraun fertig backen. Mit Marmelade aprikotieren und evtl. mit Fondant überziehen.

BACKZEIT: 10 Minuten
BACKROHRTEMPERATUR: kurz 220 °C, dann 180 °C

NUSS-KRONE

ZUTATEN FÜR CA. 20 STÜCK À 35 G

Plunderteig (Rezept s. S. 21 · Nussfülle (Rezept s. S. 254)
1 Ei zum Bestreichen · Marmelade zum Aprikotieren · geriebene Nüsse zum Bestreuen

ZUBEREITUNG

Teig wie im Rezept zubereiten und auf einer bemehlten Arbeitsfläche 2 mm dünn ausrollen und Quadrate von 7 cm ausschneiden. Mit verquirltem Ei bepinseln, jeweils 1 EL Nussfülle in die Mitte einer Hälfte setzen, die andere darüberklappen und auf ein vorbereitetes Backblech legen. Beim Verschluss gut zusammendrücken und fünfmal wie einen Kamm einschneiden. Ein mit ein wenig Wasser gefülltes Gefäß ins Backrohr stellen und im vorgeheizten Backrohr bei 220 °C 5 Minuten anbacken und dann bei 170 °C in 5 Minuten hellbraun backen. Mit Marmelade aprikotieren und mit geriebenen Nüssen bestreuen.

BACKZEIT: 10 Minuten
BACKROHRTEMPERATUR: kurz 220 °C, dann 180 °C

TOPFENTASCHERL

ZUTATEN FÜR CA. 20 STÜCK À 35 G

Plunderteig (Rezept s. S. 21)

FÜR DIE TOPFENFÜLLE

250 g Topfen (20 %) · 2 EL Staubzucker · 1 EL Vanillepuddingpulver 2 EL Weißbrotbrösel · 1 KL Vanillezucker · 2 cl Rum · abgeriebene Schale einer unbehandelten Zitrone · 2 Eidotter · 1 Ei zum Bestreichen

ZUBEREITUNG

Teig wie im Rezept zubereiten und auf einer bemehlten Arbeitsfläche 2 mm dünn ausrollen. Quadrate von 8 cm ausschneiden und mit verquirltem Ei bestreichen. Etwas Teig zum Verschließen aufbewahren. Für die Topfenfülle alle Zutaten gut miteinander verrühren. Jeweils 1 EL davon in die Mitte eines Quadrats aufsetzen. Alle 4 Ecken nach innen zusammenschlagen, mit Ei bepinseln und auf ein vorbereitetes Backblech setzen. Gut mit einem 1 x 1 cm großen Teigstück verschließen. Ein mit ein wenig Wasser gefülltes Gefäß ins Backrohr stellen und im vorgeheizten Backrohr bei 220 °C 5 Minuten anbacken und dann bei 170 °C in 5 Minuten hellbraun backen.

BACKZEIT: 10 Minuten
BACKROHRTEMPERATUR: kurz 220 °C, dann 180 °C

PLUNDERKIPFERL

ZUTATEN FÜR CA. 20 STÜCK À 35 G

Plunderteig (Rezept s. S. 21)
1 Ei zum Bestreichen

ZUBEREITUNG

Teig wie im Rezept zubereiten und auf einer bemehlten Arbeitsfläche 2 mm dünn ausrollen. Dreiecke mit 9 cm Schenkellänge und 6 cm Seitenlänge abschneiden. Von der breiten Seite zur Spitze hin einrollen, mit Ei bestreichen und auf ein vorbereitetes Backblech legen. Ein mit ein wenig Wasser gefülltes Gefäß ins Backrohr stellen und im vorgeheizten Backrohr bei 180 °C ca. 12 Minuten hellbraun backen.

BACKZEIT: 12 Minuten
BACKROHRTEMPERATUR: 180 °C

Foto rechts: Diverses Plundergebäck

BAUMKUCHEN

Hinter diesem Rezept verbirgt sich der schon in der Barockzeit bekannte „Prügelkrapfen", eine Festtagsbäckerei, bei welcher der Teig ringförmig über eine Walze – den Prügel – geschlagen und über offenem Feuer unter stetigem Auftragen neuer Teigschichten gebacken wird. Wegen dieser „Jahresringe" hat er auch die Bezeichnung „Baumkuchen" erhalten.

ZUTATEN

**360 g Butter · 220 g Rohmarzipan · Prise Salz · Prise Kardamon · Prise Zimt
1 Kl Vanillezucker · abgeriebene Schale einer unbehandelten Zitrone
45 g Honig · 15 Eidotter · 12 Eiklar · 320 g Feinkristallzucker · 145 g glattes Mehl
145 g Maisstärke (Maizena) · Marillenmarmelade zum Aprikotieren**

ZUBEREITUNG

Butter mit Marzipan glattrühren und mit Salz, Kardamom, Zimt, Vanillezucker, Zitronenschale und Honig schaumig schlagen. Dotter nach und nach dazugeben. Eiklar mit Zucker zu Schnee schlagen. Schnee unter die Marzipanmasse heben, die mit Mehl versiebte Maisstärke vorsichtig daruntermischen.

Eine 2 mm dünne Schicht auf ein vorbereitetes Blech (40 x 35 cm) streichen und kurz im vorgeheizten Backrohr bei 220 °C Oberhitze auf oberster Schiene 5 bis 6 Minuten backen, bis die Oberfläche goldbraun ist. Danach nächste Schicht daraufstreichen und den Vorgang wiederholen, bis der Baumkuchen die gewünschte Höhe erreicht hat (ca. 4 bis 5 cm). Kurz überkühlen lassen und danach mit Marillenmarmelade aprikotieren.

BACKZEIT: 2 bis 3 Minuten je Schicht

BACKROHRTEMPERATUR: 220 °C

TIPP: Baumkuchen lässt sich gut einfrieren. Er lässt sich als *Petit fours* in Würfelrauten, als Hülle für Mousseterrinen, als Rand von Minitörtchen oder aber auch als Boden oder Hülle für Gänseleberpastete gut verwenden. Streicht man nach dem Backen Kakaopulver mit etwas Läuterzucker (Wasser und Zucker im Verhältnis 1 : 1 aufgekocht) vermischt und evtl. mit Rum versetzt zwischen jede zweite Schicht, so bleibt der Baumkuchen saftiger und macht auch optisch eine ausgezeichnete Figur.

BLITZ-HEIDELBEERKUCHEN

ZUTATEN

**180 g Butter · 200 g Feinkristallzucker · 4 cl Bacardi · 250 g glattes Mehl
1 P. Backpulver · 4 Eier · 250 g frische Heidelbeeren · 125 g Naturjoghurt
100 g Sauerrahm · abgeriebene Schale einer unbehandelten Zitrone
glattes Mehl zum Wenden der Heidelbeeren**

ZUBEREITUNG

Eier und Butter sollten Zimmertemperatur haben. Alle Zutaten außer Heidelbeeren in die Küchenmaschine füllen und erst auf Stufe 1, dann steigend 2 Minuten zusammenmixen.
Heidelbeeren in etwas Mehl wenden und zum Teig geben. Masse in eine vorbereitete Kasten- oder Gugelhupfform füllen und im vorgeheizten Backrohr bei 170 °C etwa 20 Minuten, dann 40 Minuten bei 150 °C (Umluft) backen.

BACKZEIT: 60 Minuten
BACKROHRTEMPERATUR: 170 °C, 150 °C (Umluft)
TIPP: Aufgrund der Verarbeitung in der Küchenmaschine wird der Kuchen super flaumig.

GERM-MOHNSTRUDEL

ZUTATEN FÜR 10–12 PORTIONEN

FÜR DEN GERMTEIG

**500 g Universalmehl · 1/2 Würfel Germ · 60 g Feinkristallzucker
125 ml lauwarme Milch · 80 g flüssige Butter · 1 Ei · 1 Eidotter · 1 Prise Salz
1 P. Vanillezucker · abgeriebene Schale einer unbehandelten Zitrone**

FÜR DIE MOHNMASSE

**250 g Mohn · 60 g Feinkristallzucker · 250 ml Milch · 1 EL Honig · 40 g Semmelbrösel
40 g Rosinen · 2 Msp. Zimt · abgeriebene Schale einer unbehandelten Zitrone
1 P. Vanillezucker · verquirltes Ei zum Bestreichen · Staubzucker zum Bestreuen**

ZUBEREITUNG

Germ mit der lauwarmen Milch (max. 40 °C) und einer Prise Zucker auflösen. So viel Mehl dazugeben, bis eine breiige Masse entsteht. Zugedeckt an einem warmen Ort gehen lassen, bis sich das Volumen verdoppelt hat und die Oberfläche Risse zeigt. Dann die restlichen Zutaten sowie das restliche Mehl dazugeben (die flüssige Butter zum Schluss) und zu einem glatten Teig verarbeiten.
Für die Mohnmasse Milch, Honig, Kristallzucker, Vanillezucker und Zitronenschale aufkochen, dann Mohn, Brösel, Rosinen, Zimt einrühren und so eine breiige Masse herstellen und kaltstellen.
Germteig auf einer bemehlten Arbeitsfläche fingerdick ausrollen, die Mohnmasse gleichmäßig darauf verteilen und zu einem Strudel zusammenrollen. Mit verquirltem Ei bestreichen und auf ein vorbereitetes Backblech (40 x 35 cm) legen. Zugedeckt nochmals gehen lassen, anschließend im vorgeheizten Backrohr bei 180 °C 40 bis 50 Minuten backen. Zum Schluss mit Staubzucker bestreuen.

BACKZEIT: 40 bis 50 Minuten
BACKROHRTEMPERATUR: 180 °C

GERM-NUSS-STRUDEL

ZUTATEN FÜR 5–8 PORTIONEN

FÜR DEN GERMTEIG

s. S. 114 Germ-Mohnstrudel

FÜR DIE NUSSMASSE

250 g geriebene Walnüsse · 250 ml Milch · 60 g Semmelbrösel · 60 g Feinkristallzucker 2 Msp. Zimt · 1 EL Honig · evtl. 30 g Rosinen · 1 P. Vanillezucker · abgeriebene Schale einer unbehandelten Zitrone · verquirltes Ei zum Bestreichen · Staubzucker zum Bestreuen

ZUBEREITUNG

Germ mit der lauwarmen Milch (max. 40 °C) und einer Prise Zucker auflösen. So viel Mehl dazugeben, bis eine breiige Masse entsteht. Zugedeckt an einem warmen Ort gehen lassen, bis sich das Volumen verdoppelt hat und die Oberfläche Risse zeigt. Dann die restlichen Zutaten sowie das restliche Mehl dazugeben (die flüssige Butter zum Schluss) und zu einem glatten Teig verarbeiten. Für die Nussmasse Milch, Honig, Kristallzucker, Vanillezucker und Zitronenschale aufkochen, Nüsse, Brösel, Rosinen, Zimt einrühren und so eine breiige Masse herstellen und kalt stellen.
Germteig fingerdick ausrollen, die Nussmasse gleichmäßig darauf verteilen und zu einem Strudel zusammenrollen. Mit verquirltem Ei bestreichen und auf ein vorbereitetes Backblech (ca. 40 x 35 cm) legen. Zugedeckt nochmals gehen lassen, anschließend im vorgeheizten Backrohr bei 180 °C 40 bis 50 Minuten backen. Zum Schluss mit Staubzucker bestreuen.

BACKZEIT: 40 bis 50 Minuten
BACKROHRTEMPERATUR: 180 °C

REHRÜCKEN

ZUTATEN

150 g Butter · 180 g Feinkristallzucker · 8 Eidotter · 8 Eiklar · 1 Prise Salz 1 P. Vanillezucker · 120 g Zartbitterkuvertüre · 140 g geröstete Mandeln 100 g Brösel· 100 g Ribiselmarmelade zum Bestreichen · 50 g gestiftelte Mandeln zum Spicken · dunkle Ganacheglasur zum Glasieren (Rezept s. S. 35) zerlassene Butter für die Backform und Semmelbrösel zum Ausstreuen

ZUBEREITUNG

Butter, einen Teil des Zuckers (etwa 100 g) und Vanillezucker schaumig rühren, nach und nach die Dotter dazugeben. Kuvertüre im Wasserbad oder in der Mikrowelle schmelzen und ebenfalls unter die Buttermasse rühren. Eiklar mit dem restlichen Zucker aufschlagen, abwechselnd mit den Mandeln sowie Bröseln vermischen und unter den Abtrieb heben. In eine bebutterte und mit Semmelbrösel ausgestreute Rehrückenform füllen und im vorgeheizten Backofen bei 180 °C ca. 45 bis 50 Minuten backen. Danach auskühlen lassen und stürzen. Mit Ribiselmarmelade bestreichen und Marmelade ca. 2 Stunden antrocknen lassen. Danach mit Ganache-Glasur überziehen und mit gestiftelten Mandeln spicken. Glasur ca. 2 Stunden anziehen lassen.

BACKZEIT: 45 bis 50 Minuten
BACKROHRTEMPERATUR: 180 °C

MOHN-POTIZE

Dieser eingerollte Striezel ist eine windische (slowenische) Spezialität, über die schon der berühmte Geograph und Reiseschriftsteller Johann Weikhard Freiherr von Valvasor Ende des 17. Jahrhunderts geschwärmt hat: „Die besten und bekanntesten Kuchen der Wenden sind die Potitzen, welcher Name wie Schwizbrot lautet, von potit = schwitzen, weil die fette Fülle beim Backen herausschwitzt."

ZUTATEN FÜR CA. 10 PORTIONEN

FÜR DEN TEIG

500 g glattes Mehl · 20 g Germ (halber Würfel) · 250 ml Milch
60 g Feinkristallzucker · 80 g Butter · 2 Eidotter · 1 Ei · Prise Salz

FÜR DIE MOHNFÜLLE

2 EL Honig · 150 g Mohn · 140 ml Milch · 2 EL Marillen- Marmelade · Prise Zimt
abgeriebene Schale einer unbehandelten Zitrone · 1 EL Vanillezucker · Prise Salz

ZUBEREITUNG

Für den Teig die angegebenen Zutaten gut zusammenkneten, 30 Minuten gehen lassen und dann dünn ausrollen. Für die Mohnfülle Milch und Honig auflösen, Mohn und Marmelade dazugeben und mit Zimt, Vanillezucker, Salz und Zitronenschale würzen. Teig halbieren, auf 5 mm ausrollen und mit der lauwarmen Fülle bestreichen. Jeweils von beiden Seiten von außen nach innen Schnecken einrollen und mit der offenen Seite nach oben in eine gut befettete Form geben. 30 Minuten gehen lassen und dann langsam bei 165 °C 40 Minuten backen. Stürzen und aufschneiden.

BACKZEIT: 40 Minuten
BACKROHRTEMPERATUR: 165 °C

NUSS-POTIZE

ZUTATEN FÜR CA. 10 PORTIONEN

FÜR DEN TEIG

s. oben Mohn-Potize

FÜR DIE NUSSFÜLLE

140 ml Milch · 40 g Honig · 30 g feine Brösel · 4 cl Rum · 150 g Walnüsse
je Prise Zimt, Neugewürz, Salz, Germ

ZUBEREITUNG:

Einen Teig wie für Mohn-Potize zubereiten. Für die Nussfülle Honig und Milch auflösen, erhitzen, die geriebenen Nüsse und die Brösel hinzufügen und mit Zimt, Neugewürz, Salz und Rum würzen. Eine Prise Germ einbröseln. Teig halbieren, auf 5 mm ausrollen und mit der lauwarmen Fülle bestreichen. Von beiden Seiten von aussen nach innen Schnecken einrollen und mit der offenen Seite nach oben in eine gut befettete Form geben. 30 Minuten gehen lassen und dann bei 165 °C 40 Minuten backen. Stürzen und aufschneiden.

BACKZEIT: 40 Minuten
BACKROHRTEMPERATUR: 165 °C

MANDARINENROULADE

ZUTATEN FÜR 12–15 PORTIONEN

FÜR DEN TEIG

4 Eiklar · 6 EL Wasser · 200 g Feinkristallzucker · 4 Eidotter
70 g glattes Mehl · 40 g Kakaopulver

FÜR DIE MANDARINENCREME

250 ml Orangensaftkonzentrat · 125 ml Kompottsaft von Mandarinen
500 ml Schlagobers · 1 Eidotter · 1 Eiklar · 40 g Maisstärke (Maizena)
80 g Feinkristallzucker · abgeriebene Schale einer unbehandelten Orange
1 Dose (ca. 300 g) Mandarinen zum Belegen · geriebene Pistazien zum Wälzen

ZUBEREITUNG

Für den Teig Eiklar, kaltes Wasser und Zucker zu einem Schnee schlagen, die Dotter unterziehen, das Mehl mit dem Kakao versieben und ebenfalls unterheben. Ein vorbereitetes Backblech mit der Schokoladenmasse bestreichen und im vorgeheizten Backrohr bei 190 °C ca. 10 Minuten backen (Nadelprobe). Danach sofort anzuckern, auf ein feuchtes Tuch stürzen und das Backpapier abziehen. In ein Tuch einrollen und abkühlen lassen.

Für die Creme Orangensaftkonzentrat, Kompottsaft, Hälfte des Kristallzuckers, Dotter und Maisstärke unter ständigem Rühren aufkochen abgeriebene Orangenschale dazugeben. Überkühlen lassen. Eiklar mit Kristallzucker aufschlagen und unter die Masse heben. Nochmals kaltstellen und zum Schluss das geschlagene Obers unterheben.
Das Biskuit aufrollen und mit der Creme bestreichen. Mit den abgetropften Mandarinenspalten belegen und zusammenrollen. Zwei Stunden gut durchkühlen. Anschließend in geriebenen Pistazien wälzen.

BACKZEIT: ca. 10 Minuten
BACKTEMPERATUR: 190 °C

TOPFENROULADE MIT HIMBEEREN

ZUTATEN FÜR 12–15 PORTIONEN

FÜR DEN TEIG

7 Eiklar · 120 g Feinkristallzucker · 7 Eidotter · 140 g glattes Mehl
1 P. Vanillezucker · abgeriebene Schale einer unbehandelten Zitrone · 1 Prise Salz

FÜR DIE CREME

125 ml Joghurt · 200 g Topfen (20%) · 1 P. Vanillezucker
abgeriebene Schale einer unbehandelten Zitrone · 6 Blatt Gelatine
Saft einer unbehandelten Orange · 3 Eidotter · 3 Eiklar · 80 g Feinkristallzucker
200 ml Schlagobers · 300 g Himbeeren zum Belegen
Feinkristallzucker zum Bestreuen

ZUBEREITUNG

Für den Teig Eiklar mit Kristallzucker, Vanillezucker, Salz und Zitronenschale aufschlagen. Langsam die Dotter einrühren, dann das Mehl unterheben. Die Masse auf ein vorbereitetes Backblech fingerdick aufstreichen und im vorgeheizten Backrohr bei 220 °C 10 bis 15 Minuten goldgelb backen. Danach sofort auf ein mit Kristallzucker bestreutes Tuch oder Papier legen, Backpapier abziehen und zusammenrollen.
Für die Creme Eiklar mit Kristall- und Vanillezucker aufschlagen. Gelatine in eiskaltem Wasser einweichen, ausdrücken und in den erwärmten unbehandelten Orangensaft einrühren. Eidotter, Joghurt sowie Topfen vermischen und glattrühren und aufgelöste Gelatine dazugeben. Obers unterziehen.
Teig aufrollen, Creme gleichmäßig auf der Roulade verteilen, mit den Himbeeren belegen und wieder zusammenrollen. Kühlstellen und vor dem Servieren mit Staubzucker bestreuen.

BACKZEIT: 10–15 Minuten
BACKTEMPERATUR: 220 °C

CHRISTSTOLLEN

ZUTATEN FÜR 2 STOLLEN

FÜR DEN TEIG

**40 g Germ · 250 ml Milch · 680 g glattes Mehl · 50 g Staubzucker
50 g Glucose (Zuckersirup, in Apotheke erhältlich) · 1 KL Stollengewürz oder etwas Kardamom · 2 Eidotter · 1 EL Vanillezucker · 2 cl Rum · abgeriebene Schale von 1/2 unbehandelten Zitrone · 300 g weiches Butterschmalz · Prise Salz**

FÜR DIE FRÜCHTEMISCHUNG

**300 g in Rum marinierte Rosinen · 100 g geriebener Marzipan
150 g kleinwürfelig geschnittenes Aranzini · 150 g kleinwürfelig geschnittenes Zitronat
40 g geschälte, gehackte, geröstete Mandeln · 1 EL frisch geriebener Ingwer
ausreichend viel flüssige Butter zum Eintauchen · Staubzucker oder süßer Schnee (Mischung aus Staubzucker und Pflanzenfett, s. S. 18) zum Wälzen**

ZUBEREITUNG

Für das Dampfl Germ in lauwarmer Milch auflösen und mit 300 g Mehl gründlich mischen. Zugedeckt bei Raumtemperatur gehen lassen, bis sich das Volumen deutlich vergrößert hat. Staubzucker mit Eidottern, Vanillezucker, Rum, Glucose, Zitronenschale und Stollengewürz schaumig rühren. In das Dampfl restliches Mehl und gerade so viel Butterschmalz einarbeiten, dass der Teig schön bindet. Weiterkneten und dann Salz sowie restliches Butterschmalz nach und nach einarbeiten.

Für die Früchtemischung alle Zutaten vermengen, zugeben und nochmals (am besten mit Rührmaschine) gut durchkneten.

Teig teilen und kräftig schleifen (mit beiden Handballen tüchtig bearbeiten). Ausrollen, wieder zusammenklappen und zur typischen Stollenform formen (der obere Teil sollte etwas kleiner geformt sein). Auf ein mit Backpapier oder einer Backmatte belegtes Backblech setzen und ca. 30 Minuten bei Zimmertemperatur gehen lassen. Im vorgeheizten Backrohr bei 160 °C ca. 50 Minuten backen. Kurz überkühlen lassen, in flüssige Butter tauchen und zum Abtropfen kurz auf ein Gitter legen. Rundum in Staubzucker oder süßem Schnee wenden, gut durchkühlen lassen und nochmals in Staubzucker oder süßem Schnee wenden.

BACKZEIT: ca. 50 Minuten
BACKROHRTEMPERATUR: 160 °C

Foto Seite 123

GEBACKENES OSTERLAMM MIT EIERLIKÖR

ZUTATEN

**5 Eier · 250 g Staubzucker · 250 ml Rapsöl · 200 ml Eierlikör · 125 g glattes Mehl
125 g Maisstärke (Maizena) · 1 KL Backpulver · Butter zum Ausstreichen
Mehl zum Stauben · Instantkakao und geriebene Nüsse zum Wälzen
Staubzucker oder süßer Schnee zum Bestauben (Mischung aus Staubzucker und Pflanzenfett, s. S. 18)**

ZUBEREITUNG
Eier mit Staubzucker schaumig rühren. Rapsöl sowie Eierlikör dazumischen und mit Stabmixer ohne Luftzufuhr emulgieren. Mehl, Maisstärke und Backpulver mischen und einmelieren. Eine geeignete Backform mit Butter ausstreichen, mit etwas Mehl bestauben und Teigmasse einfüllen. Im vorgeheizten Backrohr bei 160 ºC 30 Minuten backen. Abschließend in Kakao-Nuss-Mischung wälzen oder mit Staubzucker bzw. süßem Schnee bestauben. Foto Seite 122

BACKZEIT: 30 Minuten
BACKROHRTEMPERATUR: 160 °C

OSTERBROTE

ZUTATEN FÜR CA. 20 STÜCK

FÜR DEN VORTEIG
60 g glattes Mehl · 20 g Germ · 10 g Feinkristallzucker · 45 ml Milch

FÜR DEN HAUPTTEIG
170 g glattes Mehl · 60 ml Milch · 1 Eidotter · 35 g Butter · 20 g Feinkristallzucker Prise Salz · Prise Kardamom · Prise Muskat

FÜR DIE FRÜCHTEBEIGABE
30 g Sultaninen · 15 g Orangeat · 20 g gehackte Mandeln (mit Rum über Nacht mariniert) · 1 Ei zum Bestreichen

ZUBEREITUNG
Für den Vorteig Germ mit lauwarmer Milch (max. 40 °C) und Zucker auflösen. Mehl dazugeben, so dass eine breiige Masse entsteht. Aufgehen lassen, bis sich das Volumen verdoppelt hat und die Oberfläche Risse zeigt. Dann die Zutaten für den Hauptteig dazugeben und 20 Minuten ruhen lassen. Früchte einarbeiten und zu runden Stücken (à ca. 30 g) formen und auf ein vorbereitetes Backblech setzen. Mit verquirltem Ei bestreichen, kalt abstehen lassen und nochmals mit Ei bepinseln. Anschließend mit einem scharfen Messer Rautenmuster einschneiden. Im vorgeheizten Backrohr bei 180 °C und offenem Zug (Rohr bleibt einen Spalt offen, indem man z. B. einen Kochlöffel zwischen Tür und Ofen klemmt; keine Dampfentwicklung) 40 Minuten goldgelb backen.

BACKZEIT: 40 Minuten
BACKROHRTEMPERATUR: 190 °C

Foto Seite 122

Osterbrote, Rezept S. 121

Gebackenes Osterlamm, Rezept S. 120

Christstollen, Rezept S. 120

Osterpinze, Rezept S. 124

OSTERPINZE

Dieses aus der ungarischen Küche übernommene Ostergebäck aus glaciertem Germteig verdankt seinen Namen dem dreifachen Einschnitt, in dessen Mitte meist ein Osterei platziert wird.

ZUTATEN FÜR DEN VORTEIG

70 g glattes Mehl · 35 ml Milch · 20 g Germ · 10 g Feinkristallzucker

FÜR DEN HAUPTTEIG

100 g glattes Mehl · 25 g Feinkristallzucker · 40 g Butter · 2 Eidotter · Prise Salz
1 EL Vanillezucker · abgeriebene Schale einer unbehandelten Zitrone

FÜR DEN ANSATZ

25 ml Wermut · 2 g Anis
1 Ei zum Bestreichen · Öl zum Eintauchen der Schere

ZUBEREITUNG

Für den Ansatz Wermut mit Anis über Nacht ansetzen und Anis danach abseihen.

Für den Vorteig Germ mit lauwarmer Milch (max. 40 °C) und Zucker auflösen. Mehl dazugeben, so dass eine breiige Masse entsteht. Aufgehen lassen, bis sich das Volumen verdoppelt hat und die Oberfläche Risse zeigt. Dann die Zutaten für den Hauptteig dazugeben, 15 Minuten ruhen lassen, auf einer bemehlten Arbeitsfläche zusammenschlagen und nochmals 15 Minuten rasten lassen. Den Teig zu einer Kugel schleifen, auf ein mit Backpapier ausgelegtes Blech setzen, mit verquirltem Ei bestreichen und bei Zimmertemperatur trocknen lassen. Dann wiederum bestreichen und wieder trocknen lassen. Mit einer in Öl getauchten Schere bis zur halben Tiefe drei symmetrische Einschnitte machen. Im vorgeheizten Backrohr bei 190 °C 20 bis 30 Minuten backen. Nach der Hälfte der Backzeit bei offenem Zug (Rohr bleibt einen Spalt offen, indem man z. B. einen Kochlöffel zwischen Tür und Ofen klemmt; keine Dampfentwicklung) fertig backen.

BACKZEIT: 20–30 Minuten
BACKROHRTEMPERATUR: 190 °C

Foto Seite 123

HASELNUSSBRIOCHE

ZUTATEN FÜR 2 FORMEN ODER KLEINE STRIEZERL

Briocheteig (Rezept s. S. 23)
1 Eidotter · 2 EL lauwarme Milch · 100 g geriebene, geröstete Haselnüsse

ZUBEREITUNG

Briocheteig nach Rezept zubereiten. Den Teig auf einer schwach bemehlten Arbeitsfläche zusammendrücken und nochmals gründlich durchkneten. Dann in zwei gut gefettete Kastenformen (je 30 x 12 cm) geben, die etwa zur Hälfte gefüllt sein dürfen. Das Dotter mit Milch verquirlen, den Briocheteig damit bestreichen und erneut aufgehen lassen, bis die Form zu etwa drei Vierteln ihrer Höhe gefüllt ist. Brioche mit Haselnüssen bestreuen und dann auf die untere Schiene des auf 190 °C vorgeheizten Ofens schieben und etwa 40 Minuten backen. Sollte die Oberfläche dabei zu stark dunkeln, einen Bogen Backpapier darüberlegen. Die Brioche etwa 5 Minuten in der Form ausdämpfen lassen, dann auf ein Gitter stürzen, wieder umdrehen und erkalten lassen.

BACKZEIT: 40 Minuten
BACKROHRTEMPERATUR: 190 °C

BRIOCHE

ZUTATEN FÜR 2 FORMEN ODER KLEINE STRIEZERL

Briocheteig (Rezept s. S. 23)
1 Eidotter · 2 EL lauwarme Milch

ZUBEREITUNG

Briocheteig nach Rezept zubereiten. Den Teig auf einer schwach bemehlten Arbeitsfläche zusammendrücken und nochmals gründlich durchkneten. Dann in zwei gut gefettete Kastenformen (je 30 x 12 cm) geben, die etwa zur Hälfte gefüllt sein dürfen. Dotter mit Milch verquirlen, den Briocheteig damit bestreichen und erneut aufgehen lassen, bis die Form zu etwa drei Vierteln ihrer Höhe gefüllt ist. Die Formen dann auf die untere Schiene des auf 190 °C vorgeheizten Ofens schieben und etwa 40 Minuten backen. Sollte die Oberfläche dabei zu stark dunkeln, einen Bogen Backpapier darüberlegen. Die Brioche etwa 5 Minuten in der Form ausdämpfen lassen, dann auf ein Gitter stürzen, wieder umdrehen und erkalten lassen.

BACKZEIT: 40 Minuten

BACKROHRTEMPERATUR: 190 °C

TIPP: Mit Honig oder Marmelade schmecken die Kipferl herrlich zum Frühstück. Zu feinen Vorspeisen mit Gänseleber oder zu Terrinen sind sie eine ideale Begleitung. Dann sollten sie aber unbedingt kurz aufgebacken werden, bis sie lauwarm sind. So kommt ihr Aroma voll zur Entfaltung. Übrigens lassen sie sich auch gut einfrieren.

MILCHBROT

ZUTATEN

500 g glattes Mehl · 20 g Germ (halber Würfel) · 250 ml Milch
50 g Butter · 50 g Feinkristallzucker · Prise Salz · Milch oder Eidotter zum Bestreichen

ZUBEREITUNG

Germ in das Mehl fein hineinbröseln, salzen und leicht erwärmen. Lauwarme Milch, Butter und Zucker unter das Mehlgemisch mengen, den Teig gut kneten und gehen lassen. Ist er um das Doppelte aufgegangen, auf dem Nudelbrett einen länglichen Wecken oder einen Striezel formen. Nochmals kurz gehen lassen, mit Milch oder Dotter bestreichen und bei 160 bis 170 °C 30 Minuten im Rohr backen.

BACKZEIT: 30 Minuten

BACKROHRTEMPERATUR: 160 bis 170 °C

TIPP: Wie bei allen Germteigen sollten auch bei diesem Rezept alle Zutaten gut, also auf Zimmertemperatur, vorgewärmt verwendet werden. Ist die Milch oder die Butter zu heiß , wird die Germ zerstört und der Kleber zu früh aktiviert. Die besten Ergebnisse erziele ich bei Germteigen mit Universalmehl, das heller und molliger in der Krume ist.

BRÜDERLEIN KLEIN, BRÜDERLEIN FEIN

PORTIONSGEBÄCK, KEKSE, PRALINEN UND ANDERE NÄSCHEREIEN

SACHER

PORTIONSGEBÄCK

SACHERWÜRFEL

ZUTATEN FÜR 24 STÜCK

FÜR DEN TEIG

s. S. 42 Sachertorte

FÜR DIE GLASUR

200 g Feinkristallzucker · 125 ml Wasser · 180 g Schokolade · 1 EL Marillenmarmelade Marmelade zum Bestreichen · Butterschmalz zum Ausstreichen der Backbleche Mehl zum Ausstreuen der Backbleche

ZUBEREITUNG

Den Teig wie bei der Sachertorte beschrieben zubereiten. Backrohr auf 220 °C Umluft vorheizen. Zwei Backbleche gut mit Butterschmalz ausstreichen und mit Mehl ausstreuen. Überschüssiges Mehl ausklopfen und die Masse etwa 2 cm hoch aufstreichen. Backblech ins Rohr schieben und ca. 15 Minuten backen. Herausnehmen und kurz überkühlen lassen. Währenddessen Marmelade leicht erwärmen und glattstreichen. Biskuitböden dick mit Marmelade bestreichen und mit der Marmeladeseite zusammensetzen. Sofort in den Kühlschrank (oder am besten in den Tiefkühler) stellen, damit die Masse wirklich saftig bleibt.

Inzwischen für die Glasur Wasser und Zucker ca. 5 Minuten sprudelnd kochen. Im Wasserbad geschmolzene Schokolade eingießen und Marmelade zugeben. Nun mit einem Stabmixer so lange mixen, bis die Masse auf 38 °C abgekühlt ist. Dabei den Stabmixer so tief eintauchen, dass keine Luftbläschen in die Masse kommen. (Es soll eine perfekte Emulsion ohne Lufteinschluss entstehen.) Biskuit aus dem Kühlschrank nehmen und in 3 x 3 cm große gleichmäßige Würfel schneiden. Auf ein Kuchengitter setzen und rundum mit heißer Marmelade bestreichen. Mit einer Palette glätten und Marmelade „anziehen" lassen. Mit der Glasur überziehen und wiederum vorsichtig und rasch mit einer Palette glatt streichen.

BACKZEIT: ca. 15 Minuten

BACKROHRTEMPERATUR: 220 °C (Umluft)

TIPP: Am besten schmeckt diese süße Delikatesse mit Schlagobers.

INDIANER MIT OBERSFÜLLE

ZUTATEN FÜR 10 STÜCK

4 Eidotter · 50 g Maistärke (Maizena) · 1 KL Vanillezucker · 5 Eiklar
70 g Feinkristallzucker · 50 g glattes Mehl · 300 ml Schlagobers (Wie viel??)
1 KL Sahnesteif · 1 EL Vanillezucker
Marillenmarmelade und Schokoladefondant zum Überziehen

ZUBEREITUNG

Eidotter mit ca. 2/3 der Maisstärke und Vanillezucker glattrühren. Eiklar mit Kristallzucker zu Schnee schlagen. Dottermasse, Mehl und restliche Maisstärke unterziehen. Auf ein Backpapier mit glatter Tülle (Nr. 12) Krapferl dressieren und im vorgeheizten Backrohr bei 190 °C rasch anbacken und bei 160 °C in 10 Minuten goldbraun fertig backen (evtl. Tür einen Spalt offen lassen, damit Feuchtigkeit entweichen kann).

In die Mitte der kalten Krapferl ein kleines Loch hineindrücken, mit Marmelade aprikotieren und mit Schokofondant überziehen. Obers mit Sahnesteif und Vanillezucker aufschlagen. Mit Hilfe eines Dressiersacks mit Sterntülle (Größe 12) auf jedes Krapferl etwas geschlagenes Obers aufspritzen und mit einem zweiten Krapferl zusammensetzen.

BACKZEIT: 10 Minuten

BACKROHRTEMPERATUR: 190 °C, dann 160 °C

TIPP: Schokoladefondant schmelzen und idealerweise im Verhältnis 1 : 1 mit Schokoladeglasur (Rezept s. S. 34) mischen.

ELISEN-LEBKUCHEN

Besonders delikate Lebkuchen mit geringem Mehl- und hohem Frucht- und Nussanteil werden als „Elisen-Lebkuchen“ bezeichnet. Der Name soll auf eine lebkuchenverliebte Markgräfin zurückgehen.

ZUTATEN FÜR 20 STÜCK

350 g Feinkristallzucker · 5 Eiklar · 125 g Marzipanrohmasse 60 g fein gehacktes Orangeat · 70 g fein gehacktes Zitronat · 150 g geriebene Mandeln · 150 g gehackte Haselnüsse (evtl. vorgeröstet) · 80 g glattes Mehl 12 g Lebkuchengewürz · 3 g Ammonium oder Hirschhornsalz (Treibmittel) halbierte weiße Mandeln · Belegkirschen · Oblaten (5 cm Ø)

ZUM ÜBERZIEHEN

Fadenzucker- (Rezept s. S. 34) und Schokoladeglasur (Rezept s. S. 34)

ZUBEREITUNG

Kristallzucker mit der Marzipanrohmasse anrühren. Eiklar nach und nach dazugeben, zu einer glatten Masse verarbeiten und unter ständigem Rühren auf 50 °C erwärmen. Orangeat, Zitronat, Haselnüsse, Mandeln sowie das mit Lebkuchengewürz und dem Treibmittel gesiebte Mehl und Lebkuchengewürz dazugeben. Zu einer guten Bindung abmischen und erwärmen. Die Masse anschließend auf die Oblaten kuppelförmig aufstreichen. Je eine halbe Mandel und eine Kirsche belegen. Gut antrocknen lassen und im vorgeheizten Backrohr bei 170 °C 10 bis 15 Minuten backen. Anschließend das Gebäck mittels Pinsel mit Fadenzuckerglasur bestreichen oder auskühlen lassen und mit Schokoladeglasur überziehen.

BACKZEIT: 10–15 Minuten
BACKROHRTEMPERATUR: 170 °C

LEBZELTER CONTRA ZUCKERBÄCKER

1555 schlug schließlich die Geburtsstunde der Wiener Zuckerbäckerinnung, die in Kaiser Ferdinand I. einen wohlwollenden Förderer fand. Einen solchen benötigte sie allerdings auch, denn das zuckersüße Treiben der neuen Zunft erweckte bei den angestammten Lebzeltern und Bäckern nichts als Neid und Missgunst. Und es dauerte mehr als nur eine geraume Weile, bis die Zuckerbäcker, nachdem sie sich ausdrücklich verpflichtet hatten, keinerlei Ware aus Mehl zu backen, sondern lediglich „glatte und krause Confecte“ aus Mandeln, Kastanien, Zibeben, Pistazien und Reis zu verarbeiten, als eigenständiges und angesehene Handwerker galten.

MANDELBÖGEN

ZUTATEN FÜR 25 STÜCK

200 g gehobelte Mandeln · 200 g Staubzucker · abgeriebene Schale einer unbehandelten Zitrone · 1 P. Vanillezucker · 3 Eiklar · 1 TL glattes Mehl 25 weiße, rechteckige Oblaten

ZUBEREITUNG

Dreiviertel der gehobelten Mandeln, Staubzucker, Zitronenschale und Vanillezucker mit den Eiklar zu einer zähflüssigen Masse verrühren. Mehl dazugeben und in einem Schneekessel unter ständigem Rühren auf schwacher Hitze so lange schlagen, bis die Masse Blasen wirft (sie darf aber nicht kochen). Die Oblaten auf eine bemehlte Arbeitsfläche legen, die heiße Mandelmasse fingerdick aufstreichen und die restlichen gehobelten Mandeln darüberstreuen. Mit einem scharfen Messer etwa 3 bis 4 mm breite Streifen schneiden. Diese in kleinen Abständen über eine halbrunde Kuchenform legen (z. B. Dachrinnen- oder Rehrückenform) und trocknen lassen, bis sich eine Kruste gebildet hat (ca. 1 Stunde). Im vorgeheizten Backrohr bei 170 °C 8 Minuten goldgelb backen. Nach dem Überkühlen von der Form nehmen.

BACKZEIT: 8 Minuten

BACKROHRTEMPERATUR: 170 °C

MANDOLETTI UND KRAPFENMÄDEL

Die Brennpunkte des süßen Wien waren zur Zeit Kaiserin Maria Theresias die „Kunigund" in der Bräunerstraße und das „Krapfenmädel" am Kohlmarkt, das angeblich „so hübsch wie ein Krapferl" war. Und auch die vor allem aus Italien nach Wien gekommenen „Mandolettihändler" hatten, wie sich Johann Pezzl 1783 erinnert, mit ihren süßen Schleckereien Hochsaison: „Überall flitzen sie mit ihren Bauchladen herum, besetzen die Straßenecken, die Spazierwege, die Gärten, die Schauspielhäuser. Vor sechs Jahren waren ihrer nur zwei solcher welscher Schleckereientrödler, heute sind ihrer wohl vierzig, welsche wie deutsche." Die Mandolettihändler verdankten, um der Wahrheit die Ehre zu geben, ihren schlechten Ruf allerdings nicht nur ihrer fremdländischen Herkunft, sondern auch der Tatsache, dass sie neben Zucker auch noch andere „süße Sachen" verkauften. So erfährt man etwa durch den Theaterschriftsteller Ferdinand Eberl („Jeder bleibe bei seiner Portion"), dass ein Herr Mandolettitrödler im ersten Stock über einem Wiener „Mandolettigwölb" recht „niedlich hergerichtete Zimmer" als Stundenhotel betrieb.

Den im Gegensatz zu den Mandolettis mittlerweile schon alteingesessenen Wiener Zuckerbäckern machte die süße Konkurrenz aus dem Süden jedenfalls alles andere als Freude. Sie beschwerten sich bei Kaiser Joseph II. über das Mandoletti-Unwesen in der Wiener Innenstadt, worauf diese in den Prater und in die Vorstädte verbannt wurden, wo sie als Wiener Volkstypen noch lange Zeit das Straßenbild belebten.

ANISBÖGEN „VATERS LIEBLINGE"

Dieses ebenso einfache wie köstliche Gebäck wird auf gut Steirisch „Aunisbögerl" genannt und geht auf ein Rezept von Gottfried Fink zurück, der es als Riegersburg-Wirt und Lehrmeister des heutigen Sacher-Küchenchefs Hans Peter Fink schon früh an seinen Filius weitergab.

ZUTATEN FÜR CA. 40 STÜCK

2 Eier · 100 g Staubzucker · 100 g glattes Mehl · Anis

ZUBEREITUNG

Ganze Eier mit Staubzucker schaumig rühren, das Mehl mit dem Schneebesen unterheben. Auf ein befettetes, bemehltes Blech in Abständen nussgroße Plätzchen setzen, damit diese noch etwas auseinanderlaufen können. In die Mitte der Plätzchen ein wenig Anis streuen. Im vorgeheizten Backrohr bei 160 bis 170 °C 8 bis 10 Minuten nicht zu trocken und mit einem goldgelben Randerl backen. Die Scharten noch heiß mit einer Palette vom Blech nehmen und über einen Kochlöffelstiel legen, um sie noch ein wenig zu biegen, so erstarren lassen.

BACKZEIT: 8 bis 10 Minuten

BACKROHRTEMPERATUR: 160–170 °C

TIPP: Wenn man die Anisbögen in Tupperware-Behältern ca. 5 Tage lagert, werden sie schön mürb und schmecken noch vollmundiger.

MUSKATKÜRBIS-MUFFINS

ZUTATEN FÜR DAS PÜREE

1 Muskatkürbisspalte (400 g) · 1 EL Rohrzucker · etwas abgeriebene Schale einer unbehandelten Orange und Zitrone · Prise gemahlener Zimt

FÜR DIE STREUSEL

50 g glattes Mehl · 40 g Zucker · 40 g Butter · 20 g geriebene Kürbiskerne

FÜR DEN MUFFINTEIG

100 g glattes Mehl · 100 g Vollkornmehl · 200 g Rohrzucker · 2 EL Biskuitbrösel
1 KL Zimt · 1 KL frisch geriebener Ingwer · Prise gemahlener Piment
1 KL Weinsteinbackpulver · Prise Salz · 1 Ei · 1 Eidotter · 40 g Kürbiskern- oder Maiskeimöl · 50 g QimiQ · 2 geriebene Äpfel (Boskop oder Idaread)

1 Muffinblech mit 12 Vertiefungen von 7 cm · 12 Papierförmchen (Ø je 5 cm)

ZUBEREITUNG

Für das Püree Kürbisspalte auf ein Stück Alufolie legen. Rohrzucker, Orangen- und Zitronenschale sowie Zimt darüberstreuen. Den Kürbis in Folie einschlagen und bei 200 °C im vorgeheizten Backofen 35 bis 40 Minuten garen. Den Kürbis aus der Folie wickeln, etwas abtropfen lassen und die Gewürze entfernen. Kürbisfleisch mit einem Löffel aus der Schale lösen (es sollten etwa 250 g sein) und ohne die ausgetretene Flüssigkeit mit einem Erdäpfelstampfer zerdrücken.

Für die Streusel Mehl, Zucker und Kürbiskerne und Butter mischen und zwischen den Fingern krümelig reiben.

Für den Muffinteig Mehl, Brösel, Rohrzucker, Gewürze, Weinsteinbackpulver und Salz in einer entsprechend großen Schüssel vermengen. In einer anderen Schüssel das Ei und den Dotter verquirlen. Kürbispüree, QimiQ und Kürbiskernöl unterrühren. Äpfel schälen, in kleine Würfel schneiden und unter die Kürbismischung rühren. Dann Mehl-Brösel-Gewürz-Mischung einarbeiten, bis ein glatter Teig entstanden ist.
In jede Vertiefung des Muffinblechs ein Papierförmchen setzen. Die Förmchen dann zu 2/3 mit Teig füllen und die Streusel gleichmäßig darauf verteilen. Die Muffins im vorgeheizten Ofen bei 180 °C 30 Minuten backen. Stäbchenprobe nicht vergessen, bevor man die Muffins aus dem Ofen nimmt.

BACKZEIT: 35–40 Minuten (Kürbis), 30 Minuten (Muffins)
BACKROHRTEMPERATUR: 200 °C (Kürbis), 180 °C (Muffins)

MACADAMIA-BROWNIES

ZUTATEN FÜR 15–20 STÜCK

250 g dunkle Kuvertüre · 160 g Macadamia-Nüsse (Glossar) oder Haselnüsse · 130 g glattes Mehl · 180 g Rohrzucker · 250 g Staubzucker 200 g zimmerwarme Butter · 150 g QuimiQ · 5 Eier · 4 cl Schokoladelikör 1 KL Weinsteinbackpulver · Prise Salz · Ingwer oder Orangenmarmelade zum Aprikotieren · evtl. Kakaobohnensplitter zum Bestreuen · Macadamia-Nüsse zum Dekorieren

ZUBEREITUNG

Weiche Butter mit Staubzucker, Rohrzucker, QuimiQ und einer Prise Salz cremig rühren. Eier versprudeln und nach und nach in den Butterabtrieb einarbeiten. Kuvertüre über Wasserdampf oder in der Mikrowelle schmelzen. Gemeinsam mit Mehl, Backpulver und Schokoladelikör der Buttermasse zugeben. Masse etwa 10 Minuten in der Küchenmaschine rühren. Nüsse unter die Masse heben und auf ein mit Backpapier oder einer Backmatte belegtes Blech (40 x 35 cm) gleichmäßig aufstreichen oder in geeignete Backformen (12 cm Ø) füllen. Im vorgeheizten Backrohr bei 180 °C etwa 35 Minuten backen. Blech aus dem Rohr nehmen und Masse in Würfel schneiden. Mit Marmelade aprikotieren. Eventuell mit Kakaobohnensplitter bestreut servieren.

BACKZEIT: 35 Minuten
BACKROHRTEMPERATUR: 180 °C

Foto rechts

HASELNUSS-DATTEL-MUFFINS

ZUTATEN FÜR 12 STÜCK

100 g Butter · 200 g Feinkristallzucker · 1 P. Vanillezucker · 3 Eier
250 g QimiQ · 100 g gemahlene, geröstete Haselnüsse · 200 g griffiges Mehl
100 g fein geschnittene Datteln · 2 EL leicht geröstete Kokosraspeln
1/2 P. Weinsteinbackpulver

ZUBEREITUNG

Eier in Eiklar und Eidotter trennen. Butter mit Kristallzucker und Vanillezucker verrühren, Eidotter langsam dazugeben und gemeinsam ca. 5 Minuten sehr schaumig rühren. QimiQ glatt rühren und mit den gemahlenen Nüssen in die Buttermasse einrühren. Mehl mit Backpulver vermischen und unter die Muffinmasse mengen. Eiklar zu Eischnee schlagen und vorsichtig mit Kokosraspeln und Datteln unter den Teig heben. Eine Muffinform mit Papierbackförmchen auslegen, jeweils 1 EL Teig einfüllen und im vorgeheizten Backrohr bei 180 °C etwa 20 Minuten backen.

BACKZEIT: etwa 20 Minuten

BACKROHRTEMPERATUR: 180 °C

KEKSE

Da verschiedene Kekssorten unterschiedlich geformt werden, ist eine genaue Angabe der Stückzahl nicht möglich. Grundsätzlich sollten Kekse so klein als möglich gehalten werden. Um dennoch eine ungefähre Stückzahl annehmen zu können, kann man sämtliche Zutaten addieren und dann durch das Gewicht eines Kekses teilen (Mürbteig ca. 5 bis 8 g, Spritzgebäck und Busserl ca. 5 g).

WIENER VANILLEKIPFERL

ZUTATEN

50 g geriebene Mandeln · 50 g geriebene Haselnüsse · 280 g glattes Mehl
70 g Staubzucker · 1 Prise Salz · Mark einer Vanilleschote · 200 g zimmerwarme Butter
2 Dotter · ca. 100 g Staubzucker mit etwas Vanilleschotenmark vermischt zum Bestreuen

ZUBEREITUNG

Alle Zutaten zu einem Teig verkneten. Kleine Kipferl formen, in Folie einwickeln und über Nacht an einem kühlen Ort rasten lassen. Im vorgeheizten Backrohr bei 180 °C 8 bis 10 Minuten backen und noch warm mit Vanille-Staubzucker bestreuen.

BACKZEIT: 8 bis 10 Minuten
BACKROHRTEMPERATUR: 180 °C

BUTTER-FLORENTINER

ZUTATEN FÜR DIE BUTTERMASSE

250 g weiche Butter · 300 g Staubzucker · 1 P. Vanillezucker · 1 Prise Salz
3 Eiklar · 325 g glattes Mehl

FÜR DIE MANDELMASSE

100 g zimmerwarme Butter · 100 g Rohrzucker · 100 g Glucose (Zuckersirup; in Apotheke erhältlich) · 100 g gehobelte Mandeln

ZUBEREITUNG

Für die Mandelmasse Butter, Rohrzucker und Glucose aufkochen. Mandeln dazugeben. Die Masse ca. 1 cm hoch auf ein mit Backpapier ausgelegtes Backblech (40 x 35 cm) streichen und kühlstellen. Kurz vor der Weiterverarbeitung herausnehmen und in kleine Würfel schneiden. Danach wieder kurz kühl lagern. Für die Buttermasse weiche Butter mit Staubzucker, Vanillezucker und Salz aufschlagen. Eiklar und Mehl abwechselnd einarbeiten. Mit einem Spritzsack mit Lochtülle (ca. 4 cm Ø) flache Kreise auf ein vorbereitetes Backblech dressieren. Auf jeden Kreis in der Mitte einen Mandelwürfel setzen. Alles kurz überkühlen lassen, damit die Masse beim Backen nicht zu stark auseinanderläuft. Anschließend bei 180 °C 8 bis 10 Minuten goldbraun backen.

BACKZEIT: 8 bis 10 Minuten
BACKROHRTEMPERATUR: 180 °C

ISCHLER KRAPFERL

Die süße Spezialität aus dem Sommersitz von Kaiser Franz Joseph

ZUTATEN

200 g glattes Mehl · 200 g zimmerwarme Butter · 2 Eier · 100 g Staubzucker
100 g geriebene Nüsse oder Mandeln · Sacherglasur zum Tunken (Rezept s. S. 35)
200 g Marillenmarmelade zum Bestreichen
ganze Nüsse oder abgezogene Mandeln zum Verzieren

ZUBEREITUNG

Mehl, Butter, Eier, Staubzucker, Nüsse oder Mandeln rasch zu einem Teig kneten und auf einer bemehlten Arbeitsfläche oder zwischen zwei Backmatten sofort ausrollen. Auf einem vorbereiteten Backblech runde Plätzchen ausstechen und im vorgeheizten Backrohr bei 180 °C 8 bis 10 Minuten hellgelb backen. Noch heiß vom Blech nehmen und die Hälfte der Plätzchen auf einer Seite mit Marillenmarmelade bestreichen und mit der anderen Hälfte zusammensetzen. Auskühlen lassen und jedes Krapferl bis zur Hälfte in Sacherglasur tunken. Auf Backpapier absetzen und mit einer Mandel oder Nuss belegen.

BACKZEIT: 8 bis 10 Minuten
BACKROHRTEMPERATUR: 180 °C

ZIMTSTERNE

ZUTATEN

250 g glattes Mehl · 170 g zimmerwarme Butter · 170 g fein geriebene Mandeln
180 g Staubzucker · 1 Ei · 1 Eidotter · 1 Rippe geriebene Kochschokolade
Saft und abgeriebene Schale einer unbehandelten Zitrone · 1 TL Zimt
1 Msp. Nelkenpulver

ZUBEREITUNG

Mehl, Staubzucker, Mandeln, Gewürze und geriebene Schokolade miteinander vermengen. In der Mitte der Masse eine Vertiefung machen und Butter, Ei, Eidotter, Zitronensaft und -schale dazugeben. Alles miteinander verkneten und ca. 2 Stunden an einem kühlen Ort rasten lassen. Den Teig auf einer bemehlten Arbeitsfläche oder zwischen zwei Backmatten ausrollen und Sterne ausstechen.

Das übrig gebliebene Eiklar mit ein wenig Staubzucker zu steifem Schnee schlagen. Die Sterne damit bestreichen und im vorgeheizten Backrohr bei 150 °C ca. 20 Minuten bei offenem Zug (Rohr bleibt einen Spalt offen, indem man z. B. einen Kochlöffel zwischen Tür und Ofen klemmt; keine Dampfentwicklung) backen.

BACKZEIT: ca. 20 Minuten
BACKROHRTEMPERATUR: 150 °C

TIPP: Sie können die Eiklarmasse auch gleich auf den ausgerollten Teig streichen. Dann friert man den Teig kurz ein. Die Sterne werden ausgestochen, indem man den Ausstecher ständig in heißes Wasser taucht. Anschließend backen wie im Rezept angegeben.

HERRN GRILLPARZERS SÜSSE CHRISTBÄUME

Franz Grillparzer ist nicht gerade als besondere Frohnatur unter Österreichs Literaten bekannt. Es verwundert daher auch nicht, wenn er sogar angesichts eines wohl mit Zuckerwerk behängten Christbaums in grantelndes Grübeln geriet:

„Ich saß trübsinnig und einsam in meinem Lehnstuhl. Es hatten mir zwar meine Hausfräulein einen kleinen Weihnachtsbaum bereits gespendet – welcher freilich durch die Liebe und Anhänglichkeit unschätzbar wurde – , aber das war vorbei. Da wird ein Riesenbaum gebracht, behangen mit allen Gütern der Welt. Und von wem? Sollte es die Austria sein, deren Bild wir täglich auf den Banknoten verehren? Oder der Minister, der eingesehen, daß man von Titeln und Orden nicht fett wird? Ich erblicke einen Brief, erbreche ihn. Sie sind's! ... So der Baum, nun erst die Früchte; Zuckerwerk, Äpfel, Teebrot, wie es Goethe zu essen pflegte, der mitunter etwas Schlechtes schrieb, aber nie etwas Schlechtes aß ...“

LINZER AUGEN

Die süße kleine Schwester der Linzer Torte

ZUTATEN

200 g glattes Mehl · 150 g zimmerwarme Butter · 100 g Staubzucker
1 P. Vanillezucker · 1 Prise Salz · Mark einer Vanilleschote
100 g Johannisbeergelee oder -marmelade zum Bestreichen

ZUBEREITUNG

Mehl, klein geschnittene Butter, Staub- und Vanillezucker, Salz und Vanilleschotenmark rasch zu einen Teig zusammenkneten und über Nacht rasten lassen. Am nächsten Tag auf einer bemehlten Arbeitsfläche oder zwischen zwei Backmatten ca. 3 mm dick ausrollen und Kreise (ca. 3 cm Ø) ausstechen. Bei der Hälfte der Kreise in der Mitte ein kleines Loch machen (evtl. mit einer Lochtülle oder einer entsprechenden Ausstecherform). Ringe und Kreise auf ein vorbereitetes Backblech legen. Im vorgeheizten Backrohr bei 160 °C etwa 20 Minuten backen. Abkühlen lassen. Die Ringe mit Staubzucker bestreuen, die Kreise auf einer Seite mit Johannisbeergelee oder -marmelade bestreichen und die Ringe daraufsetzen.

BACKZEIT: etwa 20 Minuten
BACKROHRTEMPERATUR: 160 °C

AMARETTI

ZUTATEN

300 g Mandeln · 300 g Staubzucker · 25 g glattes Mehl · 3 Eiklar · Bittermandelaroma Staubzucker zum Bestreuen

ZUBEREITUNG

Alle Zutaten miteinander vermischen. Auf ein vorbereitetes Backblech kleine Plätzchen geben und diese einige Stunden trocknen lassen. Mit Staubzucker bestreuen und im vorgeheizten Backrohr bei 220 °C 5 bis 7 Minuten hellbraun mit Oberhitze überbacken.

BACKZEIT: 5 bis 7 Minuten

BACKROHRTEMPERATUR: 220 °C (Oberhitze)

TIPP: Sie können die Amaretti reiben und auf eine Mousse oder einen Cocktail oder über Heißgetränke geben – eine tolle Ergänzung. Zu einem Espresso gereicht, sind sie ein Klassiker.

DIE SÜSSEN HABSBURGER

Das Haus Habsburg ist mit der Geschichte des Zuckers keineswegs nur durch Süßigkeiten wie Kaiserschmarren und Kaisergugelhupf eng verbunden. Wirklich Bekanntschaft mit der süßen Welt schloss das Herrscherhaus, das über ein halbes Jahrtausend lang das Antlitz Europas prägte, allerdings keineswegs von seiner Residenz in Wien, sondern von Spanien aus.

Als Ferdinand I. – seinem ganzen Wesen nach das, was man „einen Süßen" nennt – 1522 seine Residenz in Wien aufschlug, war er damit, was die Donaustadt auf dem Gebiet des „Kandierens" – auch „Kanditorey" (später: Konditorei) genannt – zu bieten hatte, alles andere als zufrieden.

Ferdinand ließ also kurzerhand eine „Hof Compostrey" für die Herstellung von Konfitüren und Fruchtsäften eröffnen, für die er „Zuggermacher" und Zuckerblaser, die in der Lage waren, mithilfe eines Blasröhrchens die unterschiedlichsten Hohlformen und Figuren aus Zucker herzustellen, aus den Niederlanden und Spanien an den Wiener Hof berief. Wirklich offiziell kann dieses „süße Kommando" des Kaisers allerdings nicht vonstatten gegangen sein. Denn in den Hofstaatslisten Kaiser Ferdinands wird man Hinweise auf frühe „Zuckerbeamte" vergeblich suchen. 1560 trat dann jedoch auch offiziell, und zwar in Person des Holländers Matthias de Voss, der erste Wiener Hofzuckerbäcker in der Funktion eines „Zuggerpachers", mit einem Jahresgehalt von 93fl 30kr seinen Dienst an und wurde – ganz comme-il-faut – 1566 auch in die Akten des Wiener Hofkammerarchivs eingetragen.

Die von Ferdinand I. angezettelte Zuckerrevolution fiel in Wien jedenfalls auf süßen Boden. Vielleicht hatte der aus Spanien angereiste Thronfolger auch ein wenig übertrieben, als er sich über die mangelnde Zuckerkultur seiner künftigen Untertanen mokierte. Zucker von den Kanaren war für die feineren Leute längst, wie auch überall anders in Europa, zunächst in den Apotheken erhältlich, und in Wien hatte sich ein gewisser Hanns Eysengrein sogar schon 1519 – also fast vierzig Jahre vor Matthias de Voss – das Privileg des Konfektverkaufs gesichert, das er damit den Wiener Apothekern abnahm. Als „Confectmacher in Wien" spezialisierte er sich, wie auch seine Vorbilder, die italienischen „confectionarii", auf die Herstellung von verzuckerten Früchten, Gewürzstangen oder Nüssen sowie so genannten „Zeltlein" aus gesponnenem und gefärbtem Zucker, zu denen wir heute schlicht „Zuckerl" sagen würden.

ORANGENPLÄTZCHEN

ZUTATEN FÜR DEN TEIG

500 g glattes Mehl · 250 g Butter · 150 g Feinkristallzucker · 4 Eidotter
100 ml frisch gepresster Orangensaft · abgeriebene Schale von 3 unbehandelten Orangen · 1/2 P. Weinsteinbackpulver · 1 Prise Salz

FÜR DIE ORANGENGLASUR

150 g Staubzucker · 2 EL frisch gepresster Orangensaft

evtl. Orangeat und Pistazien zum Bestreuen

ZUBEREITUNG

Butter schaumig rühren. Nach und nach Kristallzucker und Dotter untermengen. Mit Salz, Orangensaft, Orangenschale und dem mit Backpulver vermischten Mehl zu einem Teig verarbeiten. Diesen auf einer bemehlten Arbeitsfläche oder zwischen zwei Backmatten 5 mm dick ausrollen und Scheiben mit ca. 2 cm Durchmesser ausstechen. Auf ein vorbereitetes Blech setzen und im vorgeheizten Rohr bei 180 °C ca. 10 Minuten hellgelb backen. Für die Glasur Staubzucker und Orangensaft gut miteinander verrühren. Die Plätzchen noch warm mit der Orangenglasur bestreichen, über Nacht trocknen lassen und evtl. mit gehacktem Orangeat und Pistazien bestreuen.

BACKZEIT: ca. 10 Minuten
BACKROHRTEMPERATUR: 180 °C

HUSARENKRAPFERL

ZUTATEN

200 g Butter · 150 g Staubzucker · 350 g glattes Mehl · 3 Eidotter
abgeriebene Schale einer unbehandelten Zitrone · 1 P. Vanillezucker
125 g Ribisel- oder Marillenmarmelade zum Füllen

ZUBEREITUNG

Butter mit Staubzucker und Aromastoffen schaumig rühren. Dotter einzeln einrühren. Dann das gesiebte Mehl einrieseln lassen. Den Teig 2 Stunden rasten lassen. Teig auf einer bemehlten Arbeitsfläche zu 5 gleich großen Rollen formen. Kleine Stücke herunterschneiden und daraus kleine Kugerl formen. Auf ein vorbereitetes Backblech setzen. Mit dem Stiel eines Kochlöffels kleine Vertiefungen in die Kugeln machen und diese mit etwas Ribiselmarmelade füllen. Im vorgeheizten Backrohr bei 160 °C 15 bis 20 Minuten backen, bis sich die Kugerl leicht vom Papier lösen lassen.

BACKZEIT: 15 bis 20 Minuten
BACKROHRTEMPERATUR: 160 °C

PINIENKRAPFERL

ZUTATEN

140 g geriebene, geröstete Haselnüsse · 200 g Pinienkerne (Pignoli)
300 g Marzipan (70 %) · 2 Eiklar · 1/2 KL feinst geschnittener Rosmarin
140 g Staubzucker · 15 g Maisstärke (Maizena) · Prise Salz
Msp. Natron oder Weinsteinbackpulver · Oblaten (4 cm Ø)

ZUBEREITUNG

Alle Zutaten außer Pinienkerne und Oblaten in eine Küchenmaschine mit Cutter geben und so lange bearbeiten, bis die Masse fest ist. Oblaten auf ein vorbereitetes Backblech legen. Masse in einen Spritzsack mit glatter Tülle (Größe 8 mm) füllen (jeweils nur eine kleine Portion, da die Masse ziemlich fest ist und sich sonst nur schwer durch die Tülle drücken lässt). Masse in Form von Busserln oder Kipferln aufdressieren. Mit Pignoli belegen und leicht andrücken. Im vorgeheizten Backrohr bei 160 °C etwa 20 Minuten goldbraun backen.

BACKZEIT: etwa 20 Minuten
BACKROHRTEMPERATUR: 160 °C

FLORENTINER

ZUTATEN

100 g Feinkristallzucker · 50 g Butter · 70 g Bienenhonig
30 g Glucose (Zuckersirup; in Apotheke erhältlich) · 50 g Schlagobers
230 g gehobelte Mandeln · 50 g gewürfeltes Orangeat · 30 g Belegkirschen
200 g geschmolzene Vollmilchkuvertüre zum Tunken

ZUBEREITUNG

Kristallzucker, Butter, Honig, Glucose und Schlagobers aufkochen und kurz köcheln lassen. Mandeln, Orangeat und Kirschen unterrühren und die Masse leicht abrösten. Von der noch warmen Masse mit einem kleinen Löffel kleine Portionen auf ein befettetes und bemehltes Blech geben, etwas andrücken (Hand vorher nass machen, damit die Masse nicht anklebt) und im vorgeheizten Backrohr bei 180 °C nur ca. 4 Minuten backen. Dann die Portionen mit einem runden Ausstecher (ca.3 cm Ø) wieder in Form bringen und auskühlen lassen. In einem zweiten Backvorgang bei 180 °C die Kekse während ca. 5 Minuten goldbraun fertig backen. Auskühlen lassen und auf der Unterseite mit Vollmilchkuvertüre bestreichen. Mit einem Garnierkamm wellenartig durchziehen.

TIPP: Einfacher geht's, wenn man die Florentiner mit der Unterseite 1 mm tief in die geschmolzene Vollmilchkuvertüre taucht und auf Backpapier absetzt. Danach stocken lassen. Für die Florentiner verwenden wir im „Sacher" Backmatten mit entsprechenden Vertiefungen und Durchmessern, damit sie gleichmäßiger und schön rund werden.

BACKZEIT: insgesamt ca. 9 Minuten
BACKROHRTEMPERATUR: 180 °C

MANDELTALER

ZUTATEN

225 g glattes Mehl · 150 g Butter · 90 g Staubzucker · 25 g Marzipanrohmasse 1 P. Vanillezucker · Mark einer Vanilleschote · 2 Eidotter · Kirschwasser 1 verquirltes Ei · 150 g gehobelte Mandeln zum Wälzen

ZUBEREITUNG

Mehl, Butter Staubzucker, Marzipanrohmasse, Aromastoffe, Dotter und Kirschwasser zu einem Teig verarbeiten. Rollen formen (ca. 3 cm Ø) und mit dem verquirlten Ei bestreichen. In gehobelten Mandeln wälzen und über Nacht in den Kühlschrank stellen. Am nächsten Tag auf einer bemehlten Arbeitsfläche in 1 cm dicke Scheiben schneiden und bei 180 °C etwa 8 Minuten hellbraun backen.

BACKZEIT: etwa 8 Minuten

BACKROHRTEMPERATUR: 180 °C

SCHOKOLADEKEKSERL

ZUTATEN

60 g Sonnenblumenöl · 3 Eier · 1 EL Rum · 125 g QimiQ · 120 g Staubzucker 300 g griffiges Mehl · 1 P. Weinsteinbackpulver · 20 g Kakaopulver 150 g Bitterschokolade

ZUBEREITUNG

QimiQ glattrühren und Öl gut einrühren. Eier, Rum und Staubzucker untermengen. Mehl, Back- und Kakaopulver gut vermischen und in die QimiQ-Mischung einrühren. Die Schokolade in kleine Stücke brechen und dazugeben. Alles zu einem Teig verkneten und eine Stunde kühl stellen. Mit einem Teelöffel stückweise auf ein gefettetes Blech portionieren. Im vorgeheizten Backrohr bei 170 °C etwa 10 bis 12 Minuten nicht zu trocken hell backen.

BACKZEIT: 10 bis 12 Minuten

BACKROHRTEMPERATUR: 170 °C

MANDEL- ODER PINIENKIPFERL

ZUTATEN

250 g Rohmarzipan · 120 g Staubzucker · 80 g glattes Mehl · 1 KL Vanillezucker Prise Zimt · Eiklar nach Bedarf · gehobelte weiße Mandeln oder Pinienkerne zum Wälzen · Läuterzucker zum Abglänzen

ZUBEREITUNG

Rohmarzipan, Staubzucker, Vanillezucker und Zimt und Mehl mit so viel Eiklar verrühren, bis eine weiche Masse entstanden ist. Kipferl in der gewünschten Größe portionieren und in weißen gehobelten Mandeln oder Pinienkernen wälzen. Im vorgeheizten Backrohr bei 180 °C 10 Minuten hellbraun backen. Mit Läuterzucker (Zucker und Wasser im Verhältnis 1 : 1 aufgekocht) abglänzen.

BACKZEIT: 10 Minuten

BACKROHRTEMPERATUR: 180 °C

BURGENLÄNDER KIPFERL

ZUTATEN

400 g glattes Mehl · 1 P. Weinsteinbackpulver · 130 g Staubzucker Mark von 1/2 Vanilleschote · 2 Eier · Saft 1/2 unbehandelten Zitrone 180 g zimmerwarme Butter · 50 g geriebene Kochschokolade 90 g geriebene, geröstete Haselnüsse

ZUBEREITUNG

Das mit Backpulver vermischte Mehl mit der Butter verbröseln und gesiebten Staubzucker, Vanilleschotenmark, Schokolade und Haselnüsse dazumengen. Ganzes Ei und Eidotter sowie Zitronensaft untermengen und rasch einen glatten Teig abkneten. Aus dem Teig Kipferln formen, mit dem übrig gebliebenen Eiklar bestreichen und bei etwa 160 °C 12 bis 15 Minuten backen.

BACKZEIT: 12 bis 15 Minuten
BACKROHRTEMPERATUR: 160 °C

HASELNUSSECKEN

ZUTATEN FÜR DEN TEIG

250 g glattes Mehl · 1 KL Weinsteinbackpulver · 80 g Staubzucker · 1 EL Vanillezucker Prise Salz · 1 Ei · 120 g Butter · 2 EL Schlagobers

FÜR DEN BELAG

160 g Butter · 160 g Feinkristallzucker · 2 cl Wasser · Mark von 1/2 Vanilleschote 4 cl Whiskylikör (Baileys) · 140 g geriebene, geröstete Haselnüsse 140 g gehackte, geröstete Haselnüsse · 80 g passierte Marillenmarmelade zum Bestreichen des Teigs · Schokoladeglasur (Rezept s. S. 34) zum Tunken

ZUBEREITUNG

Für den Teig mit Weinsteinbackpulver vermischtes Mehl mit der Butter verbröseln. Gesiebten Staubzucker, Vanillezucker, Obers und Salz sowie das Ei dazugeben und einen glatten Teig bereiten. Auf einer bemehlten Arbeitsfläche oder zwischen zwei Backmatten zu einem Rechteck von ca. 20 x 30 cm ausrollen und mit Marmelade bestreichen.

Für den Belag Butter, Kristallzucker und Wasser zum Kochen bringen und die geriebenen bzw. gehackten Haselnüsse daruntermengen. Die ausgekühlte Masse auf dem mit Marmelade bestrichenen Teig gleichmäßig verteilen. Im vorgeheizten Backrohr bei 170 bis 180 °C etwa 20 Minuten backen und das etwas ausgekühlte Gebäck in gefällige Dreiecke schneiden. Die beiden spitzen Ecken in Schokoladeglasur tauchen.

BACKZEIT: 20 Minuten
BACKROHRTEMPERATUR: 170–180 °C

Foto rechts

EISENBAHNER

ZUTATEN FÜR DEN TEIG

100 g Staubzucker · 200 g Butter · 300 g glattes Mehl
etwas abgeriebene Schale einer unbehandelten Zitrone
2 Eidotter · Prise Salz

ZUTATEN FÜR DIE MARZIPANMASSE

250 g Rohmarzipan · 1 Eiklar · Prise Zimt · 2 cl Kirschwasser
Ribiselmarmelade zum Füllen

ZUBEREITUNG

Alle Zutaten rasch zu einem Mürbteig kneten, mit Klarsichtfolie abdecken und 2 Stunden kühl rasten lassen. Auf einer bemehlten Arbeitsfläche oder zwischen zwei Backmatten ca. 2 mm dünn auf Blechgröße ausrollen und in 4 cm breite Streifen schneiden. Im vorgeheizten Backrohr bei 220 °C auf Sicht hellbraun vorbacken.

Für die Makronenmasse Rohmarzipan mit Eiklar vermischen, bis eine dressierfähige Masse entstanden ist. Mit Zimt und Kirschwasser abschmecken.

Je einen vorgebackenen Mürbteigstreifen mit Ribiselmarmelade bestreichen und mit einem zweiten zusammensetzen. Mit einer Sterntülle (Nr. 8) Marzipan an den Seitenrändern aufdressieren und im vorgeheizten Backrohr bei 220 °C Oberhitze auf Sicht goldbraun backen. Nach dem Backen die Zwischenränder mit heißer Ribiselmarmelade ausfüllen (Marmelade muss gelieren), auskühlen lassen, mit einem scharfen, dünnen Messer in ca 2 cm dicke Stücke schneiden und in Manschetten setzen.

BACKROHRTEMPERATUR: 220 °C

TIPP: Damit die Marmelade besser abstockt, können Sie ein bis zwei Blatt Gelatine in die Marmelade rühren.

SPRITZGEBÄCK

ZUTATEN

250 g zimmerwarme Butter · 130 g Staubzucker · 1 P. Vanillezucker
Mark einer Vanilleschote · 1 Eiklar · 250 g glattes Mehl · 50 g geschälte, geriebene Mandeln · Marillenmarmelade zum Bestreichen · dunkle Kuvertüre zum Tunken
Süßer Schnee (Mischung aus Staubzucker und Pflanzenfett, s. S. 19) zum Anzuckern

ZUBEREITUNG

Butter, Staubzucker, Vanillezucker und Vanilleschottenmark schaumig rühren. Eiklar, Mehl und Mandeln vermichen, dazugeben und zu einem Rührteig verarbeiten. Die Masse mit dem Spritzsack (Tülle Nr. 13) in beliebigen Formen auf ein vorbereitetes Blech dressieren. Im vorgeheizten Backrohr bei 170 °C 10 bis 15 Minuten goldgelb backen. Die Hälfte des Gebäcks noch warm mit Marillenmarmelade bestreichen und mit der anderen Hälfte zusammensetzen. Erkalten lassen und die Spitzen in geschmolzene Kuvertüre tauchen. Auf einem Gitter abtropfen und stocken lassen oder anzuckern.

BACKZEIT: 10–15 Minuten

BACKROHRTEMPERATUR: 170 °C

LINZER KIPFERL (DRESSIERTE LINZER)

ZUTATEN

220 g Butter · 80 g Staubzucker · 1 KL Vanillezucker
abgeriebene Schale einer unbehandelten Zitrone · 1 Ei · 300 g glattes Mehl
Staubzucker zum Bestäuben · Ribiselmarmelade zum Füllen

ZUBEREITUNG

Butter, Zucker, Vanillezucker und Zitronenschale schaumig schlagen. Ei einrühren und Mehl vorsichtig daruntermischen. Kipferl, Stangerl oder Rosetten mit Sterntülle (Nr. 12) auf ein vorbereitetes Backblech dressieren. Im vorgeheizten Backrohr bei 180 °C ca. 12 Minuten hellbraun backen. Mit Staubzucker bestäuben und evtl. je zwei mit Ribiselmarmelade zusammenkleben.

BACKZEIT: 12 Minuten
BACKROHRTEMPERATUR: 180 °C

FRANZÖSISCHE MAKRONEN

ZUTATEN

225 g Marzipan · 320 g Staubzucker · 3 Eiklar

ZUBEREITUNG

Alle Zutaten miteinander vermischen, glattrühren und im Wasserbad auf ca. 60 bis 70 °C heiß schlagen. Die heiße Masse mit kleiner Lochtülle (Größe 8) eiförmig auf das Backpapier dressieren. Über Nacht antrocknen lassen, bis sich eine Kruste gebildet hat. Mit einem feuchten Messer der Länge nach einschneiden und die Makronen im vorgeheizten Backrohr bei ca. 165 °C ca. 15 Minuten hell backen (evtl. Türe nach der halben Backzeit etwas öffnen).

BACKZEIT: ca. 15 Minuten
BACKROHRTEMPERATUR: 165 °C

KOKOSBUSSERL

ZUTATEN

150 g Kokosraspeln · 3 Eiklar · 180 g Feinkristallzucker · Spritzer Limettensaft

ZUBEREITUNG

Eiklar mit Kristallzucker über Wasserdampf steif schlagen. Schüssel vom Dampf nehmen und die Masse so lange weiterschlagen, bis sie nur noch Raumtemperatur hat. Kokosraspeln und Limettensaft unterheben. Ein Backblech mit Backtrennpapier oder Backmatte belegen und Masse mit einem Esslöffel häufchenweise auf das Blech setzen. Im vorgeheizten Backrohr bei 180 °C Umluft so lange backen, bis die Busserln außen fest, aber innen noch weich sind.

BACKROHRTEMPERATUR: 180 °C (Umluft)

TIPP: Frisch gebacken schmecken die Busserl am besten. Man kann sie auch durchaus nach dem Aufsetzen einfrieren.

TÜRKISCHER HONIG (NOUGAT)

ZUTATEN

500 g Honig · 2 Eiklar · 500 g Feinkristallzucker · 75 g Glucose (Zuckersirup; in Apotheke erhältlich) · 1 EL Vanillezucker · 750 g ungeschälte, geröstete Mandeln 75 g Pistazien oder ganze Haselnüsse nach Geschmack · evtl. dunkle Kuvertüre zum Tunken

ZUBEREITUNG

Honig erwärmen und mit 1 Eiklar im Wasserbad auf 50 °C aufschlagen. Kristallzucker und Glucose auf 155 °C kochen (Zuckerthermometer verwenden) und in die schaumige Eiklarmasse füllen. Restliches Eiklar und Vanillezucker zugeben und aufschlagen. Mandeln und Pistazien einrühren. Die Masse auf ein mit Backpapier ausgelegtes Blech mit Rahmen gießen und beschweren. Über Nacht abkühlen lassen und danach schneiden. Eventuell in geschmolzene dunkle Kuvertüre tunken.

MANDEL-FEIGEN-NOUGAT

ZUTATEN FÜR 10 BIS 12 PORTIONEN

250 g geschälte Mandeln · 250 g ganze Haselnüsse · 150 g getrocknete Feigen 200 g Honig · 200 g Zartbitterschokolade · 3 Eiklar · 200 g Feinkristallzucker 8 EL Wasser · 8 rechteckige Oblaten (122 x 202 mm)

ZUBEREITUNG

Eine Schüssel in ein heißes Wasserbad stellen, Honig hineingeben und unter häufigem Rühren bei geringer Hitze köcheln lassen. Lassen Sie nach etwa 1 Stunde einen Honigtropfen in ein Glas mit kaltem Wasser fallen. Bildet sich sofort ein kleines Kügelchen, ist der Honig bereit zur Weiterverarbeitung.

Inzwischen Backofen auf 225 °C vorheizen. Haselnüsse auf einem Blech hineinschieben und kurz anrösten. Nüsse herausnehmen und die Schalen abreiben. Haselnüsse und geschälte Mandeln grob hacken, getrocknete Feigen in kleine Würfelchen schneiden.

Zartbitterschokolade in kleine Stückchen brechen. In einem Topf 5 EL Zucker mit 5 EL Wasser unter Rühren langsam erhitzen, bis sich der Zucker gelöst hat. Schokolade hineingeben und in der Zuckerlösung schmelzen lassen. Häufig umrühren.

In einem zweiten Topf restlichen Zucker mit 3 EL Wasser zu einem dickflüssigen Sirup kochen. Eiklar zu steifem Schnee schlagen. Sobald der Honig die richtige Konsistenz hat, die Temperatur des Wasserbades etwas reduzieren. Eischnee vorsichtig unter den Honig ziehen. Nacheinander die aufgelöste Schokolade, Zuckersirup, gehackte Nüsse und Mandeln sowie die Feigenwürfel unter den warmen Honig mischen. Eine Platte mit der Hälfte der Oblaten auslegen. Nougatmasse 2 bis 3 cm dick aufstreichen und mit den restlichen Oblaten abdecken. Gut abkühlen lassen. Danach mit einem scharfen Messer in kleine Rechtecke schneiden.

KONFEKT, PRALINEN UND KLEINE NÄSCHEREIEN

DIE WIENER ZUCKERSPRACHE

Im Wienerischen ist der Zucker allgegenwärtig. Ein süßes Wiener Mädel kann gar nicht anders, als ein Zuckergoscherl zu haben, den Konditor nennt man auch einen Zuckerbäcker, und Zuckerkandel ist nichts anderes als der hochdeutsche Kandiszucker. Dass der Zucker die Sprache versüßt, ist jedoch keineswegs allein eine Wiener Spezialität. „Das ist ganz einfach Zucker", ruft man etwa allenthalben im deutschen Sprachraum aus, wenn man überschäumende Begeisterung über was auch immer ausdrücken will. Schon Luther sprach von Worten, in denen „eytel zucker" ist, und das Grimm'sche Wörterbuch vermerkt unter Zucker zahllose Zusammensetzungen wie etwa erotische Kosenamen vom Zuckermädchen und Zuckerweibchen über den Zuckerschatz bis hin zum Zuckerschnäbelein.
Man findet aber dort auch die von Gottfried Keller geprägte Metapher des „schönen Zuckerauges", den frömmelnden „Zuckerchristen" oder die vor allem bei Kindern begehrte „Zuckerlade" in Mutters Küchenschrank.
Dass man im Wienerischen statt Bonbon schlicht und einfach „Zuckerl" sagt, ist ebenso Bestandteil der „Zuckersprache" wie die Gewohnheit vieler Architekten, allzu überladene Fassaden als „Zuckerbäckerstil" oder ein hübsches Mädchen als „Zuckerpupperl" zu bezeichnen.

BLÄTTER-KROKANT

ZUTATEN FÜR CA. 40 STÜCK

150 g Feinkristallzucker · 10 g Glucose (Zuckersirup; in Apotheke erhältlich)
10 g Butter · 160 g Nussnougat · 300 g Milchkuvertüre zum Tunken

ZUBEREITUNG

Kristallzucker karamellisieren. Glucose und Butter dazugeben. Nussnougat im Wasserbad oder in der Mikrowelle bei niedriger Stufe schmelzen, anschließend auf eine geölte, hitzebeständige Unterlage gießen. Die geschmolzene Zuckermasse zum Nougat geben und mit einer Teigspachtel einarbeiten, bis die Masse eine feste Konsistenz hat. Etwa 1 cm dick ausrollen und in ca. 2 x 2 cm große Würfel schneiden. Milchkuvertüre über einem Wasserbad oder in der Mikrowelle schmelzen und die Krokantwürfel abschließend darin tunken.

GEWÜRZTEESPITZEN

ZUTATEN FÜR CA. 30 STÜCK

100 g Fondant (Zuckerglasur) · 15 g Glucose (Zuckersirup; in Apotheke erhältlich) etwas Pfefferminzöl (in Apotheke erhältlich)

FÜR DIE CREME

90 g klein geschnittene Milchkuvertüre · 40 g klein geschnittene dunkle Kuvertüre (50% Kakaogehalt) · 150 g dunkle Schokoladeglasur (Rezept s. S. 34) oder Sacherglasur (Rezept s. S. 35) · 5 g loser Schwarztee oder 2 Teebeutel (z. B. Earl Grey) · 80 ml Schlagobers

Schokoladeglasur zum Glasieren · Feinkristallzucker zum Eintauchen

ZUBEREITUNG

Fondant und Glucose auf 60 °C erwärmen und mit Pfefferminzöl aromatisieren. Kleine Gupferl (ca. 2 cm Ø) auf ein mit Backpapier ausgelegtes Blech setzen und über Nacht trocknen lassen.
Für die Creme Schlagobers aufkochen und Tee 2 bis 4 Minuten darin ziehen lassen und anschließend abseihen. Milch- und dunkle Kuvertüre daruntermischen und bei Zimmertemperatur überkühlen lassen. Wenn die Creme dressierfähig ist, mithilfe eines Spritzsacks mit Lochtülle Spitzen auf die Pfefferminzgupferl spritzen. Mit Schokoladeglasur überziehen und die Spitzen in Kristallzucker tauchen.

TIPP: Wenn Sie Pfefferminzöl selbst herstellen wollen, geben Sie frische Minze in Sonnenblumenöl und stellen es für ca. 5 Tage kühl, dann abseihen.

KARAMELL-SCHOKOLADEMANDELN

ZUTATEN FÜR BIS ZU 60 STÜCK (JE NACH GRÖSSE)

120 g Feinkristallzucker · 40 ml Wasser · 400 g geschälte und leicht geröstete Mandeln · 200 g Milchkuvertüre · Kakaopulver zum Wälzen

ZUBEREITUNG

Kristallzucker und Wasser in einem breiten Topf aufkochen. Mandeln dazugeben und so lange rühren, bis der Zucker und die Mandeln karamellisieren. Mandeln einzeln auf ein vorbereitetes Backblech legen und erkalten lassen.
Milchkuvertüre im Wasserbad oder in der Mikrowelle schmelzen. Mandeln einzeln in einer Schüssel mit etwas Kuvertüre vermengen und so lange rühren, bis die Schokolade erstarrt ist. Durch das permanente Rühren verhindert man eine Verklumpung der Mandeln. Diesen Vorgang wiederholen, bis die Schokolade aufgebraucht ist. Die fertig überzogenen Mandeln in Kakaopulver wälzen.

SCHOKOLADEKUGERL

ZUTATEN FÜR BIS ZU 40 STÜCK (JE NACH GRÖSSE)

140 g Kochschokolade · 120 g Haselnüsse · 100 g Staubzucker
50 g Aranzini (Orangeat) · 50 g Zitronat · etwas Rum · 20 g zerlassenes Kokosfett
1 Eiklar · Schokoladestreusel oder Haselnusskrokant zum Wälzen

ZUBEREITUNG

Schokolade und Nüsse reiben. Staubzucker, Rum, gehackte Früchte und Kokosfett mit dem Eiklar vermengen. Kleine Kugeln formen und in Schokoladestreusel oder Haselnusskrokant wälzen.

TIPP: Sollte die Masse etwas zu weich sein, einfach ein wenig Staubzucker oder Biskuitbrösel dazugeben.

RUM-KOKOS-KUGELN

ZUTATEN FÜR BIS ZU 50 STÜCK (JE NACH GRÖSSE)

100 g geriebene, geröstete Haselnüsse · 200 g Kokosraspeln
120 g Vollmilchkuvertüre · 80 g zimmerwarme Butter · 80 g QimiQ
8 cl Bacardi Black · 80 g Staubzucker · 2 EL Vanillezucker

ZUBEREITUNG

Butter mit Staubzucker und Vanillezucker cremig rühren. Kuvertüre im Wasserbad oder in der Mikrowelle schmelzen und gemeinsam mit QimiQ in den Butterabtrieb rühren. Hälfte der Kokosraspeln hellbraun rösten und mit Nüssen, gerösteten Kokosraspeln und Rum in den Abtrieb rühren. Masse überkühlen lassen. Löffelweise ausstechen, zu Kugeln formen und in den restlichen Kokosraspeln wälzen.

TIPP: Sie können die Kugeln auch leicht angefroren in Schokolade tauchen, auf einem Kuchengitter wälzen, auf Backpapier setzen und eventuell mit Kakao- oder Schokoladepulver bestauben.

ORANGENTRÜFFEL

ZUTATEN FÜR BIS ZU 60 STÜCK (JE NACH GRÖSSE)

250 g Schlagobers · 50 g Butter · 2 abgeriebene, unbehandelte Orangenschalen
450 g Vollmilchkuvertüre · 3 cl Grand Marnier · Krokantbrösel zum Wälzen
Orangen-Kuvertüre zum Tunken

ZUBEREITUNG

Schlagobers, Butter, Orangenschalen, Kuvertüre und Grand Marnier aufkochen. Anschließend die Masse auskühlen lassen. Mit Hilfe eines Spritzsacks mit Lochtülle (Größe 15) Gupferl auf ein vorbereitetes Backblech dressieren und 1 Stunde kühlen. Kugerln formen, in geschmolzene Kuvertüre tunken und auf einem Kuchengitter absetzen. In Krokantbrösel wälzen. Damit sich die Kuvertüre schön „zieht", sofort kühlen. Anschließend in Manschetten setzen.

KIRSCHTRÜFFEL

ZUTATEN FÜR BIS ZU 60 STÜCK (JE NACH GRÖSSE)

100 ml Schlagobers · 360 g dunkle Kuvertüre · 180 g Milchkuvertüre 100 ml Kirschwasser · geraspelte, dunkle Kuvertüre und Staubzucker zum Wälzen und Rollen

ZUBEREITUNG

Kuvertüren im Wasserbad oder in der Mikrowelle schmelzen. Schlagobers aufkochen und die Schokolade damit übergießen. Kirschwasser einarbeiten. Abkühlen lassen. Aufrühren, mit einem Dressiersack kleine Stäbchen aufdressieren und erstarren lassen. Mit der Hand in geraspelter Kuvertüre leicht wälzen und in gesiebtem Staubzucker rollen.

DARJEELING-PRALINEN

ZUTATEN FÜR 50 STÜCK

ca. 50 Pralinenhohlkörper aus Zartbitter- oder Vollmilchkuvertüre (26 mm Ø, im Fachhandel erhältlich)

FÜR DIE GANACHE

200 g Schlagobers · 10 g losen Darjeeling-Blatt-Tee · 125 g Milchkuvertüre 545 g Bitterkuvertüre · 45 g Grand Manier

ZUBEREITUNG

Obers aufkochen and Darjeelingtee darin 5 Minuten ziehen lassen. Milchkuvertüre und 150 g der Bitterkuvertüre gemeinsam im Wasserbad oder in der Mikrowelle schmelzen und Obers-Darjeeling hineinseihen. Zum Schluss Grand Manier dazugeben und auf Raumtemperatur abkühlen lassen. Währenddessen restliche Bitterkuvertüre schmelzen.

Hohlkörperformen mithilfe eines Spritzbeutels mit der Ganache füllen und mit Bitterkuvertüre verschließen. Pralinen in restliche Kuvertüre tunken und auf einem feinen Pralinengitter rollen, bis schöne Fransen entstanden sind. Überkühlen lassen.

TIPP: Eventuell nur leicht in Kuvertüre tauchen, gut abtropfen und in Schokolade- oder Ovomaltinepulver wälzen.

HIMBEER-PRALINEN

ZUTATEN FÜR CA. 50 STÜCK

FÜR DIE GANACHE

300 g tiefgekühlte Himbeeren · 50 ml Wasser · 130 g Feinkristallzucker 50 g Glucose (Zuckersirup; in Apotheke erhältlich) · 500 g Zartbitterkuvertüre 300 ml Schlagobers · 4 cl Himbeerbrand

ZUBEREITUNG

Tiefgekühlte Himbeeren mit Wasser, 30 g Kristallzucker 2 Minuten aufkochen, durch ein Passiersieb drücken (Kerne bleiben hängen) und abkühlen lassen. Püree mit restlichem Kristallzucker, Glucose, Himbeerbrand und Obers aufkochen.

Kuvertüre im Wasserbad oder in der Mikrowelle schmelzen und mit den Obers-Himbeeren vermischen. Etwa 1 cm dick auf ein vorbereitetes Blech gießen und durchkühlen. In Würfel schneiden und in temperierte Milchkuvertüre tunken.

DER SÜSSE ZAUBERSTAB DES NEARCHOS

Die Feldzüge Alexanders des Großen verliefen wie man weiß durchwegs ruhmreich, doch das Kriegsglück endete an den Grenzen von Persien zu Indien. Hier wurde der große Feldherr nämlich von seinem eigenen Heer zur Umkehr gezwungen, und Alexanders Heerführer scheinen dafür durchaus ihre Gründe gehabt zu haben. So war beispielsweise der aus Kreta stammende Admiral Nearchos, während er die Küste zwischen der Euphrat- und der Indusmündung entlangsegelte, auch in Kontakt mit der indischen Bevölkerung gekommen – und die hatte auf den beherzten Kreter alles andere als einen leicht unterjochbaren Eindruck gemacht. Auch wenn Alexanders geplanter Indien-Feldzug letztlich an der Erschöpfung seiner eigenen Truppen scheiterte, so mag wohl dabei auch die Überlegung eine Rolle gespielt haben, dass die Inder über mancherlei Errungenschaften verfügten, die selbst Alexander dem Großen ein großes Staunen entlockten.

Eine dieser Errungenschaften war das von Nearchos gefundene „Schilfrohr, das ohne die Mithilfe von Bienen einen Honig hervorbringt, aus dem sich ein berauschendes Getränk herstellen lässt, obwohl die Pflanze keinerlei Früchte trägt." Was Alexanders demoralisierte Truppen daher möglicherweise für einen Zaubertrank hielten, war in Wahrheit nichts anderes als der ausgepresste Saft des Zuckers.

AMARETTO-FRÜCHTEKONFEKT

ZUTATEN FÜR CA. 30 STÜCK

160 g kandierte Früchte · 100 g Rosinen · 80 g zimmerwarme Butter
3 Eier · 70 g brauner Zucker oder Staubzucker · 4 cl Amaretto
Marillenmarmelade · 10 g Weinsteinbackpulver · Prise Salz
kandierte Marillen für die Dekoration · Marillenmarmelade zum Aprikotieren
bunte Alukapseln

ZUBEREITUNG

Kandierte Früchte klein hacken. Butter mit Zucker, Weinsteinbackpulver und einer Prise Salz cremig rühren. Nach und nach die Eier einarbeiten. Früchte, halbierte Rosinen und Amaretto unterheben. Masse in einen Spritzsack mit glatter Tülle (Größe 10 bis 12) füllen. Alukapseln mit der Masse füllen, auf ein Backblech stellen und im vorgeheizten Backrohr bei 170 °C etwa 10 Minuten backen. Mit erwärmter Marillenmarmelade aprikotieren und mit kandierten Marillen dekorieren.

BACKZEIT: etwa 10 Minuten
BACKROHRTEMPERATUR: 170 °C

HASELNUSS-NOUGAT-KONFEKT

ZUTATEN FÜR CA. 40 STÜCK

150 g zimmerwarme Butter · 110 g dunkler Nougat · 70 ml Whisky (z. B. „Jameson")
250 g Zartbitterkuvertüre · 40 geschälte, geröstete Piemont-Haselnüsse

ZUM TUNKEN

ca. 300 g weiße Kuvertüre

ZUBEREITUNG

Butter mit Nougat glattrühren. Whisky zugeben und weiterrühren. Nach und nach die leicht erwärmte Zartbitterkuvertüre einarbeiten und ca. 5 Minuten glatt arbeiten. Masse in Spritzsack füllen (falls zu weich, noch etwas kühlen) und mit Lochtülle (Größe: 15) auf ein mit Backpapier belegtes Blech kleine Kuppeln dressieren. Nüsse aufsetzen und etwa 1/2 Stunde überkühlen lassen. Weiße Kuvertüre im Wasserbad oder in der Mikrowelle schmelzen und das Konfekt mithilfe einer Gabel (am besten einer Pralinengabel) in die Kuvertüre tunken. Auf ein mit Backpapier belegtes Blech absetzen, abtropfen und anziehen lassen. Dann in Manschetten setzen, servieren und genießen.

DER MOSTVIERTLER KONFEKTKASTEN

Wolf Helmhart von Hohberg (1612–1688), Schlossbesitzer zu Weistrach und Erla im niederösterreichischen Mostviertel, ist Germanisten als bedeutender protestantischer Barockdichter und Ökologen als vorausschauender Agronom ein Begriff. In seinem Hauptwerk, dem 1682 erschienenen „Georgica curiosa oder Adeliches Land- und Feldleben" findet sich allerdings auch ein Versatzstück, das nichts mit Barocklyrik und auch nur wenig mit Landbau zu tun hat: eine Anweisung für die Ausrüstung eines so genannten „Confect-Kastens für die adeliche Hausmutter". Ganz im Sinne der ihm eigenen protestantischen Ethik wird hier jedoch keineswegs Schlemmerei und Verschwendung gepredigt. „Wenn man von Gott also gesegnet ist" – mit Wohlstand, versteht sich – so stehe es wohl an, „dass dieser Überfluss von edlen, erfahrenen und auch in der Wissenschaft geübten Damen recht löblich angewendet werde." Aus Portugal, Spanien, Italien und Frankreich, so fährt Hohberg fort, käme auch das entsprechende Vademecum für solcherlei lustvolles Beginnen: der Zucker. Unter dem „Confect", das die hohe Dame in ihrem Kästlein aufbewahren sollte, verstand Hohberg allerdings noch nicht Bonbons im heutigen Sinn, sondern kandierte Früchte.

JOHANNISBEER-GELEEZUCKERL

ZUTATEN FÜR 40 STÜCK

200 g gerebelte Johannisbeeren · 200 g Feinkristallzucker
15 g Apfelpektin (flüssig oder als Pulver in der Apotheke erhältlich)
Feinkristallzucker zum Wälzen

ZUBEREITUNG

Fruchtmark auf 50 °C erhitzen. 180 g Kristallzucker dazugeben und zum Kochen bringen, Oberfläche abschöpfen. Pektin mit restlichem Zucker mischen, dazugeben und nochmals ca. 5 bis 8 Minuten kochen lassen. Den Topf noch heiß von der Kochstelle nehmen und ausköcheln lassen. Das Johannisbeergelee in eine Form (ca. 14 cm lang, 10 cm breit, 1,5 cm hoch) gießen und mindestens einen halben Tag bei Zimmertemperatur abkühlen lassen. Dann das Gelee von der Form lösen, in 2 cm kleine Würfel schneiden und in Kristallzucker wälzen.

TIPPS: Ideal zur Herstellung dieses Konfekts sind Silikonmatten mit der entsprechenden Größe (rund mit ca. 2 cm Ø oder eckig in der Größe 3 x 2 cm). Darin klebt die Masse nicht an. Ebenso leicht kann sie darin angefroren, gestürzt und gezuckert werden.

Für dieses Rezept können auch Mangos, Erdbeeren, Heidelbeeren, Marillen oder Himbeeren verwendet werden.

BRATAPFEL-KOKOSSPITZ

ZUTATEN FÜR CA. 30 STÜCK

3 Eiklar · 250 g Feinkristallzucker · 300 g Kokosflocken
50 g Apfelmus von Bratäpfeln (vorzugsweise Cox Orange oder Kronprinz)

ZUBEREITUNG

Eiklar, Kristallzucker, Kokosflocken und Apfelmus im Wasserbad auf 50 °C erwärmen. Auf ein mit Backpapier ausgelegtes Blech kleine Plätzchen geben und 20 Minuten kühlen. Dann kleine Spitzen modellieren und im vorgeheizten Backrohr bei 200 °C Oberhitze ca. 8 Minuten überbacken (Spitzen sollten eine hellbraune Farbe haben).

BACKZEIT: ca. 8 Minuten
BACKROHRTEMPERATUR: 210 °C (Oberhitze)

MARSHMALLOWS

ZUTATEN FÜR 30 BIS 40 STÜCK

15 eingeweichte, ausgedrückte und erwärmte Gelatineblätter · 300 g Feinkristallzucker · 100 g Traubenzuckerpulver · 120 ml Wasser · 100 g Glucose (Zuckersirup; in Apotheke erhältlich) · abgeriebene Schale einer unbehandelten Zitrone
1 KL fein geschnittener Rosmarin

ZUBEREITUNG

Kristallzucker, Traubenzucker und Wasser aufkochen. Glucose und Zuckerlösung in der Rührmaschine auf höchster Stufe schlagen. Gelatine, Rosmarin und Zitronenschale dazugeben und schlagen, bis die Masse ganz zäh ist. Mit einem Spritzsack mit Tülle (Größe 15) Rollen auf ein mit Traubenzucker bestreutes Backpapier spritzen. Im Traubenzucker wälzen und 1 Stunde kaltstellen. Dann die Rollen vom Backpapier lösen, in Stücke von 3 cm Länge schneiden und genießen.

TIPP: Wenn Sie das obige Rezept mit 1 EL Kakaopulver versetzen und aufschlagen und zum Schluss mit Staubzucker bestreuen, haben Sie eine ausgefallene Variante.

Foto rechts

HASELNUSSSPITZEN

ZUTATEN FÜR CA. 40 STÜCK

100 g weiche Butter · 80 g helles Nussnougat · 4 cl Whisky
200 g Zartbitterkuvertüre · 40 geröstete, ganze Piemontnüsse ohne Schale oder Haselnüsse · 200 g weiße Kuvertüre zum Tunken

ZUBEREITUNG

Kuvertüre leicht anschmelzen, dann alle Zutaten bis auf den Whisky gut in einer Rührmaschine 5 Minuten lang vermischen. Dann den Whisky langsam zufügen. Mit einem Spritzbeutel mit Lochtülle (Größe 10) kleine Krapferl auf Backpapier dressieren und Nüsse obenauf setzen. Eine Stunde gut anfrieren lassen, danach in weißer Kuvertüre tunken. Gut abtropfen lassen und auf Backpapier absetzen. Abstocken lassen, in Manschetten setzen und genießen.

ORANGENHIPPEN

ZUTATEN FÜR 60 STÜCK

100 ml Wasser · 100 g brauner Zucker · 1 EL Glucose (Zuckersirup; in Apotheke erhältlich) · 100 g glattes Mehl · 100 g Feinkristallzucker · 1 EL Vanillezucker 100 g Mandelgrieß · 100 g weiche Butter · Saft von 2 unbehandelten Orangen abgeriebene Schale einer unbehandelten Orange · 2 cl Grand Manier (oder anderer Orangenlikör)

ZUBEREITUNG

Wasser, brauner Zucker und Glucose aufkochen und abkühlen lassen. Restliche Zutaten gut daruntermischen und über Nacht rasten lassen. Masse auf ein mit Backpapier oder Backmatte ausgelegtes Blech streichen. Im vorgeheizten Backrohr bei 180 °C 8 Minuten backen. Bevor die Hippe getrocknet ist, mithilfe einer Winkelpalette zügig vom Blech lösen und in die gewünschte Form bringen.

BACKZEIT: 8 Minuten

BACKROHRTEMPERATUR: 180 °C

KROKANTHIPPEN

ZUTATEN FÜR 40 STÜCK

150 g Staubzucker · 40 g Glucose (Zuckersirup; in Apotheke erhältlich) · 130 g Butter 25 g gehobelte Mandeln · 100 g glattes Mehl · Prise Salz · 1 P. Vanillezucker

ZUBEREITUNG

Alle Zutaten verkneten und zu kleinen Kugeln formen. Auf einem vorbereiteten Backblech bei 180 °C 8 bis 10 Minuten goldgelb backen, kurz überkühlen lassen und in die gewünschte Hippenform bringen.

BACKZEIT: 8–10 Minuten

BACKROHRTEMPERATUR: 180 °C

TIPP: Wir backen Hippen generell auf Silikonmatten. Das bringt ein optimales Ergebnis.

KAKAOHIPPEN

ZUTATEN FÜR 30 STÜCK

250 g Staubzucker · 200 g Butter · 100 ml Milch · 80 g Glucose (Zuckersirup, in Apotheke erhältlich) · 250 g Mandelgrieß · 1 EL Kakaopulver

ZUBEREITUNG

Alle Zutaten miteinander vermischen und bei kleiner Flamme unter leichtem Umrühren auf ca. 60 °C erhitzen, bis die Bindung eintritt. Masse auf ein mit Backpapier oder Backmatte ausgelegtes Blech streichen. Im vorgeheizten Backrohr bei 180 °C 8 Minuten backen. Bevor die Hippe getrocknet ist, mithilfe einer Winkelpalette zügig vom Blech lösen und in die gewünschte Form bringen.

BACKZEIT: 8 Minuten

BACKROHRTEMPERATUR: 180 °C

MARILLENHIPPEN

ZUTATEN FÜR 40 STÜCK

30 g Marzipan · 50 g frische oder tiefgekühlte Marillen · 20 g Feinkristallzucker 70 g flüssige, warme Butter · 20 ml Marillenschnaps · 65 g glattes Mehl 1 KL Maisstärke (Maizena) · 60 g Staubzucker · 3 Eiklar · 2 EL Mandelblättchen

ZUBEREITUNG

Für das Marillenpüree Marillen mit Feinkristallzucker aufkochen, pürieren und passieren. Dann Püree mit restlichen Zutaten bis auf Eiklar in einer Moulinette kräftig mixen. Flüssiges Eiklar zum Schluss bei laufender Maschine zügig einfließen lassen. Ein mit einer Backmatte oder Backpapier ausgelegtes Backblech hauchdünn mit der Masse bestreichen. Im vorgeheizten Backrohr bei 180 °C Umluft in etwa 8 Minuten goldbraun backen. Bevor die Hippe getrocknet ist, mithilfe einer Winkelpalette zügig vom Blech lösen und in die gewünschte Form bringen.

BACKZEIT: etwa 8 Minuten

BACKROHRTEMPERATUR: 180 °C (Umluft)

SCHOKOLADEHIPPEN

ZUTATEN FÜR 40 STÜCK

130 g Wiener Backzucker · 1 KL Apfelpektin (flüssig oder als Pulver in Apotheke erhältlich) · 40 g Butter · 50 g Kakaomasse (Pâte de Cacao) oder Kuvertüre extrabitter (80 %) · 1 EL Kakaopulver · 50 g Glucose (Zuckersirup; in Apotheke erhältlich) 70 ml Wasser

ZUBEREITUNG

Wiener Backzucker, Pektin und Kakaopulver vermischen. Butter mit Glucose und Kakaomasse schmelzen. Wasser zugießen und bei kleiner Flamme gut umrühren, um eine Klümpchenbildung zu vermeiden. Vom Feuer nehmen und auf ein mit Backpapier oder Backmatte ausgelegtes Backblech aufstreichen. Im vorgeheizten Backrohr bei 170 °C etwa 8 Minuten backen. Bevor die Hippe getrocknet ist, mithilfe einer Winkelpalette zügig vom Blech lösen und in die gewünschte Form bringen. Kann in kleinen Dosen einige Tage im Kühlschrank aufbewahrt werden.

BACKZEIT: 8 Minuten

BACKROHRTEMPERATUR: 170 °C

KALTE DESSERTS

CREMIG, FRUCHTIG UND ERFRISCHEND

BIRNEN-NOUGAT-TÖRTCHEN „SACHER ECK"

ZUTATEN FÜR 6 PORTIONEN

FÜR DAS HASELNUSS-BISKUIT

4 Eiklar · 70 g Feinkristallzucker · 70 g geriebene Haselnüsse
70 g Staubzucker · 30 g glattes Mehl

FÜR DAS HIPPENFLOCKEN-KROKANT

150 g grob geriebene oder gebrochene Hohlhippen oder Waffeln
60 g Haselnussnougat · 60 g Milchkuvertüre · 80 g Butter

FÜR DIE NOUGATMOUSSE

180 g Feinkristallzucker · 5 Eidotter · 200 g Mandelnougat · 4 Blatt Gelatine
2 cl Amaretto · 500 ml Schlagobers · 50 ml Wasser

FÜR DAS BIRNENRAGOUT

3 würfelig geschnittene Williamsbirnen (oder Dosenbirnen) · 200 g Feinkristallzucker
30 g Honig · 20 g Glucose (Zuckersirup; in Apotheke erhältlich) · Saft von
1/2 unbehandelten Zitrone

FÜR DIE SCHOKOLADEGLASUR

250 ml Schlagobers · 50 ml Milch · 200 g Zartbitterkuvertüre
25 g Glucose (Zuckersirup; in Apotheke erhältlich) · 50 g Butter

ZUBEREITUNG

Für das Biskuit zunächst Eiklar mit Kristallzucker halbsteif schlagen. Haselnüsse, Staubzucker sowie Mehl vermischen und unter den Schnee ziehen. Auf ein mit Backpapier ausgelegtes Backblech etwa 3 mm dick aufstreichen und ca. 8 bis 10 Minuten bei 200 °C backen. Sofort vom heißen Blech nehmen und auskühlen lassen.

Für den Hippenflocken-Krokant Nougat mit Kuvertüre und Butter in einem heißen Wasserbad schmelzen lassen und mit den Hippenflocken vermengen. Auf ein mit Backpapier ausgelegtes Blech in der gleichen Größe wie das Biskuit dünn aufstreichen und im Tiefkühler stocken lassen.

Für die Nougatmousse Gelatine in eiskaltem Wasser einweichen. Schlagobers steif schlagen. Kristallzucker mit 50 ml Wasser bedecken und 5 Minuten kochen lassen. Dotter cremig schlagen, Kristallzucker hinzufügen und ausschlagen. Nougat im Wasserbad erwärmen und mit der Dottermasse vermischen. Ausgedrückte Gelatine in erwärmtem Amaretto auflösen und in die Nougatmasse einrühren. Zum Schluss das Obers unterziehen.

Für das Birnenragout Kristallzucker mit Honig und Glucose in einer Pfanne erhitzen und karamellisieren. Mit Zitronensaft ablöschen. Birnenwürfel einmengen und bissfest kochen. Überkühlen lassen.

Für die Glasur Schlagobers, Milch und Glucose aufkochen und mit der in Stücke gebrochenen Kuvertüre vermengen. Zum Schluss kalte Butter einrühren.

Nun das Biskuit in eine Kapsel- oder Rahmenform setzen. Die Hälfte der Glasur aufstreichen und mit dem Hippen-Krokant abdecken. Darauf ca. 5 mm dick Mousse auftragen. Birnenragout gleichmäßig darüberverteilen und mit restlicher Mousse auffüllen. Im Tiefkühlschrank ca. 1 Stunde kühlen und noch halb gefroren in beliebige Portionsgrößen schneiden (am besten in Rauten). Dann mit der restlichen Glasur überziehen.

BACKZEIT: ca. 10 Minuten (Biskuit)
BACKROHRTEMPERATUR: 200 °C (Biskuit)

Foto Seite 166

RHABARBER-HIMBEER-TARTELETTES

ZUTATEN FÜR 8 STÜCK

FÜR DEN TEIG

**150 g eiskalte Butter · 1 Eidotter · 300 g glattes Mehl · 100 g Staubzucker · Salz
Backpapier und Linsen oder Erbsen zum Blindbacken · Butter für die Formen
2 EL Honig für die Zwetschken · Rosmarin zum Garnieren**

FÜR DIE RICOTTACREME

**300 g Ricotta oder Topfen (10 %) · 200 ml Schlagobers · 6 Eidotter · 2 Eier
1 EL Vanillezucker · abgeriebene Schale und Saft von 1/2 unbehandelten Zitrone
Prise Salz**

FÜR DIE RHABARBER-HIMBEERCOULIS

**300 g in Scheiben geschnittener Rhabarber, Haut leicht abgezogen
4 cl Himbeerschnaps · 300 g Himbeermark · 1 Scheibe frischer Ingwer
80 g Feinkristallzucker · Saft von 2 unbehandelten Orangen
200–300 g Himbeeren zum Belegen · Minze oder Melisse zum Garnieren**

ZUBEREITUNG

Für die Ricottacreme alle Zutaten miteinander gut verrühren. Für den Teig die kalte Butter mit Eidotter, Salz, Mehl sowie Staubzucker verkneten und 1 Stunde rasten lassen. Metallringe mit 8 cm Ø auf ein Backpapier legen und mit Butter ausstreichen. Teig 2 mm dick ausrollen und ausstechen, so dass die Ringe jeweils vollständig mit Teig ausgelegt werden können. Mit Backpapier sowie getrockneten Erbsen oder Linsen belegen und im vorgeheizten Backrohr bei 160 °C 10 Minuten blindbacken. Hülsenfrüchte und Backpapier entfernen, mit Ricottacreme füllen und ca. weitere10 Minuten backen.
Für den Rhabarber-Himbeercouli Orangensaft, Ingwer, Himbeermark, Kristallzucker und Schnaps aufkochen, die Rhabarberscheiben zugeben (bitte einen Teil für die Dekoration zurückbehalten), alles noch einmal kurz aufkochen lassen und sofort kaltstellen.
Zur Dekoration abgekühlte Rhabarberstücke und Himbeeren auf das noch lauwarme Törtchen setzen. Mit Minze oder Melisse garnieren.

BACKZEIT: 20 Minuten
BACKROHRTEMPERATUR: 160 °C
SERVIERVORSCHLAG: Vanilleeis (Rezept s. S. 224)

Foto Seite 167

Birnen-Nougat-Törtchen, Rezept S. 164

Schokomoussekuppeln mit Pistazienkern, Rezept S. 169

Rhabarber-Himbeer-Tartelettes, Rezept S. 165

Omelette Rothschild, Rezept S. 168

OMELETTE ROTHSCHILD – DER KLASSIKER

Der Pfannkuchen hieß in Wien früher auch „Pfannzelt", dann setzte sich aber doch die Bezeichnung „Omelett" durch, auch wenn der Pfannkuchenteig gewöhnlich etwas dicker gemacht wird und sich an den Rändern daher ein wenig aufwölbt. Eine der heute noch berühmtesten Wiener Pfannkuchen-Spezialitäten ist der im Restaurant Eckel kreierte Rothschild-Pfannkuchen.

ZUTATEN FÜR 6 PORTIONEN

7 Eidotter · 7 Eiklar · 30 ml Mehl · 60 g Milch · 100 g Staubzucker
1 P. Vanillezucker · 200 g QimiQ · 200 ml Schlagobers · 100 g Crème fraîche
1 EL Vanillezucker · 4 cl Rum (38 %) · Erdbeermarmelade zum Füllen
Erdbeeren zum Garnieren · Butterschmalz zum Ausstreichen der Pfannen

ZUBEREITUNG

Dotter, Milch und Mehl rasch über Dampf ganz dick aufschlagen und auskühlen lassen. Eiklar zu einem festen Schnee schlagen und mit Staubzucker und Vanillezucker unter die Masse ziehen. Drei gleich große flache, beschichtete Pfannen (24–26 cm Ø) mit Butterschmalz ausstreichen und die Masse darin gleichmäßig verteilen. Im vorgeheizten Backrohr bei 200 °C 15 Minuten backen. Erkalten lassen, stürzen, mit Erdbeermarmelade füllen und zusammenschlagen (halbkugelförmig). Mit Rum bespritzen. QimiQ glattrühren und mit Schlagobers, Crème fraîche und Vanillezucker vermischen. Dann die Omelettes mit der QimiQ-Mischung bestreichen, mit Erdbeeren garnieren und sofort servieren.

BACKZEIT: 15 Minuten
BACKROHRTEMPERATUR: 200 °C

Foto Seite 167

SCHOKOLADEMOUSSE-KUPPELN MIT PISTAZIENKERN

ZUTATEN FÜR 10 PORTIONEN

FÜR DEN TORTENBODEN

70 g Butter · 40 g Staubzucker · 70 g weiche Zartbitterkuvertüre (60 % Kakaogehalt)
3 Eidotter · 3 Eiklar · Prise Salz · 1 KL Vanillezucker · 40 g Feinkristallzucker
70 g glattes Mehl

FÜR DIE MOUSSE

Prise geriebenen, gerösteten Koriander · 200 g flüssige Vollmilchkuvertüre
2 Eidotter · Prise Salz · 1 Ei · 2 EL Feinkristallzucker · 20 ml Cognac oder Kakaolikör
400 ml Schlagobers

FÜR DEN PISTAZIENMOUSSEKERN

200 ml Schlagobers, mit 1EL Vanillezucker halbsteif geschlagen
100 g sehr fein geriebene Pistazienkerne · 1 Blatt Gelatine · Prise Salz
30 ml Bailys oder Amaretto

Silkon-Kuppelformen oder Porzellan sowie Kunststoffförmchen
2 Tassen Espresso oder Mocca zum Tränken des Sacher-Tortenbodens
400 g dunkle Ganacheglasur (Rezept s. S. 35) · Blattgold, Hippen aller Art, Minzeblätter, Himbeersauce oder frische Himbeeren zum Garnieren

ZUBEREITUNG

Zuerst die Pistazienkerne zubereiten. Hierfür Gelatine in eiskaltem Wasser einweichen, ausdrücken und schmelzen. Mit Bailys vermischen und unter die fein geriebenen Pistazienkerne heben. In kleine Kugelförmchen von ca. 2 cm Ø oder Eiswürfelförmchen füllen und für 2 Stunden gut durchfrieren.

Währenddessen für den Tortenboden Butter mit Staubzucker, Salz und Vanillezucker schaumig schlagen. Weiche Kuvertüre in den Butterabtrieb einschlagen. Eiklar mit Kristallzucker halbsteif schlagen, dann abwechselnd mit Mehl unter die Buttermasse mischen. 4 mm hoch auf ein vorbereitetes Backblech streichen und im vorgeheizten Backrohr bei 190 °C ungefähr 10 Minuten backen. Auskühlen lassen, 10 Kreise von 8 cm Ø ausstechen und in etwas Espresso oder Mocca tränken.

Für die Mousse Eier mit Zucker und Cognac zuerst über Wasserdampf bis ca. 50 °C warm und dann in Eiswasser kalt schlagen. Koriander zugeben. Kuvertüre schmelzen und unterheben. Flüssiges Obers einmelieren. Die Kuppelförmchen mithilfe eines Dressiersacks jeweils bis zur Hälfte mit der Masse befüllen.

Pistazienkerne in die Mousse einsetzen, mit restlicher Schokomousse auffüllen und mit Tortenboden abschließen. Drei Stunden anfrieren lassen.

Zum Fertigstellen die Kuppeln aus den Formen auf ein Gitter stürzen und etwa 10 Minuten temperieren. Mit Ganacheglasur überziehen und mit Blattgold, Hippen aller Art, Minze, Himbeersauce oder frischen Himbeeren garnieren.

TIPP: Diese Moussedesserts lassen sich ideal auf Vorrat zubereiten und einfrieren. Sie halten sich so gut zwei Wochen.

Foto Seite 166

SABLÉS VON DER BITTERSCHOKOLADE MIT WEISSEM NOUGATEIS

ZUTATEN FÜR 6 PORTIONEN

FÜR DIE SABLÉBLÄTTER

70 g Butter · 70 g Staubzucker · 70 g brauner Zucker · Prise Salz · 1 Ei 1 Eidotter · 20 g Kokosraspeln · 70 g gehackte Mandeln · 170 g glattes Mehl 40 g gehackte Bitterschokolade · Prise Backpulver

FÜR WEISSES NOUGATEIS

250 ml Milch · 250 ml Schlagobers · 160 g Feinkristallzucker · 8 Eidotter 4 cl Baileys · 1 EL Glucose (Zuckersirup; in Apotheke erhältlich) 250 g weiße Kuvertüre

FÜR DIE PRALINEMANDELN

60 g Feinkristallzucker · 120 g geröstete Mandeln · etwas Wasser

FÜR DIE BITTERSCHOKOLADECREME

200 ml Schlagobers · 80 g Milchschokolade · 1 EL Glucose (Zuckersirup; in Apotheke erhältlich) · 80 g Bitterkuvertüre · 200 g frische Himbeeren und Blattgold sowie 12 ganze Pralinemandeln zum Garnieren

ZUBEREITUNG

Für die Sabléblätter (Sablé ist ein feiner Sandteig) Butter, Staubzucker, brauner Zucker und Salz miteinander verrühren. Ei und Dotter zugeben sowie Kokosraspeln, Mandeln, Bitterschokolade und Mehl mit Backpulver daruntermischen. Mit Klarsichtfolie abgedeckt etwa 2 Stunden an einem kühlen Ort rasten lassen. Dann ca. 3 mm dick ausrollen und anfrieren. In 3 x 9 cm große Rechtecke schneiden und auf ein vorbereitetes Backblech legen. Im vorgeheizten Backrohr bei 180 °C ca. 12 Minuten knusprig backen.

Für das Nougateis Milch mit Obers und 80 g Kristallzucker aufkochen. Eidotter mit weiteren 80 g Kristallzucker, Baileys und Glucose warm schlagen und zur Rose abziehen. Kuvertüre im Wasserbad oder in der Mikrowelle schmelzen und einmixen. Für die Pralinemandeln Mandeln rösten. Kristallzucker und etwas Wasser hell karamellisieren, dann Mandeln zugeben. Auf ein beöltes Blech geben und auskühlen lassen. Fein reiben, zur Eismasse geben und in einer Eismaschine oder im Tiefkühlfach gefrieren.

Für die Creme 80 ml Schlagobers aufkochen und Milchschokolade, Glucose sowie Bitterkuvertüre dazugeben und glattrühren. Restliches Obers halbsteif schlagen, unterziehen und Masse kaltstellen. In einen Spritzsack mit Tülle (Größe 12) abfüllen.

Zur Fertigstellung Bitterschokoladecreme auf die Sabléblätter 1 cm hoch aufdressieren. Jeweils ein Sabléblatt daraufsetzen und nochmals 1 cm hoch Creme aufdressieren. Mit frischen Himbeeren und Nougateis ergänzen und mit ganzen Pralinemandeln und etwas Blattgold für die Optik verzieren.

BACKZEIT: ca. 12 Minuten
BACKROHRTEMPERATUR: 180 °C

Foto rechts

KOKOSKUPPELN

ZUTATEN FÜR 20 STÜCK

FÜR DEN KOKOSBODEN

3 Eiklar · 30 g Feinkristallzucker · 130 g Kokosette (Kokosflocken)
100 g Staubzucker · 25 g glattes Mehl

FÜR DIE BANANENCREME

150 g in Scheiben geschnittene Bananen · 240 ml Schlagobers
170 g Milchkuvertüre · 60 g Rum

FÜR DIE KOKOSCREME

200 g Kokosmark · 100 g Kokossirup · 5 Blatt Gelatine
400 g Schlagobers · 30 g Bacardi

FÜR DIE KAKAOGLASUR

225 g Feinkristallzucker · 150 ml Wasser · 150 ml Schlagobers
6 Blatt Gelatine · 80 g Kakaopulver · 15 ml Rum · 15 ml Likör
Kokosflocken zum Bestreuen

ZUBEREITUNG

Für den Kokosboden Eiklar mit Kristallzucker aufschlagen. Kokosette, Staubzucker und Mehl unterheben. Auf einem vorbereiteten Blech gleichmäßig verstreichen und im vorgeheizten Backrohr bei 200 °C ca. 15 bis 20 Minuten hellbraun backen, auskühlen lassen.

Für die Bananencreme Obers aufkochen und Kuvertüre darin auflösen. Bananen und Rum dazugeben und kurz aufmixen. In eine mit Folie ausgelegte rechteckige Kuchenform gießen und einige Stunden kühlstellen, bis die Masse schnittfähig ist.
Für die Kokoscreme Obers aufschlagen. Gelatine in eiskaltem Wasser einweichen, ausdrücken und zusammen mit dem Bacardi erwärmen. Das Kokosmark mit dem Kokossirup vermischen, Bacardi-Gelatine-Mischung unterrühren und Obers unterziehen.
Das Kokosmousse in Kuppelförmchen 2/3 hoch einfüllen. Von der Bananencreme 1 cm dicke Scheiben herunterschneiden und auf das Kokosmousse geben. Mit Mousse und zurecht geschnittenem Kokosboden abschließen. Wieder einige Stunden kühlstellen und aus der Form stürzen.
Für die Kakaoglasur Gelatine in eiskaltem Wasser einweichen und ausdrücken. Wasser mit Kristallzucker und Obers aufkochen und Gelatine darin auflösen. Kakao, Rum und Likör dazugeben, durch ein Sieb seihen und kurz überkühlen lassen. Die vorbereitete Kokosmousse damit glasieren und zum Schluss mit Kokosflocken bestreuen.

BACKZEIT: 15 bis 20 Minuten

BACKTEMPERATUR: 200 °C

BEILAGENEMPFEHLUNG: Dazu passen flambierte Bananen. Hierzu 2–3 in Scheiben geschnittene Bananen mit dem Saft je einer unbehandelten Orange und Zitrone sowie 100 g Feinkristallzucker karamellisieren, eventuell mit Bacardi oder Inländer-Rum flambieren und auskühlen lassen.

TOBLERONE-SPITZ

ZUTATEN FÜR 12 PORTIONEN

FÜR DAS SCHOKOLADE-MANDELBISKUIT

3 Eier · 70 g Feinkristallzucker · 50 g glattes Mehl · 10 g Kakaopulver
30 g geriebene Mandeln

FÜR DIE TOBLERONEMOUSSE

250 g Milchtoblerone · 50 g dunkle Kuvertüre (70 %) · 4 Eier · 30 g Feinkristallzucker
5 Blatt Gelatine · 4 cl Amaretto · 500 ml Schlagobers
Kakaopulver zum Bestreuen

ZUBEREITUNG

Für das Biskuit Eier mit Kristallzucker über Dampf erst warm, dann kalt schlagen. Mehl mit Kakao versieben und mit den Mandeln unter die Eier-Zucker-Masse heben. Auf ein vorbereitetes Backblech ca. 2 cm dick aufstreichen und im vorgeheizten Backrohr bei 200 °C ca. 10 Minuten backen.
Für die Mousse Gelatine in eiskaltem Wasser einweichen. Toblerone und dunkle Kuvertüre im Wasserbad oder in der Mikrowelle gemeinsam schmelzen. Eier mit Kristallzucker erst warm, dann kalt schlagen. Gelatine ausdrücken und im erwärmten Amaretto auflösen. Amaretto unter die Eischaummasse heben und die Schokolade dazugeben. Obers halbfest schlagen und unterheben.
In kleine Pyramidenförmchen füllen. Aus dem Mandelbiskuit passende Quadrate schneiden und das Mousse damit abdecken. 6 Stunden kühl stellen, dann stürzen und mit Kakaopulver bestreuen.

ORIGINAL SOMLÓER NOCKERL

Somlóer Nockerl sind eine üppige Kalorienbombe aus hellem und dunklem Biskuit, Eiercreme und Schokosauce, deren Name auf jenen berühmten Vulkanfelsen zurückgeht, der am Weg von Sopron zum Balaton, weithin sichtbar, etwa auf halber Strecke liegt. Bekannt gemacht wurde das Rezept zwar vom Budapester Spitzengastronomen Károly Gundel, erfunden wurde es jedoch keineswegs von ihm selbst, sondern von dessen aus Somló gebürtigem Oberkellner Károly Gollerits.

ZUTATEN FÜR 8–10 PORTIONEN

FÜR HELLEN BISKUIT

3 Eidotter · 3 Eiklar · 80 g Feinkristallzucker · 1 KL Vanillezucker
80 g glattes Mehl · Prise Salz · abgeriebene Schale einer unbehandelten Zitrone

FÜR DUNKLEN BISKUIT

3 Eier · 70 g Feinkristallzucker · 3 EL Wasser · 1 KL Vanillezucker · Prise Salz
20 ml Pflanzenöl · 40 g Maisstärke (Maizena) · 20 g glattes Mehl · 20 g Kakaopulver

FÜR DEN SIRUP

200 ml Wasser · 100 g Feinkristallzucker · 150 g Rosinen
150 ml Barack oder Marillenbrand

CREME

400 ml Milch · 100 ml Wasser · 90 g Feinkristallzucker · 2 EL Vanillezucker
Prise Salz · 30 g Vanillepuddingpulver · 100 g Schlagobers · 2 Blatt Gelatine
ca. 200 g leicht geröstete Walnüsse

ZUBEREITUNG

Zunächst den Sirup bereiten. Hierfür Wasser mit Zucker aufkochen. Rosinen und Barack oder Marillenbrand zugeben und über Nacht durchziehen lassen.

Für hellen Biskuit Dotter mit 20 g Kristallzucker, Vanillezucker, Prise Salz und Zitronenschale schaumig rühren. Eiklar und restlichen Kristallzucker halbsteif schlagen. Mit Mehl vorsichtig unter die Dottermasse mischen und 6 mm dick auf ein vorbereitetes Backblech (40 x 35 cm) streichen und im vorgeheizten Backrohr bei 180 °C ca. 8 Minuten hellbraun backen.

Für dunklen Biskuit Eier mit Wasser, Kristallzucker, Vanillezucker und Prise Salz schaumig rühren. Öl mithilfe eine Stabmixers ohne Luftzufuhr (Mixer am Boden aufsetzen) dazumischen. Maisstärke, Mehl und Kakaopulver vermischen und vorsichtig unter die Eiermasse mischen. 6 mm dick auf ein vorbereitetes Backblech streichen und im vorgeheizten Backrohr bei 180 °C 8 Minuten durchbacken.

Für die Creme Gelatine in eiskaltem Wasser einweichen. Obers, Milch, Wasser, Kristallzucker, Vanillezucker und Salz vermischen, aufkochen und mit Vanillepuddingpulver abziehen. Eingeweichte Gelatine darin auflösen und kalt rühren.

Zur Fertigstellung 2 Kasserollen à ca. 20 x 15 cm herrichten. Kasserolle als Schablone verwenden und je Biskuitsorte 2 ovale Scheiben samt Backpapier ausschneiden.

Erste helle Biskuitschicht einlegen, Papier abziehen und mit einem Pinsel gut mit Sirup einstreichen. Ca. 5 mm hoch Creme einfüllen und ausgedrückte Rosinen (vom Sirup) aufstreuen. Eine Handvoll in den Händen zerdrückte Walnüsse aufstreuen. Erste Schicht dunklen Biskuit auflegen, Papier abziehen und ebenso wie vorher verfahren. Die beiden restlichen Biskuitschichten genauso ver-

arbeiten. Mit Nüssen und ausgedrückten Rosinen abschließen, mit Klarsichtfolie bedecken und über Nacht kaltstellen. Nocken abstechen, mit Original Somlóer Schokoladesauce (Rezept s. S. 37) und eventuell einem Fruchtsorbet sowie geschlagenem Obers servieren.

BACKZEIT: je Boden 8 Minuten

BACKROHRTEMPERATUR: 180 °C

WEISSE MOCCA-AMARETTO-TÖRTCHEN

ZUTATEN FÜR 20 PORTIONEN

FÜR DAS SCHOKOLADEBISKUIT

3 Eier · 70 g Feinkristallzucker · 50 g glattes Mehl · 10 g Kakaopulver
1 P. Vanillezucker · Prise Salz

FÜR DAS WEISSE MOCCAMOUSSE

50 g Kaffeebohnen · 500 ml Schlagobers · 270 g weiße Schokolade · 4 Eier
30 g Feinkristallzucker · 2 cl Kaffeelikör (Kalhúa) · 5 Blatt Gelatine

FÜR DEN AMARETTOSIRUP

250 ml Amaretto · 100 g Feinkristallzucker · 100 ml Wasser

2 EL Löskaffee · weiße Ganacheglasur (Rezept s. S. 36)
Amaretti (Rezept s. S. 140, halbe Menge zubereiten)

ZUBEREITUNG

Für das Biskuit Eier, Kristallzucker, Salz und Vanillezucker über Dampf erst warm, dann kalt schlagen. Mehl mit Kakao zusammensieben, unter die Masse heben und auf ein vorbereitetes Backblech streichen. Im vorgeheizten Backrohr bei 200 °C ca. 10 bis 15 Minuten backen (Nadelprobe).

Für die Mousse Gelatine in eiskaltem Wasser einweichen. Ein Fünftel des Schlagobers mit Kaffeebohnen aufkochen und darin ziehen lassen, erkalten lassen und dann abseihen. Eier mit Zucker über Dampf erst warm, dann kalt schlagen. Schokolade im Wasserbad oder in der Mikrowelle schmelzen. Gelatine ausdrücken und im erwärmten Kaffeelikör auflösen. Unter die Eimasse ziehen und Schokolade dazugeben. Das restliche Obers halbfest aufschlagen und unterheben.

Für das Sirup Wasser mit Zucker aufkochen und dann mit dem Amaretto verrühren.

Förmchen (am besten Moccatassen mit Klarsichtfolie ausgelegt oder Kuppel-Silikonmatten) mit dem rund ausgestochenen Biskuit auslegen. Amaretti mit Amarettosirup tränken, einlegen und mit Moccamousse auffüllen. Dann wieder ein Amaretti einlegen und wieder mit Mousse füllen. Vorgang wiederholen, bis Creme aufgebraucht ist. Mit Creme abschließen. Kaltstellen. Weiße Ganacheglasur nach Rezept zubereiten (zusätzlich 2 EL Löskaffee beimengen) und die leicht angefrorenen Törtchen damit glasieren.

BACKZEIT: 10–15 Minuten
BACKROHRTEMPERATUR: 200 °C

CHARANTAISER MELONEN-KALTSCHALE MIT PFEFFERMINZSORBET

ZUTATEN FÜR 6 PORTIONEN

**3 nicht zu große vollreife Charantaiser- oder Zuckermelonen · 6 cl weißer Portwein
200 ml Sachercuvée oder anderer Sekt · Saft und abgeriebene Schale von
2 unbehandelten Limetten · 2 EL brauner Zucker · etwas Tabasco · 2 EL fein
geschnittene Minze · eine Prise Meersalz mit Vanilleschotenpulver vermischt
6 Kugeln Minzsorbet (s. Sorbet Grundrezept S. 210)
Crushed Ice zum Kühlen · Minzspitzen und Krokanthippen zum Dekorieren**

ZUBEREITUNG

Melonen halbieren und auf der Standfläche abkappen, damit die Hälften gut stehen. Kerne mit Hilfe eines Löffels entfernen, danach mit einem Parisiennelöffel Kugeln ausstechen und das übrig gebliebene Fruchtfleisch auskratzen. Die Kugeln mit Limettensaft und -schale, Portwein, Sekt, braunem Zucker, Tabasco und fein geschnittener Minze 1 Stunde marinieren. Dann in Melonenhälften füllen. Minzsorbet aufsetzen und mit Meersalz-Vanilleschotenpulver-Gemisch bestreuen. Mit Minzspitzen sowie Krokanthippen garnieren und in einem tiefen Teller mit Crushed Ice servieren.

DIE SÜNDHAFTEN LIMONADENHÜTTEN

1797 – die napoleonischen Truppen drangen damals gerade über Villach, Klagenfurt bis in die Steiermark vor – hatte das vernaschte Wien außer dem französischen Usurpator vor allem zwei Themen im Sinn: das „G'frorne" und die „Limonadenhütten". Das „G'frorne" war nichts anderes als unser heutiges Speiseeis, und wurde nebst anderen eisgekühlten und süßen Köstlichkeiten in zeltähnlichen Etablissements – den so genannten Limonadenhütten – am Graben oder am Hohen Markt angeboten.

Ihre besondere Beliebtheit verdankten diese Erfrischungszelte dem Umstand, dass es sich dabei im Grunde um veritable Kaffeehäuser handelte, die jedoch – im Gegensatz zu den „echten" Kaffeehäusern, von denen es im Jahr 1797 in Wien bereits gezählte 129 gab – nicht nur der Männerwelt vorbehalten waren, sondern auch von erfrischungsfreudigen Damen besucht werden durften.

Der Erfolg dieser neuen Art süßer Erlebnisgastronomie war so durchschlagend, dass die Wiener Theaterzeitung von 6.000 Bechern Eis zu berichten wusste, die da allabendlich alleine in der „Ochsenmühle" des Kaffeesieders Milano im Paradeisgartl verschleckt wurden. Gleich mehrere Erfrischungszelte stellte damals auch die stadtbekannte Witwe Kleopha Lechner am Hohen Markt auf, um den flanierenden Wienerinnen und Wienern „alle Gattungen Gefrorenes, auch in verschiedenen Formen" anbieten zu können.

Wie beliebt solche süßen Elixiere damals tatsächlich waren, beweist auch eine noch zu Zeiten der sittenstrengen Kaiserin Maria Theresia erlassene Verfügung an ihre Hofzuckerbäcker, die es denselben ausdrücklich untersagte, „Liqueurs in oder außerhalb des Hofs zu brennen, um solche öffentlich oder unter Hand zu verkaufen, und dass nicht wohl gar dergleichen Waren und Effekten bei Hof selbst ihnen abgekauft und in die Wirtschafts-Offizien eingeliefert werden."

HIMBEER-MILLE-FEUILLE MIT BROWNIES

ZUTATEN FÜR 12 PORTIONEN

12 Browniesböden (Rezept s. S. 27) · ca. 300 g weiße Kuvertüre

FÜR DIE HIMBEERMOUSSE

300 g Himbeermark · Saft einer Zitrone · 4 Blatt Gelatine
40 ml Himbeerbrand · 80 g Feinkristallzucker · 1 KL Vanillezucker
3 Eiklar · 400 ml Schlagobers

Himbeermarmelade zum Bestreichen der Brownies
evtl. frische Himbeeren zum Dekorieren

ZUBEREITUNG

Brownies nach Rezept zubereiten und in Rechtecke von 4 x 8 cm schneiden. Für die weißen Schokoladetaferl Kuvertüre hauchdünn auf eine mit Klarsichtfolie ausgelegte Arbeitsfläche spachteln und eine Stunde antrocknen lassen. Folie vorsichtig abziehen und in 36 Rechtecke von 5 x 9 cm schneiden.

Für die Mousse Gelatine in eiskaltem Wasser einweichen. Himbeermark mit Vanillezucker, Zitronensaft und Himbeerbrand erhitzen. Gelatine ausdrücken, darin auflösen und vom Herd nehmen. Eiklar mit Kristallzucker steif schlagen und unter das Himbeerpüree mischen. Obers steif schlagen und unterziehen. Auf ein mit Kunststofffolie ausgelegtes Backblech etwa 1 cm hoch aufstreichen und 2 Stunden gut anfrieren lassen. So lässt sich die Mousse gut schneiden. Mit einem in heißes Wasser getauchten Messer 24 Rechtecke in der Größe 4 x 8 cm abschneiden.

Zur Fertigstellung jeweils ein Himbeermousse-Rechteck auf ein weißes Schokoladetaferl setzen und ein weiteres Taferl darauflegen. Dann wieder ein Himbeermousse-Rechteck daraufsetzen und mit einem Schokoladetaferl abschließen. Dieses Schichtwerk in die Mitte der mit Himbeermarmelade bestrichenen Brownies setzen und eventuell mit frischen Himbeeren garnieren.

TIPP: Diese Törtchen lassen sich ausgezeichnet tiefkühlen.

MILLE FEUILLE VOM COX-ORANGE UND APFELPARFAIT

ZUTATEN FÜR 6 PORTIONEN

200 g Blätterteig (Rezept s. S. 20) oder fertiger Blätterteig
Parfait (Grundrezept s. S. 210, halbe Menge) · 1 Eidotter zum Bestreichen
4 Cox-Orange- oder Idared-Äpfel · 80 g Feinkristallzucker
6 cl Alter Apfelbrand oder Calvados · 4 EL in Rum marinierte Rosinen
Saft einer Zitrone · Prise Zimt · etwas Staubzucker zum Bestreuen
24 karamellisierte Walnusshälften (s. S. 235 Gundelpalatschinken)

ZUBEREITUNG

Parfait-Grundmasse mit Apfelbrand oder Calvados marinieren. Masse in einer mit Kunstofffolie ausgelegten Kastenbackform (10 x 10 cm) füllen und über Nacht gut durch anfrieren. Herausstürzen und in 6 je 2 cm dicke Scheiben schneiden.

Den Blätterteig auf einer bemehlten Arbeitsfläche 2 mm dünn ausrollen, in 18 Rechtecke zu je 12 x 5 cm schneiden und mit Dotter bestreichen. Ca. 10 Minuten antrocknen lassen, mit Backpapier und einem zweiten Blech beschwert im vorgeheizten Backrohr bei 180 °C ca. 8 Minuten goldbraun backen und auskühlen lassen.

Inzwischen die Äpfel schälen, Kerngehäuse entfernen und in Spalten schneiden. Kristallzucker in einer Gusseisenpfanne leicht karamellisieren, Apfelspalten zugeben und darin schwenken. Apfelbrand und Zitronensaft zugeben und schön langsam karamellisieren, bis die Äpfel eine goldbraune Farbe angenommen haben. Rosinen und Zimt daruntermischen.

6 der Blätterteigpölster mit je einem Stück Apfelparfait belegen, einen zweiten Polster aufsetzen und mit Äpfeln belegen, mit einem weiteren Polster abschließen und mit Staubzucker bestreuen. Mit karamellisierten Walnüssen garnieren.

SERVIERVORSCHLAG: Eventuell können Sie Karamellsauce (Rezept s. S. 38) dazu servieren.
BACKZEIT: ca. 8 Minuten
BACKROHRTEMPERATUR: 180 °C

MARINIERTE GARTENERDBEEREN MIT GRIESSFLAMMERI

ZUTATEN FÜR 6 PORTIONEN

400 g vollreife Erdbeeren · 4 cl Orangenlikör
etwas abgeriebene Schale einer unbehandelten Orange
Saft einer unbehandelten Limette · Grießflammeri (Rezept s. S. 192)

Minze zum Dekorieren

ZUBEREITUNG

Grießflammeri nach Rezept zubereiten. Erdbeeren entstielen und ganz fein aufschneiden. Orangenlikör, Orangenschale und Limettensaft vermischen. Erdbeeren portionsweise schön auf einem Teller verteilen und mit einem Pinsel die Orangen-Limetten-Mischung aufstreichen. Grießflammeri aufsetzen und mit Minze garnieren.

TIPP: Als Dekoration macht sich gesponnener Zucker („Engelshaar") hervorragend. Hierzu 400 g Feinkristallzucker mit 4 EL Wasser hell karamellisieren. Mit Hilfe eines abgeschnittenen Schneebesens in raschen Bewegungen auf Backpapier „spinnen". Am besten funktioniert das, wenn man auf einer verfliesten Wand Backpapier aufklebt und dieses ca. 1 m über den Boden laufen lässt und dann mit raschen Auf- und Ab-Bewegungen mit dem Schneebesen Fäden spinnt. Fäden anschließend erkalten lassen und zu Bällen formen.

SERVIERVORSCHLAG: Vanilleeis passt hervorragend dazu (s. Rezept S. 224).

SAUTIERTE ANANAS MIT RUMROSINEN-EISCREME

ZUTATEN FÜR 6 PORTIONEN

FÜR DIE EISCREME

800 ml Milch · 160 g Feinkristallzucker · 40 g Traubenzucker · 120 ml Schlagobers 40 g Milchpulver · Prise Salz · 150 g Rumrosinen (Rosinen mindestens 2 Tage vorher in Rum einlegen)

FÜR SAUTIERTE ANANAS

1 frische Ananas · etwas Butter · 1/2 ausgekratzte Vanilleschote · 40 g brauner Zucker 80 ml Orangen- oder Ananassaft · 6 cl Malibu oder Batida de Coco

ZUBEREITUNG

Für die Eiscreme alle Zutaten außer Rumrosinen aufkochen, rasch abkühlen, Rumrosinen unterziehen und in eine Eismaschine geben oder im Tiefkühlfach unter mehrmaligem Umrühren gefrieren.

Ananas schälen, in der Mitte auseinander- und in gleich große Stücke (6 x 3 cm) schneiden. In einer heißen Pfanne etwas Butter zerlassen, Ananasscheiben kurz anbraten (druchschwenken) und braunen Zucker darin karamellisieren. Mit Orangen- oder Ananassaft aufgießen, Vanilleschotenmark dazugeben und einreduzieren und mit Malibu abschmecken. Auf einem Teller anrichten und eine Kugel Eiscreme dazusetzen.

GARNITUREMPFEHLUNG: Dazu eignen sich eine getrocknete Scheibe Ananas, Kokosflocken, Rumrosinen und einige Minzeblätter.

MOUSSEN, CREMEN UND PUDDINGE

SCHOKOLADEMOUSSE

ZUTATEN FÜR 4–6 PORTIONEN

100 g beste Zartbitterkuvertüre · 3 Eidotter · 3 Eiklar · 1 Tasse Espresso
1 EL Vanillezucker · 2 cl Armagnac · 1 Prise Salz · 150 g Feinkristallzucker
200 ml Schlagobers

ZUBEREITUNG

Die Kuvertüre in kleine Stücke brechen und mit dem Espresso im Wasserbad oder in der Mikrowelle schmelzen. Eidotter, Vanillezucker und Armagnac schaumig schlagen und Schokolade unterrühren. Eiklar mit einer Prise Salz und Zucker steif schlagen, Obers ebenfalls steif schlagen und beides locker und gleichmäßig mit dem Schneebesen unter die Schokolademischung ziehen. Die Masse in eine große Schüssel füllen oder auf Gläser verteilen und gut abgedeckt im Kühlschrank (am besten über Nacht) kühlstellen. Mit zwei Esslöffeln Nockerl abstechen und auf großen Tellern anrichten.

GARNITUREMPFEHLUNG: eingelegte oder Rumtopffrüchte (s. Sacher-Rumtopf S. 197))

SCHOKOLADEMOUSSE SPEZIAL

ZUTATEN FÜR 4–6 PORTIONEN

200 ml Milch · 2 Blatt Gelatine · 280 g Zartbitter- oder Orangenkuvertüre
300 ml Schlagobers · Prise Salz · 2 Tassen Espresso

ZUBEREITUNG

Gelatine in eiskaltem Wasser einweichen. Milch aufkochen, Espresso, Salz und ausgedrückte Gelatine zugeben. Kuvertüre in Stücke brechen, hinzufügen und mit einem Stabmixer einmixen. Obers nicht zu steif schlagen, Milch-Kuvertüre-Masse auf 30 °C erwärmen und Obers unterziehen. In Gläser oder in ein ca. 4 cm tiefes Gefäß abfüllen, mit Klarsichtfolie abdecken und am nächsten Tag mit einem heißen Löffel Nocken abstechen.

Foto rechts: Crème Caramel

WEISSE SCHOKOLADEMOUSSE

ZUTATEN FÜR 6 PORTIONEN

150 g weiße Kuvertüre · 1 1/2 Blatt Gelatine · 4 Eiklar · 1 TL Feinkristallzucker 250 ml Schlagobers · 6 Eidotter · Mark von 1/2 Vanilleschote · Saft von 1/2 Zitrone · 6 cl Bacardi · 4 cl Eierlikör · Salz · Minzeblätter zum Garnieren

ZUBEREITUNG

Kuvertüre im Wasserbad oder in der Mikrowelle schmelzen. Gelatine in eiskaltem Wasser einweichen. Währenddessen Eiklar steif schlagen, Obers ebenfalls steif schlagen und beides kaltstellen. Eidotter mit Kristallzucker über Dampf schaumig schlagen. Die gut ausgedrückte Gelatine mit dem Alkohol, Vanille, Zitronensaft und Salz unter die noch warme Dottermasse rühren und darin auflösen. Nun die geschmolzene Kuvertüre mit einem Schneebesen unterrühren und Masse etwas abkühlen lassen. Schnee sowie geschlagenes Obers locker und gleichmäßig unter die Schokolademasse ziehen. In eine große, möglichst flache Schale füllen und mit Folie abgedeckt im Kühlschrank 2 bis 3 Stunden, am besten aber über Nacht, kalt werden lassen. Mit zwei heißen Esslöffeln Nockerl abstechen und auf großen Tellern anrichten. Mit Minzeblättern garnieren.

CRÈME CARAMEL

ZUTATEN FÜR 6 PORTIONEN

FÜR DEN KARAMELL

100 g Feinkristallzucker · 1 EL Wasser · 6 Karamellförmchen

FÜR DIE CREME

500 ml Milch · Mark einer Vanilleschote · 90 g Feinkristallzucker · 3 Eier · 2 Dotter

ZUBEREITUNG

Für den Karamell Kristallzucker in einer Pfanne schmelzen und unter ständigem Rühren 1 EL Wasser dazugießen. Dann in die vorbereiteten Förmchen füllen und erstarren lassen.

Für die Creme Milch mit Kristallzucker zum Kochen bringen und das Vanilleschotenmark dazugeben. Die Eier mit den Dottern verrühren und die heiße Milch unter ständigem Rühren dazugeben. Nochmals durch ein Sieb gießen und dann in die Karamellförmchen einfüllen. Im vorgeheizten Backrohr bei 180 °C ca. 25 bis 30 Minuten im Wasserbad pochieren.

Wenn die Creme gestockt ist, herausnehmen, erkalten lassen und anschließend mit einem kleinen Messer am Rand entlang vorsichtig aus der Form lösen und stürzen.

BACKZEIT: 25 bis 30 Minuten

BACKROHRTEMPERATUR: 180 °C

SERVIERVORSCHLAG: Frische Früchte sind ideale Begleiter.

Foto Seite 187

CRÈME BRÛLÉE

ZUTATEN FÜR 4 PORTIONEN

100 ml Milch · 300 ml Schlagobers · 4 Eidotter · Mark einer Vanilleschote
35 g brauner Zucker · brauner Zucker zum Bestreuen

ZUBEREITUNG

Milch mit Obers und Vanilleschotenmark aufkochen. Dotter mit braunem Zucker verrühren und heiße Flüssigkeit darübergießen. In eine flache Schüssel gießen und bei 110 °C im Wasserbad und mit Klarsichtfolie bedeckt stocken und 2 Stunden auskühlen lassen. Mit braunem Zucker bestreuen und mit einem Brenner (Lötlampe) abflämmen.

TIPP: Ersetzt man die Milch durch Kokosmark, so erhält man eine Kokos-Crème-brûlée, ebenso geeignet ist Maracujasaft. In Kombination mit einem Sorbet oder Eis hat man dann schon ein tolles Dessert.

CRÈME BRÛLÉE ORANGE

ZUTATEN FÜR 4 PORTIONEN

250 ml Schlagobers · 70 g Crème fraîche · 100 ml Milch · 4 Eidotter
50 g brauner Zucker · abgeriebene Schale von 2 unbehandelten Orangen
80 ml Cointreau · Mark einer Vanilleschote · Prise Salz
brauner Zucker zum Bestreuen

ZUBEREITUNG

Orangenschalen mit Cointreau aufkochen und abseihen. Mit den anderen Zutaten vermischen und im Wasserbad bei ca. 110 °C und mit Klarsichtfolie bedeckt abstocken und dann 2 Stunden auskühlen lassen. Mit braunem Zucker bestreuen und mit einem Brenner (Lötlampe) abflämmen.

TIPP: Eventuell mit Zitroneneis und Orangenschalen garnieren.

CRÈME BRÛLÉE ZUM QUADRAT

ZUTATEN FÜR 4–6 PORTIONEN

Crème brûlée (Rezept s. S.189)
abgeriebene Schale einer unbehandelten Orange · 4 cl Orangenlikör
50 ml Cassis · 1 El Pistazienmark

ZUBEREITUNG

Créme brûlée nach Rezept zubereiten. Orangenlikör mit Orangenschale einkochen und mit einem Viertel der Creme vermischen. Ein weiteres Viertel der Creme mit dem Cassis und das dritte Viertel mit Pistazienmark vermischen. Das restliche Viertel bleibt wie es ist.

Die Massen in geeignete Glas- oder Keramikformen füllen, mit braunem Zucker bestreuen und abflämmen. Mit dazu passenden Sorbets (z. B. Mango-, Maracuja-Limetten- oder Campari-Orangensorbet, Rezepte ab S. 206) servieren. Foto rechts

CRÈME KATALAN

ZUTATEN FÜR 4 PORTIONEN

350 ml Milch · 150 ml Obers · 100 g QimiQ · abgeriebene Schale von einer unbehandelten Orange · 1/2 Zimtstange · Mark einer Vanilleschote · 6 Eidotter
70 g Feinkristallzucker · etwas geriebene Muskatnuss · Prise Salz

ZUBEREITUNG

Backrohr auf 155 °C vorheizen und ein tiefes Blech – zweifingerhoch mit Wasser gefüllt – vorwärmen. Milch, QimiQ, Obers, Vanilleschotenmark, Zimt und Orangenschale aufkochen und abseihen. Kristallzucker mit Eidotter, Salz und Muskatnuss schaumig schlagen und unter die Milchmasse heben. 1 Stunde zugedeckt rasten lassen und schaumfrei halten. In kleine Backförmchen füllen und ca. 50 Minuten stocken lassen.

BACKROHRTEMPERATUR: 155 °C

SERVIERVORSCHLAG: Orangen- oder Karamellsauce (Rezepte s. S. 38)

PANNA COTTA

ZUTATEN FÜR 6 PORTIONEN

**250 ml Schlagobers · 250 ml Milch · 60 g Kristallzucker · 4 Blatt Gelatine
1/2 Vanilleschote · Prise Salz · Feinkristallzucker zum Bestreuen**

ZUBEREITUNG

Gelatine in eiskaltem Wasser einweichen. Schlagobers mit Milch, Salz und der aufgeschnittenen Vanilleschote aufkochen. Gelatine ausdrücken und gemeinsam mit dem Zucker dem Schlagobers-Milch-Gemisch zugeben und auflösen. Die Masse abseihen und nach mehrmaligem Durchrühren kaltstellen. Unmittelbar vor dem Gelieren die Masse in kleine Formen oder Gläser füllen. Mit etwas Kristallzucker bestreuen (das verhindert die Bildung von unerwünschten Häutchen), mit Klarsichtfolie bedecken und ca. 2 Stunden kühl rasten lassen.

GRIESSFLAMMERI

ZUTATEN FÜR 6 PORTIONEN

**3 Dotter · 100 g Feinkristallzucker · 380 ml Milch · Prise Salz
abgeriebene Schale einer unbehandelten Orange · 100 g Grieß (am besten Nockerlgrieß aus Hartweizen) · 3 Blatt Gelatine · 2 EL Grand Marnier · 350 ml Schlagobers
6 Förmchen · zerlassene Butter und Feinkristallzucker zum Ausstreichen und Ausstreuen der Formen**

ZUBEREITUNG

Gelatine in eiskaltem Wasser einweichen. Grieß mit Prise Salz und Zitronenschale in die Milch einkochen, bis eine cremige Konsistenz entsteht, und kurz überkühlen lassen. Dotter mit Kristallzucker über Dampf erst warm, dann kalt schlagen. Das Schlagobers halbfest schlagen. Die ausgekühlte Grießmasse in die Dotter-Zucker-Masse einrühren. Grand Marnier erhitzen und mit der ausgedrückten Gelatine in die Masse einrühren. Anschließend das halbfeste Schlagobers unterheben. In bebutterte, ausgezuckerte Förmchen geben und einige Stunden durchkühlen lassen. Vor dem Stürzen die Formen kurz in heißes Wasser tauchen.

SERVIERVORSCHLAG: Das Grießflammeri harmoniert mit Weichsel-Ingwer-Ragout (s. Rezept S. 196) ausgezeichnet.

JOGHURT-LIMETTEN-CREME

ZUTATEN FÜR 6 PORTIONEN

**250 g Naturjoghurt oder Sauermilch · 5 ausgepresste Limetten oder 100 g Fruchtpüree
250 g QimiQ · 80 g Feinkristallzucker · 2 Eiklar · evtl. 2 EL Cointreau · evtl. Mangos oder Zitrusfrüchte zum Belegen · Orangenhippen (Rezept s. S. 159) zum Garnieren**

ZUBEREITUNG

QimiQ glattrühren. Joghurt, Limettensaft sowie 60 g Kristallzucker und eventuell Cointreau beigeben und gut vermischen. Eiklar mit restlichem Kristallzucker aufgeschlagen, unterziehen und gefällige Gläser damit füllen. Evtl. mit Mangos oder Zitrusfrüchten belegen und mit Orangenhippen garnieren.

REIS TRAUTTMANSDORFF

Die Familie Trauttmansdorff sind ein altes österreichisches Adelsgeschlecht mit Stammsitz im Wienerwald. Der berühmte Milchreis wurde von einem in den Diensten der Trauttmansdorff'schen Küche stehenden Zuckerbäcker zu Ehren von Ferdinand Graf von Trauttmansdorff (1864–1910) kreiert, der als Gesandter und Botschafter Österreichs ein sehr umtriebiger Politiker war und seine Karriere als Präsident des Herrenhauses krönte.

ZUTATEN FÜR 6 PORTIONEN

500 ml Milch · 120 g Langkornreis · 90 g Feinkristallzucker · Mark einer Vanilleschote · 1 Prise Salz · 1 Zimtstange · 200 g entkernte, eingelegte Weichseln 4 cl Maraschino (Kirschlikör) oder Amaretto · 1/2 TL Maisstärke (Maizena) Saft einer unbehandelten Orange · 250 ml Schlagobers · 250 g Naturjoghurt Weichseln zum Garnieren

ZUBEREITUNG

Milch mit Reis (vorher mit kaltem Wasser abschwämmen) und Vanilleschotenmark zum Kochen bringen. Bei schwacher Hitze 30 bis 45 Minuten köcheln lassen. Dann 50 g Zucker und Salz unterrühren und erkalten lassen.

Saft der eingelegten Weichseln mit restlichem Kristallzucker zum Kochen bringen. Maisstärke mit dem Orangensaft verrühren und den Saft damit abziehen. Vom Herd nehmen, die Weichseln sowie Maraschino oder Amaretto zufügen und erkalten lassen.

Obers aufschlagen und mit dem Joghurt unter die erkaltete Milchreismasse heben. In Gläser oder kleine Dessertschüsserln abwechselnd Reiscreme und Kirschmasse füllen. Mit Weichseln garnieren.

TIPP: Als Dekoration machen sich Hippen oder geröstete Mandelblättchen oder Pistazienkerne sehr gut. Geraspelte Schokospäne runden das Bild ab.

TOPFEN-BANANEN-CREME

ZUTATEN

3 Eidotter · 1 EL Vanillezucker · 50 g Feinkristallzucker · 50 g Honig abgeriebene Schale einer unbehandelten Zitrone · 4 cl Wasser · 200 g Topfen (20 %) Saft einer Limette · 1 EL Vanilleschotenmark · 1 pürierte Banane · 1 KL Vitamin C oder Zitronensäure (in Apotheke erhältlich) · 3 cl Batida de Coco · 3 Blatt Gelatine 200 ml Schlagobers

ZUBEREITUNG

Gelatine in eiskaltem Wasser einweichen. Dotter mit Vanillezucker schaumig schlagen. Kristallzucker mit Honig, Zitronenschale und Wasser auf 120 °C kochen (Thermometer benützen), in Dotter-Zucker-Masse einlaufen lassen und kalt schlagen. Topfen mit pürierter Banane, Vanilleschotenmark, Limettensaft, Vitamin C und Batida de Coco vermischen. Gelatine ausdrücken und in den Dotterschaum heben.

Dann den Schaum flott unter die Topfenmasse mischen. Obers schlagen und unterziehen. In Gläser füllen.

GEFÜLLTE ZIEGENKÄSEFEIGEN

ZUTATEN FÜR 6 PORTIONEN

**18 frische Feigen · 3 EL Butter · 2 EL brauner Zucker · 1 halbierte Vanilleschote
1 Zweig Rosmarin · 100 ml frisch gepresster Orangensaft · Prise Salz
6 cl Jamaica Rum oder brauner Bacardi**

FÜR DIE FÜLLE

350 g Ziegenfrischkäse(am besten Picandou) · 4 EL Biskottenbrösel

FÜR DIE FEIGENSAUCE

**ausgelöstes Fruchtfleisch der Feigen · 80 g brauner Zucker
100 ml frisch gepresster Orangensaft · abgeriebene Schale einer unbehandelten Orange · 100 g Johannisbeeren · 4 cl weißer Balsamessig oder Johannisbeeressig**

60 g geröstete Pinienkerne und frischer Rosmarin zum Garnieren

ZUBEREITUNG

Feigen im oberen Drittel kappen und mit einem Parisiennelöffel aushöhlen. Für die Fülle Ziegenkäse mit einer Prise Salz und Biskottenbröseln verkneten, in die ausgehöhlten Feigen füllen und Deckel aufsetzen. In einer Gusseisenpfanne Butter und braunen Zucker leicht karamellisieren. Rosmarin, halbe Vanilleschote beigeben, mit Orangensaft ablöschen und auf die Hälfte einkochen. Rum zugeben. Feigen in die Gusseisenpfanne einsetzen und im vorgeheizten Backrohr bei 180 °C (Umluft) etwa 10 bis 12 Minuten unter mehrmaligem Übergießen glasieren. Flüssigkeit sollte dickflüssig sein und Feigen innen nicht ganz heiß, da ansonsten der Ziegenkäse ausflockt.
Inzwischen für die Feigensauce braunen Zucker hell schmelzen und mit Essig, Orangenschale und -saft sowie Fruchtfleisch der Feigen und Johannisbeeren auffüllen und 5 Minuten einkochen, bis eine breiige Masse entsteht. Sauce durch ein feines Sieb streichen und kaltstellen.
Feigen auf vorgewärmte Teller setzen, mit dem Flüssigkeitsrückstand in der Pfanne nappieren und Feigensauce angießen. Mit Pinienkernen bestreuen und mit Rosmarin garnieren.

BACKZEIT: 10–12 Minuten

BACKROHRTEMPERATUR: 180 °C

SERVIERVORSCHLAG: Gut dazu passt fein geschnittenes Kletzenbrot oder Pumpernickel. Ebenso eignet sich Vanilleeis (Rezept s. S. 224) mit ein paar Tropfen Balsamapfelessig beträufelt als Begleiter.

FRUCHTIGES VON KOMPOTT BIS RAGOUT

ZWETSCHKENRÖSTER

ZUTATEN

500 g kleine, nicht zu weiche Zwetschken · 100 g Feinkristallzucker 100 ml Rotwein (am besten Burgunder) · Prise Zimt · in größere Streifen geschnittene Schale von 1/2 Orange · Saft von 1 unbehandelten Zitrone

ZUBEREITUNG

Die Zwetschken halbieren und entkernen. Den Kristallzucker hell karamellisieren, mit Rotwein ablöschen und auf die Hälfte einkochen lassen. Zwetschken, Prise Zimt, Orangenschalenstücke zugeben und ca. 8 bis 10 Minuten köcheln lassen. Mit Zitronensaft abschmecken und Orangenschale wieder entfernen. Kaltstellen.

GARUNGSDAUER: 8 bis 10 Minuten

TIPP: Wird der Zwetschkenröster nicht sofort verwendet, so füllt man ihn in heiß ausgespülte Gläser, flambiert die Oberfläche mit 1 EL Weinbrand und verschließt das Glas gut. So kann der Röster bis zu 14 Tagen kühl aufbewahrt werden.

MARILLENRÖSTER

ZUTATEN FÜR CA. 2 GLÄSER À 500 ML

1 kg entkernte, geviertelte Marillen · 300 g Feinkristallzucker 1/2 Vanilleschote · Saft von 1/2 unbehandelten Zitrone

ZUBEREITUNG

In einem Topf alle Zutaten miteinander ca. 5 bis 8 Minuten köcheln lassen. Vanilleschote entfernen. Einmachgläser sorgfältig heiß ausspülen, Marillen sofort einfüllen und Gläser gut verschließen. Bei Zimmertemperatur abkühlen lassen und dann gut gekühlt – bis zu 10 Tage – lagern.

GARUNGSDAUER: 5 bis 8 Minuten

TIPP: Dieser Marillenröster ist eine erfrischende, vielfach verwendbare Zutat, die nicht nur zu kalten Desserts und Cremen ganz hervorragend passt, sondern auch Gerichte aus der warmen süßen Küche, etwa Knödel oder Topfennudeln, vorzüglich ergänzt.

BEERENRÖSTER

ZUTATEN FÜR 4 PORTIONEN

300 g Brombeeren oder Johannisbeeren · 80 g Feinkristallzucker
20 ml Brombeerbrand oder anderer Beerenbrand · 100 ml frisch gepresster Orangensaft

ZUBEREITUNG

In einer Kasserolle die verlesenen Beeren mit Kristallzucker und Orangensaft aufkochen lassen. Brombeerbrand zugießen und kaltstellen.

HOLLER-ZWETSCHKEN-KOCH

ZUTATEN FÜR 6 PORTIONEN

300 g Hollerbeeren · 100 ml Rotwein (Burgunder) · 100 g Feinkristallzucker
8 in Spalten geschnittene Zwetschken · 200 ml naturtrüber Apfelsaft
1 geschälter, geraspelter Apfel · 1 Gewürznelke · 1/2 Sternanis · 2 EL Apfelessig
1 KL frisch geriebener Ingwer · abgeriebene Schale und Saft von 1/2 Orange
evtl. 1 EL Maisstärke mit 4 EL Wasser verrührt zum Binden

ZUBEREITUNG

Kristallzucker in einer Kasserolle karamellisieren. Mit Rotwein, Apfelsaft sowie Essig ablöschen und 5 Minuten einkochen lassen. Sobald sich der Karamell aufgelöst hat, Orangensaft und -schale, Zwetschkenspalten, Hollerbeeren, geraspelten Apfel sowie Gewürze zugeben und 10 bis 15 Minuten köcheln lassen. Ist der Röster noch zu dünnflüssig, etwas Maisstärke mit Wasser verrühren und damit binden. Kaltstellen.

GARUNGSDAUER: 10 bis 15 Minuten

WEICHSEL-INGWER-RAGOUT

ZUTATEN FÜR 6 PORTIONEN

300 g Weichseln oder Kirschen · 250 ml Rotwein · 200 ml Portwein · 150 ml Cassis
Mark einer Vanilleschote · 1 Zimtstange · 1 Scheibe Ingwer · 10 g Maisstärke (Maizena)
Saft einer Zitrone und einer Orange · 10 g Honig · 40 ml Kirschwasser

ZUBEREITUNG

Weichseln oder Kirschen entsteinen. Rotwein, Portwein, Cassislikör mit Vanilleschotenmark, Ingwer und Zimtstange zum Kochen bringen. Orangen- und Zitronensaft mit der Maisstärke vermischen, in die Wein-Likör-Mischung einrühren und nochmals aufkochen lassen. Vom Herd nehmen und die entsteinten Weichseln oder Kirschen dazugeben. Zum Schluss mit Honig und Kirschwasser abschmecken.

SACHER-RUMTOPF

ZUTATEN FÜR EINEN RUMTOPF MIT 10 LITERN FASSUNGSVERMÖGEN

500 g möglichst kleine Erdbeeren · 500 g Demerarazucker (brauner Zucker)
1 Zimtstange · 2 Gewürznelken · 1 Sternanis · 1 Vanilleschote · einige Ingwerscheiben
ca. 2 l Rum (54 Vol. %) von sehr guter Qualität · je 350 g geputzte, entkernte und/oder geschälte Früchte (Marillen, Kirschen, Pfirsiche, Birnen, Zwetschken, Ananas etc.).
Rechnen Sie mit je 150 g Demerarazucker oder braunem Zucker pro Obstsorte.

ZUBEREITUNG

Für den Rumtopf zunächst die gewaschenen, trockengetupften und gut geputzten Erdbeeren mit Demerarazucker vermischen und über Nacht ziehen lassen (dabei Erdbeeren nur dann halbieren, wenn sie wirklich zu groß sind). Am nächsten Tag Erdbeeren mit sämtlichen Gewürzen und Aromaten in den gut ausgewaschenen Topf geben. Mit so viel Rum begießen, dass sie etwa 2 cm hoch damit bedeckt sind. Mit Klarsichtfolie abdecken und mit einem kleinen Teller beschweren. Nun zweimal pro Woche mit einem Holzlöffel vorsichtig umrühren und je nach Marktlage die reifen, aber nicht faulen oder weichen (!) Früchte nach und nach zugeben. Dafür die Früchte entsprechend vorbereiten: Marillen und Pfirsiche blanchieren (kurz überbrühen), von Haut und Kernen befreien. Zwetschken halbieren und entsteinen. Birnen schälen, vierteln, Strunk entfernen und das Fruchtfleisch in Würfel schneiden. Jede Fruchtsorte zuerst mit 150 g Zucker vermischen und zugedeckt über Nacht an einem kühlen, dunklen Ort stehen lassen. Dann die Früchte in den Rumtopf schichten und mit so viel Rum oder jeweiligem Fruchtbrand auffüllen, dass die Früchte 2 cm hoch damit bedeckt sind.

TIPPS: Früchte aus dem Rumtopf sind wahre Allround-Zutaten der süßen Küche: ob als eigenständiges Dessert, als gschmackige Beigabe zu duftigen Aufläufen, feinen Moussen oder erfrischenden Eisspezialitäten – wichtig ist, dass die Früchte nicht zu kalt, sondern mit Zimmertemperatur serviert werden.
Achten Sie streng darauf, dass die Früchte stets mit einem absolut sauberen Schöpflöffel aus dem Rumtopf entnommen werden. Andernfalls könnten Verunreinigungen und Bakterien in den Topf gelangen und die Früchte Schimmel ansetzen.

KÜRBIS-INGWER-KOMPOTT

ZUTATEN FÜR 10 PORTIONEN

1 frisches daumengroßes Stück Ingwer · 500 g Moschus- oder Muskatkürbis 100 g Rohrzucker · 1 unbehandelte Zitrone · 250 ml Weißwein (am besten trockener Muskateller oder Welschriesling) · 250 ml naturtrüber Apfelsaft · einige Gewürznelken einige Safranfäden

ZUBEREITUNG

Ingwer schälen und in feine Scheiben schneiden. Kürbis ebenfalls schälen, entkernen und Fruchtfleisch kleinwürfelig schneiden. Beides gemeinsam mit Zucker, Weißwein, Apfelsaft, Gewürznelken, Safranfäden und in Stücke geschnittener Zitrone einmal aufkochen lassen. Gewürznelken entfernen und das Kompott bei Zimmertemperatur etwas abkühlen lassen. Dann im Kühlschrank kaltstellen und eiskalt servieren.

TIPP: Dieses auf den ersten Blick vielleicht nicht ganz so geläufig anmutende Kompott bietet sich, etwa in Begleitung von Vanilleeis (Rezept s. S. 224), als vorzüglicher fruchtiger Schlusspunkt eines Menüs an.

JOGHURT-MILCHREIS MIT RHABARBER

ZUTATEN FÜR 4–6 PORTIONEN

150 g Rundkornreis · 400 ml Milch · 1 EL Vanillezucker · Prise Salz · 1 Vanilleschote 150 g Joghurt (3,6 %) · 100 g QimiQ · 50 g Feinkristallzucker · 2 Stangen Rhabarber 100 g passierte Himbeeren · etwas geriebener Ingwer · 1 EL Zucker · 1 Spritzer Zitronensaft · 2 EL Portwein · 4 Melisseblätter zum Garnieren

ZUBEREITUNG

Den Reis waschen, abseihen und mit 40 g Kristallzucker, Salz, Vanilleschote und Vanillezucker in Milch ein- und weichkochen. In den überkühlten Milchreis QimiQ und glattgerührtes Joghurt einrühren und in schmale, hohe Gläser füllen. Für ca. 2 Stunden kaltstellen.
Rhabarber schälen und in kleine schräge Stücke schneiden. Diese in einem feuerfesten Topf mit restlichem Kristallzucker, Ingwer, Himbeeren, Zitronensaft und Portwein vermischen und im vorgeheizten Backrohr bei 120 °C 8 bis 10 Minuten ziehen und auskühlen lassen. Den Rhabarber über den Milchreis geben, kühlen, mit einem Melisseblatt garnieren und eiskalt servieren.

GARZEIT: 8–10 Minuten
GARTEMPERATUR: 120 °C

Foto rechts

MARINIERTE ERDBEEREN MIT APFEL-BALSAMESSIG UND VANILLEEIS

ZUTATEN FÜR 4 PORTIONEN

400 g Erdbeeren · 4 cl Apfel-Balsamessig · 1 KL Feinkristallzucker · 4 Kugeln Vanilleeis (Rezept s. S. 224) · gehackte Pistazien · 4 gebackene Strudelblätter (6 cm Ø)

ZUBEREITUNG

Erdbeeren mit Kristallzucker und Balsamessig marinieren und in hohen Weißweingläsern mit Vanilleeis anrichten. Pistazienkerne darüberstreuen und mit den gebackenen Strudelteigkreisen abdecken.

TIPP: Dieses einfache Rezept entstammt der Ideenwerkstatt meines Freundes Alois Gölles, der es nur mit Vanilleeis und seinem Apfel-Balsamessig genießt!

WIE DER ZUCKERHUT NACH ÖSTERREICH KAM

996 ist nicht nur jenes Datum, an dem das Wort „Österreich" in der Ostarrichi-Urkunde erstmals erwähnt wurde, es ist auch jenes Jahr, in dem der Zucker zum ersten Mal aus dem Osten nach Venedig kam.

Venedig, das sich in der ersten Hälfte des zweiten Jahrtausends zum europäischen Haupthandelsplatz für den Zuckerhandel entwickelte, unterhielt 996 durchaus bereits Handelsbeziehungen mit den Gebieten nördlich der Alpen. Und so ist es zwar urkundlich in keiner Weise nachweisbar, aber auch keineswegs unwahrscheinlich, dass auf den Saumpfaden neben Seidenballen, Wein und Edelsteinen auch bereits so mancher Zuckerhut den Alpenhauptkamm überquert hat. Ausführlich Gelegenheit, Bekanntschaft mit dem Zuckerhut zu schließen, hatten die Bewohner der damaligen Ostmark des deutschen Reiches allerdings erst hundert Jahre nach dem Ostarrichi-Datum, als im Jahre 1096 durch Papst Urban II. und seinen Propagandisten, den Prediger Peter von Amiens, die Aufforderung zum Ersten Kreuzzug erging, der auch durch Österreich führte. Das fromme Unternehmen endete zwar aufgrund mangelnder Ausrüstung mit einem strategischen Desaster, darf jedoch mit einigem Recht als Initialzündung für die abendländische Dessertkultur gelten.

WACHAUER MARILLENDESSERT MIT BASILIKUMSORBET

Die Marille (lat. armenica, ital. amarello, armenillo) ist etwas kleiner und von zarterer Säure als die oft damit verwechselte Aprikose. Die Marille ist vor allem im Wiener Umland und insbesondere in der Wachau heimisch, wo sie 1679 in Oberarnsdorf erstmals auch urkundliche Erwähnung fand.

ZUTATEN FÜR 6 PORTIONEN

FÜR DIE EINGELEGTEN MARILLEN

300 g halbierte, entsteinte Marillen · 1 kleiner Zweig Rosmarin · 5 cl Marillenessig 4 cl Marillenschnaps · 200 ml Sauvignon blanc · 2 Stk. Bengalischer Pfeffer (ersatzweise Schwarzer Pfeffer) · 1 KL Meersalz · 2 Blatt eingeweichte, gut ausgedrückte Gelatine

FÜR DAS BASILIKUMSORBET

80 g Feinkristallzucker · 2 EL Traubenzucker · 400 g Naturjoghurt (3,5 % Fett) Prise Meersalz · 200 ml Marillennektar · 100 ml Wasser · 2 Handvoll blanchiertes, kalt abgeschrecktes, ausgedrücktes Basilikum oder Thaibasilikum · 10 g frische, in feine Streifen geschnittene Basilikumblätter

geröstete Mandelstifte zum Darüberstreuen · Basilikumblätter zum Garnieren Marillenhippen (Rezept s. S. 160)

ZUBEREITUNG

Marillenhälften abwechselnd mit frisch gezupftem Rosmarin in ein Rexglas mit 1 l Inhalt schichten. Restliche Zutaten – außer Gelatine – aufkochen. Den Sud mit Inhalt über die Marillen geben. Glas verschließen. Bei 85 °C Dampf etwa 25 Minuten dämpfen . Glas vor Gebrauch 2 Tage kühlen. Gelatine einweichen und gut ausdrücken. 100 ml Sud aus dem Glas entnehmen und erwärmen. Gelatine darin auflösen und Gelee 2 cm hoch in eine Form gießen. Mindestens 4 Stunden kühlen. Vor dem Anrichten in gleichmäßige Würfel schneiden.

Für das Basilikumsorbet Marillennektar, Wasser, Zucker, Traubenzucker und Salz aufkochen und auf Zimmertemperatur abkühlen lassen. Joghurt zugeben und blanchiertes sowie frisches Basilikum unterheben. In der Eismaschine gefrieren lassen. Steht keine Eismaschine zur Verfügung, Masse in eine flache Nirostaschüssel füllen und unter wiederholtem Umrühren im Tiefkühlfach gefrieren.

Je eine Marillenhippe in die Mitte eines Tellers legen. Eingelegte Marillen daran anlegen und mit den Saft aus dem Glas beträufeln. Daneben eine Nocke Basilikumsorbet und zwei Würfel Gelee platzieren. Geröstete Mandelstifte darüberstreuen. Mit kleinen Basilikumblättern garnieren.

TIPP: Den übrig gebliebenen Saft können Sie einfrieren oder damit Tortenböden tränken.

GEEISTE PFIRISCH-BOWLE MIT VERBENE-SORBET

ZUTATEN FÜR 4 PORTIONEN

4 ganze vollreife Pfirsiche · 400 ml Sachercuvée (oder anderer Sekt)
100 ml Läuterzucker (Wasser und Zucker im Verhältnis 1 : 1 aufgekocht)
Saft von 1 Limette · 3–4 Tropfen Rosenblütenwasser · 4 Nockerl Verbene-Sorbet
4 Verbeneblätter

ZUBEREITUNG

Die Pfirsiche kurz in Salzwasser blanchieren und in Eiswasser abschrecken. Die Haut abziehen und die Pfirsiche in ca. 1 cm große Würfel schneiden. Alle Zutaten für die Bowle gut verrühren, abschmecken und die Pfirsichwürfel ca. 2 bis 3 Stunden marinieren. In gekühlten Suppentellern anrichten, vom Verbene-Sorbet Nockerl abstechen und in die Bowle setzen und diese mit Verbeneblättern garniert rasch servieren.
Die Herstellung des Verbene-Sorbets ist denkbar einfach. Ein Sorbet nach dem Grundrezept (s. S. 210) herstellen und vor dem Gefrieren 10 Verbeneblätter dazumixen. 1 Stunde rasten lassen, abseihen und dann in einer Eismaschine oder Nirostaschüssel im Tiefkühlfach gefrieren lassen.

MARILLENMARMELADE

ZUTATEN

5 kg entsteinte, geviertelte Marillen · 3 P. 3:1-Gelierzucker
Saft von 2 unbehandelten Zitronen

ZUBEREITUNG

Marillen waschen, entsteinen und vierteln. Gelierzucker und Früchte gut vermischen und 5 Stunden bei Zimmertemperatur ziehen lassen. Danach in einem weiten Topf zum Kochen bringen. Inzwischen geeignete Gläser vorbereiten. Sobald die Marmelade kocht, 3 Minuten sprudelnd kochen lassen. Aufsteigenden Schaum abschöpfen. Zitronensaft dazugeben. Marmelade in die Gläser füllen und sofort zuschrauben.

ERDBEERMARMELADE

ZUTATEN

5 kg tiefgekühlte Erdbeeren (am besten „Mieze Schindler")
1,5 kg 3:1-Gelierzucker · Saft von zwei unbehandelten Zitronen

ZUBEREITUNG

Erdbeeren mit Gelierzucker 10 Stunden bei Raumtemperatur marinieren. Danach in einem weiten Topf zum Kochen bringen. Inzwischen geeignete Gläser vorbereiten. Wenn die Marmelade kocht, 3 Minuten sprudelnd kochen lassen. Aufsteigenden Schaum abschöpfen. Zitronensaft dazugeben. Marmelade in die Gläser füllen und sofort zuschrauben.

BROMBEERMARMELADE

ZUTATEN

2 kg Brombeeren · 700 g 3:1-Gelierzucker · Saft von 2 unbehandelten Zitronen

ZUBEREITUNG

Brombeeren mit Gelierzucker 2 Stunden bei Raumtemperatur marinieren. Geeignete Gläser vorbereiten. Mit einem Stabmixer mixen, aufkochen und 2 Minuten köcheln lassen. Aufsteigenden Schaum abschöpfen. Zitronensaft zugeben. Marmelade in die Gläser füllen und sofort zuschrauben.

HIMBEERMARMELADE

ZUTATEN

2 kg Himbeeren · 700 g 3:1-Gelierzucker · Saft von 2 unbehandelten Zitronen
4 cl Himbeeressig

ZUBEREITUNG

Himbeeren mit Gelierzucker 2 Stunden bei Raumtemperatur marinieren. Geeignete Gläser vorbereiten. Mit einem Stabmixer mixen, aufkochen und 2 Minuten köcheln lassen. Aufsteigenden Schaum abschöpfen. Zitronensaft und Himbeeressig zugeben. Marmelade in die Gläser füllen und sofort zuschrauben.

ORANGENMARMELADE

ZUTATEN

4 kg Orangen · 1 kg 3:1 Gelierzucker · 1 EL fein geschnittener Rosmarin
Saft von 2 unbehandelten Zitronen · Salz zum Blanchieren · 100 ml Orangenlikör

ZUBEREITUNG

Hälfte der Orangen schälen, auspressen und zusammen mit den Schalen heiß abwaschen. Ausgepresste Orangen mit den Schalen 2 Minuten in Salzwasser überkochen und dann kalt abschrecken. Ganze Orangen schälen und weiße Haut entfernen. Bei den ausgepressten Orangen ebenfalls weiße Haut entfernen. Schalen, ganze sowie ausgepresste Orangen faschieren und mit ausgepresstem Orangensaft und Gelierzucker 4 Stunden marinieren. Aufkochen und 4 Minuten sprudelnd kochen. Geeignete Gläser vorbereiten. Zitronensaft, Likör und Rosmarin zugeben, aufsteigenden Schaum abschöpfen. Falls die Marmelade zu dick ist, noch etwas Orangensaft dazugießen. In Gläser abfüllen und sofort zuschrauben.

TIPP: Um den Geschmack noch interessanter zu machen, können Sie noch einen guten Schuss Campari dazugeben.

WEICHSELMARMELADE

ZUTATEN

2 kg entkernte Weichseln · 700 g 3:1-Gelierzucker · 1 halbe Vanilleschote
Saft von zwei unbehandelten Zitronen

ZUBEREITUNG

Weichseln mit Gelierzucker 2 Stunden bei Raumtemperatur marinieren. Ein Drittel der Masse mit einem Stabmixer mixen und wieder zu der restlichen Masse mischen. Vanilleschote zugeben, aufkochen und 2 Minuten köcheln lassen. Aufsteigenden Schaum abschöpfen. Geeignete Gläser vorbereiten. Zitronensaft zugeben und Vanilleschote entfernen. Marmelade in Gläser füllen und sofort verschließen.

GELEE GRUNDREZEPT

Hierfür eignen sich z. B. Wilde Trauben („Uhudler") sowie rote und schwarze Johannisbeeren u. v. m. Ebenso eignen sich etwa Beerenauslese-Himbeer-Essige in Saftmischungen mit Apfelsaft.

ZUTATEN

2 kg Früchte nach Belieben · 200 g Feinkristallzucker · 600 g 3:1-Gelierzucker
evtl. Saft von 2 unbehandelten Zitronen

ZUBEREITUNG

Früchte rebeln (Stiele und Schmutz entfernen). Auf 2 kg Früchte 200 g Kristallzucker geben, leicht vermischen und in einem Dampfentsafter ca. 1 Stunde bei 110 °C entsaften. Saft ablassen und mit Gelierzucker vermischen und aufkochen. Aufsteigenden Schaum abschöpfen und eventuell Zitronensaft zugeben. In geeignete Gläser abfüllen.

PARFAIT,

SORBET UND ANDERE GEFRORENE KÖSTLICHKEITEN

EISREVUE IM HOTEL SACHER

SACHERPARFAIT MIT MARINIERTEN ERDBEEREN UND HASELNUSSHIPPEN

ZUTATEN FÜR 6 BIS 8 PORTIONEN

FÜR DAS PARFAIT

3 Eier · 100 g Feinkristallzucker · 100 g Kochschokolade · 100 g Nougat 500 ml Schlagobers · je ein Schuss Milch und Weinbrand

FÜR DIE GLASUR (FÜR EINE TAFEL 30 X 8 CM)

200 g Zartbitterkuvertüre · 200 ml Schlagobers · 1 Blatt Gelatine · 2 cl Rum

FÜR DIE MARINIERTEN ERDBEEREN

ca. 500 g Erdbeeren · 2 cl Grand Marnier · 2 EL Staubzucker

FÜR DIE HASELNUSSHIPPEN

200 g geriebene Haselnüsse · 180 g Feinkristallzucker · 70 g glattes Mehl 100 g flüssige Butter · Prise Salz · abgeriebene Schale von 2 Orangen Saft von 1/2 Orange

ZUBEREITUNG

Für das Parfait die Eier mit Kristallzucker in einer Schüssel über Dampf warm schlagen, bis die Masse schaumig ist. In eine Schüssel mit eiskaltem Wasser setzen und Masse kalt schlagen. Kochschokolade ebenfalls in einem heißen Wasserbad erweichen. Nougat sowie je einen Schuss Milch und Weinbrand zugeben und allesglatt rühren. Nun Eiermasse unterheben. Obers steif schlagen und vorsichtig unterziehen. In kleine Portionsformen einfüllen und im Tiefkühler ca. 4 Stunden gefrieren lassen.

Für die Glasur Obers aufkochen und Kuvertüre, Rum sowie eingeweichte und ausgedrückte Gelatine zugeben. Unter ständigem Rühren schmelzen lassen. Dann über eiskaltem Wasser so lange rühren, bis die Masse lippenwarm ist. Gut durchgefrorenes Parfait auf ein Gitterblech stürzen (eventuell vorher kurz in heißes Wasser stellen) und mit der temperierten Schokoladeglasur dünn glasieren. (Restliche Glasur erkalten lassen und bei Bedarf leicht erwärmen.) Glasierte Parfaits wieder frieren.

Währenddessen für die marinierten Erdbeeren die Hälfte der Erdbeeren mit Staubzucker und Grand Marnier mit dem Stabmixer mixen und durch ein Teesieb streichen. Restliche Erdbeeren vierteln und unter die Sauce mengen.

Für die Hippen alle Zutaten miteinander verrühren und 1 Stunde kühlstellen. Aus der Masse kleine Kugerln formen und diese dann auf einer Silikonmatte oder einem befettetem Backblech im vorgeheizten Backrohr bei 190 °C ca. 6 bis 8 Minuten goldgelb backen (die Masse zerläuft beim Backen von alleine zu dünnen Hippenblättchen). Auskühlen lassen. Parfait auf Tellern anrichten, mit marinierten Erdbeeren umgießen und mit Hippen dekorieren.

BACKZEIT: 6–8 Minuten (Hippen)
BACKROHRTEMPERATUR: 190 °C (Hippen)

STEIRER KÜRBISKERNPARFAIT

ZUTATEN FÜR 4–6 PORTIONEN

2 Eier · 2 Eidotter · 2 cl Nussschnaps · Prise Salz · 1 KL Vanillezucker
3 EL Demerara- oder Feinkristallzucker · 2 EL Honig · 100 ml Orangensaft
350 ml Schlagobers · 50 g Feinkristallzucker · 50 g Kürbiskerne
40 g geriebene Vollmilchschokolade

FÜR DAS SÜSSE KÜRBISKERNPESTO

40 g Kürbiskernöl · 2 EL gehackte, geröstete Kürbiskerne · 4 cl Eierlikör
2 EL fein gehackte schwarze Nüsse · 1 zerbröselte Biskotte

ZUBEREITUNG

Eier und Dotter mit Nussschnaps, Salz und Vanillezucker schlagen, bis die Masse schaumig ist. Den Demerara- oder Kristallzucker mit Honig und Orangensaft so lange kochen, bis die Flüssigkeit etwas zähflüssig über den Löffelrücken rinnt. Sofort heiß in die Eiermasse rühren und mit Handrührgerät so lange im Eiswasserbad auf voller Leistung schlagen, bis die Masse wieder auf Zimmertemperatur abgekühlt ist. Obers steif schlagen und unterziehen, Kristallzucker karamellisieren und Kürbiskerne rösten. Schön durchrühren und auf einer beölten Metallplatte abkühlen lassen. In einem Mörser oder Mixer fein zerstoßen und beides mit der geriebenen Schokolade unter die Eiermasse rühren.
Währenddessen kleine Portionsförmchen oder eine mit Folie ausgekleidete Terrinenform bereits im Tiefkühlfach gut vorkühlen. Die fertige Masse einfüllen und für mindestens 4 Stunden tiefkühlen. Für das Kürbiskernpesto alle Zutaten miteinander vermischen. Vor dem Servieren die Förmchen kurz in heißes Wasser halten und anschließend stürzen. Portionen jeweils mit einem Esslöffel süßem Pesto überziehen.

SERVIERVORSCHLAG: Eventuell mit Apfelspalten oder heißen Himbeeren servieren. Weinchaudeau (Rezept s. S. 39) passt ebenfalls sehr gut dazu. Foto rechts

PARFAIT GRUNDREZEPT

ZUTATEN

2 Eier · 4 Eidotter · Prise Salz · 150 g Feinkristallzucker · 4 cl Wasser
1 EL Vanillezucker · 400 ml Schlagobers

ZUBEREITUNG

Kristallzucker und Wasser so lange kochen, bis die Mischung leicht tropft („zum Faden kochen"). Dotter und Eier mit Salz und Vanillezucker aufschlagen. Zum Faden gekochter Zucker rasch einlaufen lassen und weiterrühren bis die Masse auf Zimmertemperatur abgekühlt ist. Halbsteif geschlagenes Obers unterziehen. Je nach Wunsch mit entsprechendem Früchtepüree (ca. 150 g) oder flüssiger Kuvertüre (150 g) oder geriebenen Nüssen aromatisieren.

SORBET GRUNDREZEPT

ZUTATEN FÜR 6 PORTIONEN

225 ml Wasser · 100 g Feinkristallzucker · 100 g Glucose (Zuckersirup; in Apotheke erhältlich) · 1/2 kg Fruchtmark (div. Sorten wie Cassis-, Himbeer-, Maracuja-, Mango- oder Erdbeermark)

ZUBEREITUNG

Wasser, Kristallzucker und Glucose aufkochen. Fruchtmark je nach Geschmack dazugeben. Die Masse durchrühren und dann kaltstellen. Falls eine Eismaschine vorhanden ist, darin einfrieren. Sonst in eine flache Nirostaschüssel geben und in den Tiefkühler stellen und mehrmals mit dem Schneebesen umrühren, bis man eine cremige Eismasse erhält.

TIPP: Fruchtiger werden die Sorbets, wenn sie mit etwas Limetten- oder Zitronensaft abgeschmeckt werden.

HIMBEERSORBET

ZUTATEN FÜR 6 PORTIONEN

225 ml Wasser · 100 g Feinkristallzucker · 100 g Glucose (Zuckersirup; in Apotheke erhältlich) · 1/2 kg Himbeermark · Chili oder Tabasco

ZUBEREITUNG

Kristallzucker, Wasser und Zuckersirup aufkochen. Himbeermark dazugeben, die Masse durchrühren und je nach gewünschter Schärfe Tabasco dazugeben. Die Masse nochmals durchrühren und kaltstellen. Falls eine Eismaschine vorhanden ist, darin einfrieren. Sonst in eine flache Nirostaschüssel geben, in den Tiefkühler stellen und zwischendurch mehrmals mit dem Schneebesen umrühren, bis man eine cremige Eismasse erhält.

SÜSS WIE SANSKRIT

Die Liste alles „Zuckrigen und Zuckrichten", „Ver- und Überzuckerten" oder „Zuckerweißen" ließe sich beliebig fortsetzen und findet auch in zahlreichen anderen Sprachen – man denke etwa nur an das englische „sugarbaby" – seine Entsprechungen. Sie alle führen letztlich auf ein Wort aus der heiligen Sprache der Inder, das Sanskrit, zurück, die bereits ein geheimnisvolles „carkara" kannten. Wer nun freilich glaubt, „carkara" habe damals wohl so viel wie süß bedeutet, der irrt. „carkara", häufig auch „sarkara" geschrieben, bedeutete so viel wie „zerrissenes, zerkleinertes Stückchen", worunter die alten Veden allerdings nicht einen Vorläufer des Würfelzuckers verstanden, sondern lediglich die Tatsache, dass Zuckerrohr, um es nutzbar zu machen, zuerst zerkleinert werden muss.

Ein anderes Wort für Zucker stammt ebenfalls aus der Sprache der alten Inder. Aus ihrem „khand" entwickelte sich im Laufe der Zeit der Kanditor bzw. Konditor sowie der Kandiszucker, der – so betrachtet – eigentlich ein „Zuckerzucker" ist.

MANGOSORBET

ZUTATEN FÜR 6 PORTIONEN

750 g Mangopüree · 200 ml Orangensaft · 200 ml Wasser · 220 g Feinkristallzucker 1 EL Glucose (Zuckersirup; in Apotheke erhältlich) · Saft von 3 Limetten

ZUBEREITUNG

Orangensaft, Wasser, Kristallzucker und Glucose zu einem Sirup kochen. Mangopüree und Limettensaft dazurühren und in einer Eismaschine einfrieren. Sonst in eine flache Nirostaschüssel geben, in den Tiefkühler stellen und zwischendurch mehrmals mit dem Schneebesen umrühren, bis man eine cremige Eismasse erhält.

MARILLENSORBET

ZUTATEN FÜR 6 PORTIONEN

300 g entkernte und halbierte Marillen · 150 g Feinkristallzucker · 1 EL Glucose (Zuckersirup; in Apotheke erhältlich) · 250 ml Wasser · Saft einer Zitrone

ZUBEREITUNG

Alle Zutaten einmal zusammen aufkochen, mixen, mit Marillenbrand abschmecken. In eine Eismaschine füllen und einfrieren. Sonst in eine flache Nirostaschüssel geben, in den Tiefkühler stellen, zwischendurch mehrmals mit dem Schneebesen umrühren, bis man eine cremige Eismasse erhält.

MELONENSORBET

ZUTATEN FÜR 6 PORTIONEN

700 g frisches Melonenfleisch · 300 ml Orangensaft · 200 g Feinkristallzucker 1 EL Glucose (Zuckersirup; in Apotheke erhältlich) · 4 cl Grand Manier · 6 cl Weißwein (z. B. Riesling) · 4 cl weißer Portwein · Saft von 2 unbehandelten Zitronen

ZUBEREITUNG

Orangensaft mit Kristallzucker und Glucose zu einem Sirup kochen. Melonenfleisch pürieren und mit den restlichen Zutaten zum Sirup geben. In eine Eismaschine füllen und einfrieren. Sonst in eine flache Nirostaschüssel geben, in den Tiefkühler stellen und zwischendurch mehrmals mit dem Schneebesen umrühren, bis man eine cremige Eismasse erhält.

ZWETSCHKENSORBET

ZUTATEN FÜR 6 PORTIONEN

200 g Feinkristallzucker · 700 g entkernte Zwetschken · 100 ml Rotwein 50 ml Portwein · Saft von 2 unbehandelten Zitronen · 1 EL Glucose (Zuckersirup; in Apotheke erhältlich) · 200 ml Orangensaft · Stück Ingwer · 2 grüne Pfefferkörner

ZUBEREITUNG

Kristallzucker mit Glucose hell bräunen, mit Rotwein, Portwein, Zitronen- sowie Orangensaft ablöschen und 2 Minuten einkochen. Zwetschken, Ingwer und Pfeffer zugeben und 8 Minuten kochen lassen. Ingwer und Pfeffer entfernen und mixen. In eine Eismaschine füllen und gefrieren. Sonst in eine flache Nirostaschüssel geben, in den Tiefkühler stellen und zwischendurch mehrmals mit dem Schneebesen umrühren, bis man eine cremige Eismasse erhält. Foto rechts

HOLUNDERBLÜTENSORBET

ZUTATEN FÜR 6 PORTIONEN

300 g Holunderblüten ohne Stiele · 200 g Feinkristallzucker · 1/2 l Weißwein (z. B. Riesling oder Sauvignon blanc) · 1/4 l Champagner · 1/4 l sprudelndes Mineralwasser · Saft von 3 unbehandelten Zitronen · 2 Gewürznelken

ZUBEREITUNG

Alle Zutaten vermischen und zu einem Sirup kochen. Über Nacht ziehen lassen. In eine Eismaschine füllen und gefrieren. Sonst in eine flache Nirostaschüssel geben, in den Tiefkühler stellen und zwischendurch mehrmals mit dem Schneebesen umrühren, bis man eine cremige Eismasse erhält.

SCHOKOLADESORBET

ZUTATEN FÜR 6 PORTIONEN

250 g Feinkristallzucker · 500 ml Wasser · 100 g Kakaopulver · 2 cl Minzlikör · 1 Eiklar

ZUBEREITUNG

Zucker mit der Hälfte des Wassers zu einem Sirup aufkochen. Das restliche Wasser und den Kakao dazugeben. Mehrmals umrühren und durch ein Sieb seihen. Abkühlen lassen und Minzlikör dazugeben. Falls eine Eismaschine vorhanden ist, darin einfrieren. Sonst in eine flache Nirostaschüssel geben, in den Tiefkühler stellen und zwischendurch mehrmals mit dem Schneebesen umrühren, bis man eine cremige Eismasse erhält.

BUTTERMILCHSORBET

ZUTATEN FÜR 6 PORTIONEN

200 ml Milch · 100 g Feinkristallzucker · 50 g Glucose (Zuckersirup, in Apotheke erhältlich) · 300 ml Buttermilch · 1 Blatt Gelatine · Saft von 2 unbehandelten Zitronen 250 g Sauerrahm

ZUBEREITUNG

Gelatine in eiskaltem Wasser einweichen. Milch mit Kristallzucker und Glucose erwärmen. Gelatine darin auflösen, restliche Zutaten kalt einrühren und gut vermischen. Falls eine Eismaschine vorhanden ist, darin gefrieren. Sonst in eine flache Nirostaschüssel geben, in den Tiefkühler stellen und zwischendurch mehrmals mit dem Schneebesen umrühren, bis man eine cremige Eismasse erhält.

MOCCASORBET

ZUTATEN FÜR 6 PORTIONEN

240 g Feinkristallzucker · 600 ml Wasser · 500 ml Milch · 100 g Mascarpone 600 ml frisch zubereiteter Mocca · 6 cl Kaffeelikör (Kalhúa) 150 g Zartbitterkuvertüre · 60 g Kakaopulver · 2 Blatt Gelatine

ZUBEREITUNG

Gelatine in eiskaltem Wasser einweichen. Alle anderen Zutaten außer Kuvertüre und Mocca vermischen und aufkochen. Dann Gelatine einweichen, ausdrücken und mit Kuvertüre und Mocca dazugeben, mixen und in einer Eismaschine gefrieren. Sonst in eine flache Nirostaschüssel geben, in den Tiefkühler stellen und zwischendurch mehrmals mit dem Schneebesen umrühren, bis man eine cremige Eismasse erhält.

CAMPARI-ORANGENSORBET

ZUTATEN FÜR 6 PORTIONEN

100 ml Wasser · 225 g Feinkristallzucker · 250 ml Campari · 250 ml Blutorangensaft

ZUBEREITUNG

Kristallzucker mit Wasser zu einem Sirup aufkochen. Butorangensaft und Campari dazugeben und nochmals umrühren. Falls eine Eismaschine vorhanden ist, darin einfrieren. Sonst in eine flache Nirostaschüssel geben, in den Tiefkühler stellen und zwischendurch mehrmals mit dem Schneebesen umrühren, bis man eine cremige Eismasse erhält.

SERVIERVORSCHLAG: Orangenfilets in ein Glas geben, mit einem kurz in heißes Wasser getauchten Löffel Nockerl ausstechen, auf die Filets legen und mit Minze verzieren.

ORANGEN-BASILIKUMSORBET

ZUTATEN FÜR 6 PORTIONEN

125 g Feinkristallzucker · 125 ml Wasser · 200 g Sauerrahm
80 ml frisch gepresster Orangensaft · 2 fein gehackte Basilikumblätter
Saft von 2 Zitronen · 4 cl Martini

ZUBEREITUNG

Kristallzucker mit Wasser zu einem Sirup aufkochen. Sauerrahm, Orangensaft und Zitronensaft dazugeben. Abkühlen lassen. Basilikumblätter mit dem Martini unter die erkaltete Masse rühren. Falls eine Eismaschine vorhanden ist, darin einfrieren. Sonst in eine flache Nirostaschüssel geben, in den Tiefkühler stellen und zwischendurch mehrmals mit dem Schneebesen umrühren, bis man eine cremige Eismasse erhält. Die cremige Masse in Gläser füllen und servieren.

Foto Seite 201

PFEFFERMINZSORBET

ZUTATEN FÜR 6 PORTIONEN

700 ml Wasser · 200 g Feinkristallzucker · 120 g Glucose (Zuckersirup; in Apotheke erhältlich) · 40 g frische, fein geschnittene Minze · 3 Blatt Gelatine

ZUBEREITUNG

Gelatine einweichen. Alle anderen Zutaten außer Minze miteinander mischen und aufkochen. Gelatine ausdrücken und zugeben. Abkühlen lassen, Minze einmixen, in eine Eismaschine füllen und einfrieren. Sonst in eine flache Nirostaschüssel geben, in den Tiefkühler stellen und zwischendurch mehrmals mit dem Schneebesen umrühren, bis man eine cremige Eismasse erhält.

EXOTISCHES FRÜCHTE-TARTARE MIT MANGOSORBET

ZUTATEN FÜR 6 PORTIONEN

1 Mango · 1 Kiwi · 1 Banane · 6 Erdbeeren · 1 Spalte Charantaiser Melone · 8 Litschis Saft 1/2 Limette · 40 ml Bacardi weiß oder Jamaikarum · 1 EL brauner Zucker Minze für die Garnitur · 6 Nockerl Mangosorbet (Rezept s. S. 213)

ZUBEREITUNG

Alle Früchte schälen und in 5 mm große Würferl schneiden. Im Alkohol marinieren, mit Limettensaft beträufeln und Zucker dazugeben. Aus den Früchten jeweils einen Kreis mit 15 cm Ø formen, jeweils ein Sorbetnockerl daraufsetzen und mit Minze dekorieren.

VARIANTE: Sie können die Früchte auch in einen Rhabarberring setzen. Hierfür Rhabarber zuputzen und in 20 cm lange Stangen teilen. Diese mit einer Brotschneidemaschine in hauchdünne Fäden schneiden, diese leicht anzuckern und auf mit Backpapier umwickelte Ringformen von ca. 15 cm Ø wickeln. Im vorgeheizten Backrohr bei 80 °C und leicht geöffneter Tür für etwa 6 Stunden trocknen.

SERVIERVORSCHLAG: Geraspelte Schokoladehippen (Rezept s. S. 161) oder Schokoladespäne passen ausgezeichnet.

Foto rechts

KAKAO-COINTREAU-SORBET

ZUTATEN FÜR 6 PORTIONEN

200 ml Schlagobers · 200 g Crème fraîche · 500 ml Milch · 300 ml Wasser 12 Eidotter · 120 g Feinkristallzucker · 1 EL Glucose (Zuckersirup; in Apotheke erhältlich) · 100 g Zartbitterkuvertüre · 40 g Kakaopulver · abgeseihte Reduktion aus 5 Orangenzesten und 100 ml Cointreau · Prise Salz

ZUBEREITUNG

Obers mit Milch, Wasser, Kristallzucker, Salz und Glucose aufkochen. Eidotter dazugeben und zur Rose abziehen. Kuvertüre und Kakaopulver dazumixen, ebenso Crème fraîche und danach die Reduktion. In einer Eismaschine gefrieren. Sonst in eine flache Nirostaschüssel geben, in den Tiefkühler stellen und zwischendurch mehrmals mit dem Schneebesen umrühren, bis man eine cremige Eismasse erhält.

HIMBEERSORBET MIT SACHERCUVÉE

ZUTATEN FÜR 6 PORTIONEN

160 g Feinkristallzucker · 160 ml Wasser · 560 g Himbeermark
240 ml Sachercuvée (Sekt) · Saft einer halben unbehandelten Zitrone

ZUBEREITUNG

Kristallzucker und Wasser zu einem Sirup aufkochen. Himbeermark dazugeben und abkühlen lassen. Sekt und Zitronensaft dazugießen und alles gut verrühren. Falls eine Eismaschine vorhanden ist, darin einfrieren. Sonst in eine flache Nirostaschüssel geben, in den Tiefkühler stellen und zwischendurch mehrmals mit dem Schneebesen umrühren, bis man eine cremige Eismasse erhält.

SERVIERVORSCHLAG: In Gläser füllen und mit frischen Himbeeren und Sachercuvée servieren.

MARACUJASORBET

ZUTATEN FÜR 6 PORTIONEN

150 g Läuterzucker (Wasser und Zucker im Verhältnis 1:1 aufgekocht)
300 g Maracujafruchtmark · Saft von 1/2 Zitrone · Minzeblätter zum Dekorieren

ZUBEREITUNG

Läuterzucker mit Fruchtmark sowie Zitronensaft vermengen und in der Eismaschine einfrieren. Sonst in eine flache Nirostaschüssel geben, in den Tiefkühler stellen und zwischendurch mehrmals mit dem Schneebesen umrühren, bis man eine cremige Eismasse erhält. Sorbet mit zwei in heißes Wasser getauchten Löffeln zu Nockerl formen. Mit Minzeblättern dekorieren.

TIPP: Stehen frische Maracuas als Garnitur zur Verfügung, so können diese ausgekratzt und kurz erhitzt werden. Die Kerne werden dadurch attraktiv schwarz gefärbt und verleihen dem Sorbet einen optisch markanten Eindruck.

ZITRONEN-WODKA-SORBETTO

ZUTATEN

400 ml Wasser · 200 g Feinkristallzucker · Saft von 4 unbehandelten Zitronen abgeriebene Schale von 1 unbehandelten Zitrone · 100 ml Weißwein (am besten einen trockenen Riesling) · 2 Eiklar mit 2 EL Feinkristallzucker sämig geschlagen

ZUBEREITUNG

Wasser mit Kristallzucker und Zitronenschale aufkochen. Zitronensaft und Weißwein zugeben und in der Eismaschine gefrieren. Sonst in eine flache Nirostaschüssel geben, in den Tiefkühler stellen und zwischendurch mehrmals mit dem Schneebesen umrühren, bis man eine cremige Eismasse erhält. Kurz vor dem Servieren mit Kristallzucker sämig aufgeschlagenes Eiklar unterrühren. Das Sorbetto sollte schön cremig und locker sein.

SACHER-EISKREATION MIT BROWNIES

ZUTATEN FÜR 6 PORTIONEN

6 Brownies, 4 x 8 cm geschnitten (Rezept s. S. 27) · 6 Kugeln Vanilleeis (Rezept s. S. 224) · 6 Marillenhippen (Rezept s. S. 160) · 200 g Marillenröster (Rezept s. S. 195) · 6 Kugeln Sacher-Eiskreation (wird im Hotel Sacher hergestellt = Schokoladeneis mit Schichten von Tortenbiskuit/Marille und schichtweise einmelierten Schokostückchen) oder Schokoladeneis
4 cl Sacher-Marillenlikör · 200 ml Schlagobers · 6 Minzespitzen

ZUBEREITUNG

Brownies auf Teller setzen und mit etwas Sacher-Marillenlikör beträufeln. Eiskugeln daraufsetzen und Marillenröster anlegen. Obers schlagen und mit Hilfe eines Spritzsackes mit Sterntülle (Größe 12) aufdressieren, mit Marillenhippen und Minzespitzen dekorieren.

PFIRSICH MELBA

Der „persische Apfel", wie der Pfirsich früher auch genannt wurde, inspirierte auch Auguste Escoffier, den „König der Köche und Koch der Könige" 1892 zu einer seiner berühmtesten Kreationen, die er der Koloratursopranistin Nellie Melba (1861–1931) widmete.

ZUTATEN FÜR 6 PORTIONEN

**200 g Himbeermark · 300 g weiße Schokolademousse (Rezept s. S. 186)
6 Kugeln Vanilleeis (Rezept s. S. 224) · 6 vollreife Pfirsiche · 100 g Feinkristallzucker
60 ml Pfirsichlikör · 100 ml Riesling · Saft einer Zitrone · 1 halbe Vanilleschote
2 EL Butter · 200 ml Schlagobers · Hippen nach Wunsch (Rezepte s. S. 159 ff.)
etwas Grünteepulver (Matcha) · ca. 200 g frische Himbeeren und evtl. geröstete Mandelblättchen zum Garnieren**

ZUBEREITUNG

Pfirsiche waschen, 2 Minuten in Salzwasser blanchieren und abziehen. In einem Topf Kristallzucker hell karamellisieren und mit Pfirsichlikör, Riesling sowie Zitronensaft aufgießen. Vanilleschote und Pfirsiche dazugeben und 5 Minuten glasieren, bis sich die Flüssigkeit schön an die Pfirsiche angelegt hat. Eine Stunde kaltstellen. Pfirischkerne und Vanilleschote entfernen. Darauf achten, dass die Pfirsiche möglichst ganz bleiben.

In Cocktailgläser je 2 EL Himbeermark füllen und anfrieren. Weiße Schokolademousse mit Hilfe eines Spritzsacks eindressieren und 2 Stunden in den Kühlschrank stellen. Herausnehmen, Vanilleeis aufsetzen, Pfirsich anlegen und mit übrigem Glasiersaft überziehen. Obers steif schlagen und mit einem Löffel aufsetzen oder mit Hilfe eines Spritzsacks aufdressieren. Mit frischen Himbeeren und Hippen sowie Grünteepulver und eventuell gerösteten Mandelblättchen garnieren.

Foto rechts

SCHOKOLADEEIS

ZUTATEN FÜR CA. 20 NOCKERL

**1 Liter Milch · 400 ml Schlagobers · 100 ml Wasser · 1 El Kakaopulver
200 g Bitterschokolade · Prise Salz · 1 EL Glucose (Zuckersirup; in Apotheke erhältlich) · 12 Eidotter · 4 Eier · 1/2 Tahitivanilleschote · 4 cl Weinbrand oder Bacardi**

ZUBEREITUNG

Milch mit Glucose, Vanilleschote, Salz und Obers aufkochen. Verschlagene Eier und Dotter zügig einrühren und zur Rose abziehen. Alkohol zugeben, Kakaopulver und klein gehackte Schokolade zugeben. Vanilleschote entfernen, Masse mixen und in einer Eismaschine gefrieren. Sonst in eine flache Nirostaschüssel geben, in den Tiefkühler stellen und zwischendurch mehrmals mit dem Schneebesen umrühren, bis man eine cremige Eismasse erhält.

VANILLEEIS

ZUTATEN FÜR CA. 20 NOCKERL

1 Liter Milch · 500 ml Schlagobers · Prise Salz · 1 EL Glucose (Zuckersirup; in Apotheke erhältlich) · 12 Eidotter · 4 Eier · 2 Tahitivanilleschoten · 4 cl Rum

ZUBEREITUNG

Milch mit Glucose, Vanilleschoten, Salz und Obers aufkochen. Verschlagene Eier und Dotter zügig einrühren. Masse erhitzen, bis sie leicht bindet. (Wenn man leicht auf den Kochlöffel bläst, sollte sie sich wie eine Rose kringeln.) Rum zugeben, passieren und in einer Eismaschine gefrieren. Sonst in eine flache Nirostaschüssel geben, in den Tiefkühler stellen und zwischendurch mehrmals mit dem Schneebesen umrühren, bis man eine cremige Eismasse erhält.

ERDBEEREIS

ZUTATEN FÜR CA. 20 NOCKERL

**500 g frische Erdbeeren · 125 g Feinkristallzucker · 125 ml Wasser
Saft einer Limette · 1 EL Glucose (Zuckersirup; in Apotheke erhältlich)**

ZUBEREITUNG

Wasser mit Kristallzucker und Glucose aufkochen. Limettensaft dazurühren und gewaschene und entstielte Erdbeeren einmixen. Falls eine Eismaschine vorhanden ist, darin einfrieren. Sonst in eine flache Nirostaschüssel geben, in den Tiefkühler stellen und zwischendurch mehrmals mit dem Schneebesen umrühren, bis man eine cremige Eismasse erhält.

GRÜNES MANDELEIS

ZUTATEN FÜR CA. 20 NOCKERL

**1,2 l Milch · 1 EL Glucose (Zuckersirup; in Apotheke erhältlich) · 300 g Crème fraîche
10 Eidotter · 4 Eier · 200 g abgezogene oder getrocknete grüne Mandeln · Prise Salz
100 ml bestes Olivenöl · etwas Tabasco**

ZUBEREITUNG

Milch mit Glucose, Salz sowie Mandeln aufkochen und 1 Stunde ziehen lassen. Olivenöl, Eier sowie Dotter verschlagen und unter die Masse mischen. Diese abermals erhitzen, bis sie leicht bindet. (Wenn man leicht auf den Kochlöffel bläst, sollte sie sich wie eine Rose kringeln.) Crème fraîche zugeben, alles gut mixen und passieren. Etwas Tabasco dazugeben und in einer Eismaschine gefrieren. Sonst in eine flache Nirostaschüssel geben, in den Tiefkühler stellen und zwischendurch mehrmals mit dem Schneebesen umrühren, bis man eine cremige Eismasse erhält.

Foto rechts: Sacher Eis-Variationen

WEISSES NOUGATEIS

ZUTATEN

250 ml Milch · 250 ml Schlagobers · 220 g Feinkristallzucker
8 Eidotter · 4 cl Baileys · 1 EL Glucose (Zuckersirup; in Apotheke erhältlich)
250 g weiße Kuvertüre · 120 g Mandeln · etwas Wasser

ZUBEREITUNG

Milch mit Obers und 80 g Kristallzucker aufkochen. Eidotter mit weiteren 80 g Zucker, Baileys und Glucose warm schlagen und zur Rose abziehen. Kuvertüre im Wasserbad oder in der Mikrowelle schmelzen und einmixen. Mandeln rösten. Restlichen Zucker und etwas Wasser hell karamellisieren, dann Mandeln zugeben. Auf ein beöltes Blech geben und auskühlen lassen. Fein reiben, zur Eismasse geben und in einer Eismaschine gefrieren. Sonst in eine flache Nirostaschüssel geben, in den Tiefkühler stellen und zwischendurch mehrmals mit dem Schneebesen umrühren, bis man eine cremige Eismasse erhält.

DON ZUCKEROS ABGESANG

Eines der wienerischsten Musikstücke, die der aus Bayern gebürtige Komponist Richard Strauss – vom „Rosenkavalier" einmal abgesehen – geschrieben hat, ist sicherlich das Ballett „Schlagobers", auch wenn es 1922 in den Bergen von Garmisch entstand.

Die Geschichte ist recht schnell erzählt: Eine Gruppe von Firmlingen besucht mit ihren Firmpaten den Wiener Prater, kutschiert mit dem Fiaker durch die Prater-Hauptallee, fährt im Wurstelprater Pferderingelspiel und stopft sich nach allen Regeln der Zuckerbäckerkunst mit Süßigkeiten voll.

„Die Firmlinge betreten die Konditorei" heißt daher gleich das erste Stück nach der Ouvertüre. Die Teeblüte, der Kaffee und der Kakao treten gewissermaßen als „Aufwärmbands" auf, bis schließlich der erste Höhepunkt folgt: Der Auftritt von Don Zuckero, der vom ursprünglichen Zwei-Viertel-Takt in einen allgemeinen Schlagoberswalzer übergeht.

Der zweite Akt des Balletts beginnt in der Krankenstube eines der Firmlinge, der ganz eindeutig etwas zu viel Schlagobers erwischt hat. Es geht ihm nicht gut, der Onkel Doktor kommt und verschreibt eine fiebersenkende Medizin, und der Knabe beginnt zu träumen ...

Und erneut findet er sich wieder mittendrin in der süßen Welt. Er erlebt den Einzug und den Tanz des Hofstaats der schönen Prinzessin Pralinee, dem ein „Springtanz der Knallbonbons" folgt.

Doch die Welt des Zuckers ist nicht nur heil. Es kommt zu komplizierten „Liebeshändeln zwischen drei Likören" (genauer gesagt zwischen dem süßen Chartreuselikör, dem freundlichen Sliwowitz und dessen finsterem Erzrivalen, dem Wodka). Böse Magier entfachen einen „Aufruhr der Kuchen", auch der Tee und der Kaffee geraten aneinander, und es bedarf des Auftritts zweier gewaltiger Bierkrüge, um all die Streithälse mit einem „Vollbierreigen" wieder einigermaßen zu besänftigen.

Das rauschende Finale endet jedoch dennoch nicht im Bierzelt, sondern dort, wo die ganze Schlagobers-Vision begonnen hat: in einer Konditorei im Wiener Prater.

SACHER-EISPRALINEN

ZUTATEN

Hohlkörper in den Sorten Weiße Schokolade, Vollmilch- oder Zartbitterkuvertüre
Kokosraspeln, Haselnussstreusel, Pistazien oder Schokoladeflocken zum Garnieren
verschiedene Eissorten · Kuvertüre zum Eintauchen

ZUBEREITUNG

Hohlkörper vor dem Füllen gefrieren. Herausnehmen und mit Hilfe eines Spritzsackes mit cremigem Eis verschiedener Geschmacksrichtungen füllen (Eisrezepte s. ab S. 222). Danach sofort wieder einfrieren. Herausnehmen, einen Holzspieß in die Praline einsetzen und in temperierte Kuvertüre tauchen. Dann in Kokosraspeln, Haselnusstreusel, Pistazien oder Schokoflocken wälzen und anschließend wieder einfrieren.

TIPP: Diese Pralinen lassen sich sehr gut auf Vorrat herstellen.
SERVIERVORSCHLAG: Wir servieren sie auf Eiswürfeln und eventuell mit frischen Früchten oder Schokoladenfondue am Spieß.

CHAMPAGNER-SÜPPCHEN MIT BAISER UND ERDBEEREIS

ZUTATEN FÜR 6 PORTIONEN

Baiser (Rezept s. S. 32) · 2 EL geröstete Mandelblättchen zum Bestreuen
12 Kugerl Erdbeereis (Rezept s. S. 224)

FÜR DAS CHAMPAGNER-SÜPPCHEN

1/2 Flasche Champagner oder Sekt · 250 ml Riesling · 125 ml Läuterzucker (Wasser und Zucker im Verhältnis 1 : 1 aufgekocht) · 3 Blatt Gelatine
Mark einer Vanilleschote

100 g weiße Kuvertüre zum Festkleben der Baiserkrapferl · ca. 300 g Beerenmischung (Erdbeeren, Heidelbeeren, Brombeeren, Himbeeren) · Minzeblätter als Dekoration

ZUBEREITUNG

Für das Süppchen Gelatine in eiskaltem Wasser einweichen. Alle anderen Zutaten außer 50 ml Weißwein miteinander vermischen. Gelatine ausdrücken und mit 50 ml Weißwein erwärmen. Champagner-Gemisch unterrühren, aber nicht zu stark, damit die Kohlensäure nicht entweicht. Sofort ca. 2 Stunden kalt stellen.

Baiser mit Hilfe eines Spritzsacks (mit Tülle 4 mm) auf eine Kegelform dressieren, Mandelblätter aufstreuen und im vorgeheizten Backrohr bei 60 °C und offenem Zug (Rohr bleibt einen Spalt offen, indem man z. B. einen Kochlöffel zwischen Tür und Ofen klemmt; keine Dampfentwicklung) 2 Stunden antrocknen lassen. Kuvertüre im Wasserbad oder in der Mikrowelle schmelzen. Je 1 KL Kuvertüre in die Mitte eines tiefen Tellers platzieren, Baiserkrapferl daraufsetzen und kurz kaltstellen (evtl. Kältespray verwenden). Beerenmischung darum verteilen, Champagnersüppchen etwas aufrühren und über die Beeren ziehen. Mit Hilfe eines Dressiersacks mit 12 mm großer Tülle Erdbeereis in jedes Baiserkrapferl einfüllen und mit Minze oder Zitronenmelisse garnieren.

BACKZEIT: 2 Stunden
BACKROHRTEMPERATUR: 60 °C

Sacher
WENN
IN WIEN

ENGERL
URLAUB MACHEN

IE WARME
ACHER-MEHLSPEISKÜCHE

SACHEROMELETT

ZUTATEN FÜR 6 BIS 8 PORTIONEN

60 g Bitterkuvertüre · 40 g kalte Butter · 50 g glattes Mehl · 200 ml Milch Mark von 1 Vanilleschote · 4 Eidotter · 3 cl Marillenbrand · abgeriebene Schale von 1/2 unbehandelten Orange · 4 Eiklar · Prise Salz · 50 g Rohzucker 50 g Butterschmalz zum Backen

FÜR DIE FÜLLE

frische Früchte, Fruchtragouts (etwa Marillenragout), Eis (etwa Vanilleeis, Rezept s. S. 224) oder Schokoladesauce (Rezept s. S. 37)

ZUBEREITUNG

Kuvertüre im heißen Wasserbad oder in der Mikrowelle schmelzen und leicht abkühlen lassen. Währenddessen Milch mit dem Vanilleschotenmark aufkochen und kurz ziehen lassen. Butter mit Mehl verkneten und nach und nach in die kochende Milch einrühren (so wird verhindert, dass sich Klumpen bilden). Brandteig so lange rühren, bis sich der Teig vom Topf schön löst. Etwas abkühlen lassen. Dann jedes Eidotter einzeln unterrühren. Zum Schluss geschmolzene Kuvertüre, Marillenbrand und Orangenschale einarbeiten. Eiklar mit einer Prise Salz und einem Drittel des Kristallzuckers cremig aufschlagen. Dann portionsweise den restlichen Kristallzucker darunterschlagen. Backrohr auf 220 °C vorheizen. Erst ein Drittel des Eischnees unter den Brandteig heben, dann den Rest mit der Gummispachtel oder einem Holzlöffel unterziehen.

Butterschmalz in einer kleinen Pfanne schmelzen. Etwa einen Schöpflöffel voll Omelettenteig eingießen und glattstreichen. Wenn das Omelett unten goldbraun ist, für 5 bis 7 Minuten ins heiße Rohr stellen, um es von oben trocknen zu lassen. Nächstes Omelett backen und dabei immer darauf achten, dass genug Butterschmalz in der Pfanne ist, dieses aber nicht zu heiß wird. Restliche Omeletts ebenso fertig backen. Omeletts nach Belieben füllen und zusammengeschlagen servieren.

GARUNGSDAUER: 3 bis 5 Minuten in der Pfanne, 5 bis 7 Minuten im Rohr
BACKROHRTEMPERATUR: 220 °C

Foto rechts

BISKUITOMELETT

ZUTATEN FÜR 6 BIS 8 PORTIONEN

4 Eidotter · 1 EL Vanillezucker · etwas abgeriebene Schale einer unbehandelten Zitrone · Prise Salz · 4 Eiklar · 90 g Feinkristallzucker für den Schnee · 100 g glattes Mehl · 4 EL Butter oder Butterschmalz zum Backen · 100 g Marillenmarmelade zum Füllen · Staubzucker zum Bestreuen

ZUBEREITUNG

Eidotter mit 2 Esslöffeln Kristallzucker, Vanillezucker, Zitronenschale und einer Prise Salz schaumig rühren. Für den Schnee Eiklar mit dem restlichen Kristallzucker steif schlagen und behutsam unter die Dottermasse mengen. Mehl einrühren.

Etwas Butter oder Butterschmalz am besten in zwei Omelettenpfannen erhitzen, jeweils ein Viertel der Masse eingießen und im vorgeheizten Backrohr bei 190 °C ca. 6 Minuten backen. Omeletts stürzen, je zur Hälfte mit Marmelade bestreichen, zusammenklappen und leicht anzuckern. Die restlichen Omeletts ebenso backen.

BACKZEIT: ca. 6 Minuten
BACKROHRTEMPERATUR: 190 °C

TIPPS: Für Stephanie-Omeletten werden die fertigen Omeletts mit Marillenmarmelade bestrichen und mit leicht erwärmten, frisch marinierten Kompottfrüchten gefüllt.
Schönbrunner Omeletts werden wie Biskuitomeletten zubereitet, dann allerdings noch mit heißer Schokoladesauce (Rezept s. S. 37) überzogen. Dazu reicht man leicht gesüßtes Obers.

TOPFENPALATSCHINKEN

ZUTATEN FÜR 6 PORTIONEN

FÜR DEN PALATSCHINKENTEIG

75 g glattes Mehl · ca. 125 ml Milch · 1–2 Eier · 2 1/2 EL Pflanzenöl abgeriebene Schale von 1/2 unbehandelten Zitrone · 1/2 TL Vanillezucker · Prise Salz

Erdnussöl oder Butterschmalz zum Herausbacken · Butter für die Form

FÜR DIE TOPFENFÜLLE

3 Eidotter · 3 Eiklar · abgeriebene Schale von 1/2 unbehandelten Zitrone 200 g passierter Topfen (20 %) · 60 g Butter · 40 g Staubzucker 1 TL Vanillezucker · 2 TL Vanillepuddingpulver · Salz · 60 g in Rum eingelegte Rosinen · 50 g Feinkristallzucker

FÜR DEN ÜBERGUSS

125 ml Milch · 125 ml Sauerrahm · 2 Eier · 30 g Staubzucker · 1 TL Vanillezucker

ZUBEREITUNG

Für die Palatschinken Mehl mit etwas Milch, Eiern und Öl gut verrühren. Zitronenschale, Vanillezucker sowie Prise Salz zugeben und restliche Milch nach und nach unterrühren, so dass ein dünnflüssiger Teig entsteht. Durch ein Sieb streichen und 20 Minuten rasten lassen. Palatschinkenteig bei Bedarf noch mit etwas Milch verdünnen. Öl in einer Palatschinkenpfanne erhitzen, überschüssiges Fett abgießen (die Pfanne soll nur leicht befettet sein) und etwas Teig eingießen. Pfanne schwenken und den Teig gleichmäßig verteilen. Palatschinke auf beiden Seiten goldgelb backen. Herausheben, auf einen Teller legen und mit Alufolie abdecken. Die restlichen Palatschinken nacheinander ebenso backen.
Für die Fülle Butter, Staubzucker, Vanillezucker, Puddingpulver, eine Prise Salz und Zitronenschale schaumig rühren. Dotter sowie Topfen nach und nach in die Buttermasse einrühren. Eiklar mit Kristallzucker zu Schnee schlagen und gemeinsam mit den Rosinen unter die Topfenmasse ziehen. Palatschinken auf einer Arbeitsfläche überlappend in einer Reihe auflegen, so dass eine zusammenhängende Fläche entsteht. Topfenmasse aufstreichen und Palatschinken zu einer langen Rolle einrollen. Rolle in 10 Stücke schneiden.
Eine feuerfeste Form mit Butter ausstreichen. Palatschinken in die Form schichten und im vorgeheizten Backrohr bei 160 °C 15 Minuten backen. Für den Überguss alle Zutaten glatt rühren, über die Palatschinken gießen und weitere 15 Minuten backen.

BACKZEIT: 30 Minuten
BACKROHRTEMPERATUR: 160 °C

GUNDELPALATSCHINKEN

Sacher-Küchenchef Hans Peter Finks liebste Kindheitserinnerung wurde vom legendären Budapester Gastronomen János Gundel (1844–1915) kreiert und wurde in ihrer Originalversion – wie auch in diesem Rezept – nicht, wie es sich mittlerweile oft eingebürgert hat, mit Barack flambiert.

ZUTATEN FÜR 6 PORTIONEN

FÜR DEN PALATSCHINKENTEIG

(Rezept s. S. 234)

FÜR DIE NUSSFÜLLE

40 g Honig · 30 g feine Biskottenbrösel · 4 cl Rum · 200 ml Milch
50 g Marzipan · 200 g geriebene Walnüsse · Prise Salz

FÜR DIE SCHOKOLADESAUCE

200 ml Milch · 3 Eidotter · 120 g Feinkristallzucker · 50 g Haushaltsschokolade
2 EL Butter · 120 g Kakaopulver · 70 ml Barack

FÜR DIE KARAMELLISIERTEN WALNÜSSE

12 ganze Walnüsse · 100 g Feinkristallzucker · 2 EL Wasser

100 g in Rum eingelegte Rosinen zum Füllen · 200 ml Schlagobers zur Dekoration

ZUBEREITUNG

Palatschinken nach Rezept herstellen. Für die Nussfülle Honig in Milch auflösen und zusammen mit Marzipan erhitzen. Geriebene Nüsse und Brösel hineingeben und mit Salz und Rum würzen. Für die Schokoladesauce Milch mit Kristallzucker und Butter aufkochen. Kakaopulver und Schokolade einmixen. Dotter mit Barack vermischen und einlaufen lassen. Unter Rühren bis zum Siedepunkt erhitzen und beiseite stellen.

Für die karamellisierten Walnüsse Kristallzucker mit Wasser karamellisieren. Walnüsse halbieren und auf Backpapier oder ein beöltes Blech legen. Dünn mit Karamellzucker überglänzen und 20 Minuten erkalten lassen.

Die Palatschinken mit heißer Nussfülle und eingelegten Rosinen füllen, einrollen, und mit Schokoladesauce überziehen. Karamellisierte Nüsse darüberstreuen und mit geschlagenem Obers vollenden.

SERVIERVORSCHLAG: Eine Kugel Vanilleeis (Rezept s. S. 224) passt ausgezeichnet dazu.

WACHAUER MARILLEN-PALATSCHINKEN

ZUTATEN FÜR 4 PORTIONEN

400 ml Milch · 70–80 g Universalmehl · 3 Eier · 1 Eidotter · Prise Salz
1 EL flüssige, gebräunte Butter · 1 KL Feinkristallzucker · Butterschmalz zum Ausbacken · ca. 100 g hausgemachte Marillenmarmelade, nicht passiert
Staubzucker zum Bestreuen

ZUBEREITUNG

Die Milch zuerst mit Mehl glattrühen. Danach die Eier, Dotter, Salz, Kristallzucker und Butter zugeben. Teig 10 Minuten rasten lassen, damit sich der Kleber im Mehl gut lösen kann. Der Teig sollte die dickflüssige Konsistenz von gerührtem Joghurt haben.

Am besten eine Gusseisenpfanne mit flüssigem Butterschmalz dünn ausstreichen. Wenn das Fett leicht zu rauchen beginnt, den ersten kleinen Teigschöpfer dünn eingießen und durch Drehen und Schwenken der Pfanne den Teig schön verrinnen lassen. So lange backen, bis der Teig auf der Unterseite schön rehfarben ist. Danach mittels eines Bratenwenders oder durch „Profi-Schupfen" wenden und die zweite Seite bräunen. Fertige Palatschinke aus der Pfanne auf einen großen Teller stürzen. Mit dem restlichen Teig ebenso verfahren, bis er aufgebraucht ist. Palatschinken backen und immer übereinander legen, damit sie nicht sofort auskühlen. Dann jede einzelne mit 1 EL Marillenmarmelade bestreichen, einrollen, auf Teller setzen und anzuckern.

Sollten die Palatschinken nicht mehr ausreichend warm sein, so erwärmen Sie sie mit Alufolie abgedeckt im Backrohr bei 180 °C für ein paar Minuten.

TIPP: Die erste Palatschinke verwende ich nicht, da diese meistens noch etwas fettig ist. Die verspeise ich dann selber.

CRÊPES SUZETTE

ZUTATEN FÜR 12 CRÊPES

FÜR DEN TEIG

125 ml Schlagobers · 1 Ei · 2 Eidotter · 125 g glattes Mehl · ca. 250 ml Milch Prise Salz · Butterschmalz zum Backen · Minze- oder Melissenblätter zum Garnieren

FÜR DIE ORANGENSAUCE

100 g Feinkristallzucker · 50 g Butter · 150 ml frisch gepresster Orangensaft Saft von 1 unbehandelten Zitrone · abgeriebene Schale von 1 unbehandelten Orange (nach Belieben) · 4 cl Grand Marnier (ersatzweise anderer Orangenlikör) 4 cl Cognac (oder Weinbrand)

3 EL geröstete Mandelblättchen zum Bestreuen · Minze- oder Melisseblätter zum Garnieren

ZUBEREITUNG

Für die Crêpes zuerst das Obers mit Eiern, Dottern und Salz mischen. Mehl zugeben und glatt rühren. Milch langsam zugießen, bis der Teig eine dünnflüssige Konsistenz aufweist. Eine Palatschinkenpfanne erhitzen und etwas Butterschmalz erhitzen. Etwas Teig eingießen, gleichmäßig verteilen, Farbe nehmen lassen, wenden und fertig backen. Crêpe auf einen vorgewärmten Teller legen, warmhalten und die restlichen Crêpes ebenso backen.

Für die Orangensauce den Zucker in einer erhitzten Pfanne schmelzen lassen und karamellisieren. Butter in kleinen Stückchen zugeben und mit Orangen- sowie Zitronensaft ablöschen. Nach Belieben geriebene Orangenschale zugeben und alles kochen, bis sich der Karamell aufgelöst hat. Grand Marnier eingießen. Nun die Crêpes nacheinander einlegen, mehrmals wenden und jeweils zu einem Dreieck zusammenlegen. Mit vorgewärmtem Cognac flambieren (übergießen und anzünden), anrichten und mit dem restlichen Fond beträufeln. Mit gerösteten Mandelsplittern bestreuen und mit Minze- oder Melissenblättern garnieren.

TIPP: Mit Vanilleeis (Rezept s. S. 224) setzen Sie einen erfrischenden geschmacklichen Akzent.

PALATSCHINKENSACKERL MIT SCHWARZBEEREN UND TOPFENSAUCE

ZUTATEN FÜR 6 PORTIONEN

12 Palatschinken (Rezept s. S. 234) · Topfensauce (Rezept s. S. 37) Topfenfülle (s. S. 110 Topfentascherl) · 12 Kugerl Schaf- oder Ziegenfrischkäse oder kleine Mozartkugeln · flüssige Butter zum Bepinseln · 2 Vanilleschoten zum Binden

FÜR DIE SCHWARZBEERSAUCE

300 g Schwarzbeeren · 80 g Feinkristallzucker · 1 EL Vanillezucker · 4 cl Bacardi 100 ml frisch gepresster Orangensaft · 2 EL Maisstärke (Maizena) mit etwas Wasser vermischt

Staubzucker, Minzespitzen und frische Beeren zum Garnieren

ZUBEREITUNG

Palatschinken, Topfensauce und Topfenfülle nach jeweiligem Rezept zubereiten. Einen Tupfer der Topfenfülle in die Mitte einer Palatschinke platzieren und eine Frischkäsekugel daraufsetzen. Palatschinke zusammenfalten, mit Vanilleschote zusammenbinden, auf ein befettetes Blech legen und mit flüssiger Butter bepinseln. Im vorgeheizten Backrohr bei 160 °C etwa 10 Minuten wärmen.

Für die Schwarzbeersauce Orangensaft mit Kristall- und Vanillezucker 5 Minuten einkochen. Beeren dazugeben, einmal aufkochen lassen und mit etwas Maisstärke-Wasser-Gemisch binden. Mit Bacardi abschmecken und kaltstellen.

Sauce auf Teller gießen und je 2 Palatschinkensackerl dazustellen. Mit Staubzucker bestäuben und mit Minze bzw. frischen Beeren garnieren.

Für die Vanilleschotenstreifen zum Zusammenbinden der Palatschinken die Vanilleschoten halbieren und auskratzen. Dann in feine Fäden ziehen.

BACKZEIT: 10 Minuten

BACKROHRTEMPERATUR: 160 °C

TIPP: Die Fülle lässt sich nach Geschmack variieren. Statt Topfen können Sie auch Äpfel, Weichseln oder Grieß verwenden.

BUTTERMILCHWAFFELN

ZUTATEN FÜR 4 PORTIONEN

110 g Butter · 50 g Feinkristallzucker · 1 EL Vanillezucker · Prise Salz · 4 Eier 250 g Universalmehl· 1 TL Backpulver · 200 ml Buttermilch · Butterschmalz zum Bepinseln des Waffeleisens· Staubzucker zum Bestäuben

ZUBEREITUNG

Butter, Kristallzucker, Vanillezucker und Salz schaumig schlagen. Nacheinander die Eier einrühren. Mehl und Backpulver vermischen und abwechselnd mit der Buttermilch unterrühren. In einem vorgeheizten und mit Butterschmalz bepinselten Waffeleisen nacheinander 2 bis 3 Minuten goldgelb backen. Mit Staubzucker bestäuben.

SERVIERVORSCHLAG: Im „Sacher" servieren wir Weichsel-Ingwer-Ragout (Rezept s. S. 196), Waldbeeren oder Erdbeeren mit halbsteif geschlagenem Obers. Auch Karamell- oder Schokoladesauce (Rezepte s. S. 38 und 37) passen gut dazu.

SCHOKOLADEWAFFELN

ZUTATEN FÜR 4 PORTIONEN

100 g weiche Butter · 100 g Feinkristallzucker · 1 EL Vanillezucker · 3 Eier 100 ml Milch · 150 g Universalmehl · 100 g Maisstärke (Maizena) · 1/2 P. Backpulver 100 g Zartbitterkuvertüre · 50 g geröstete, geriebene Haselnüsse Butterschmalz zum Bestreichen des Waffeleisens

ZUBEREITUNG

Butter schaumig rühren. Kristallzucker und Vanillezucker unterrühren. Jeweils ein 1 Ei dazugeben und vollständig verrühren, bevor man das nächste dazufügt. Mehl, Maisstärke und Backpulver mischen, über den Butterschaum sieben und abwechselnd mit der Milch hineinrühren. Die Schokolade auf einer Küchenreibe fein raspeln und mit den Haselnüssen unter den Teig mischen. In einem vorgeheizten und mit Butterschmalz bestrichenen Waffeleisen 2 bis 3 Minuten goldbraun backen.

TIPP: Am besten mit heißer Marillenmarmelade bepinseln und mit frischen Früchten bzw-Vanilleeis (Rezept s. S. 224) servieren. Dazu passt auch halbsteifes Obers.

SCHAUMROLLEN (SCHILLERLOCKEN)

ZUTATEN FÜR 20 STÜCK

750 g Blätterteig (Rezept s. S. 20) · Wasser und verquirltes Ei zum Bestreichen

FÜR DIE SCHAUMMASSE

130 ml Wasser · 440 g Feinkristallzucker · 5 Eiklar

200 g Schokoladeglasur (Rezept s. S. 34) oder 200 g fertige Fettglasur evtl. Staubzucker oder Süßer Schnee

ZUBEREITUNG

Blätterteig auf einer bemehlten Arbeitsfläche 2 mm dünn ausrollen und 25 mm breite Streifen abschneiden. Mit Wasser bestreichen und auf eine Schaumrollenform (teflonbeschichtet und mit Trennfettspray überglänzt) wickeln. Dann auf mit Backpapier belegte Bleche mit genügend Abstand setzen. Mit verquirltem Ei bestreichen und 20 bis 30 Minuten kühl rasten lassen. Im vorgeheizten Backrohr bei 210 °C ca. 25 Minuten mit Schwaden backen (ein mit etwas Wasser gefülltes Gefäß in das vorgeheizte Backrohr stellen). Noch heiß von den Formen nehmen und auskühlen lassen.
Für die Schaummasse Wasser und 400 g Kristallzucker 3 Minuten bei 124 °C kochen (Zuckerthermometer verwenden). Eiklar mit restlichem Kristallzucker aufschlagen, gekochten Zucker langsam in den Eischnee einlaufen lassen und kalt schlagen. Masse darf nicht rinnen.
Masse mithilfe eines Dressiersacks mit Lochtülle (Größe 15) in die Hohlräume der Rolle füllen. Mit Schokoladeglasur überziehen oder ohne Glasur mit Staubzucker oder Süßem Schnee (Mischung aus Staubzucker und Pflanzenfett, s. S. 18) bestäuben.

BACKZEIT: 25 Minuten
BACKROHRTEMPERATUR: 210 °C

PRALINE-NUDELTASCHERL MIT MANGOS

ZUTATEN FÜR 6 PORTIONEN

FÜR DEN NUDELTEIG

300 g Universalmehl · 3 Eier · 1 KL Kakaopulver · etwas Milch
1 KL Vanillezucker · Prise Salz

FÜR DIE MANGOSAUCE

2 Mangos · etwas Saft einer unbehandelten Limette
100 ml frisch gepresster Orangensaft · 1 EL brauner Zucker

FÜR DIE KAKAOBRÖSEL

100 g Butter · 100 g Semmel- oder Biskottenbrösel · 2 EL Vanillezucker
Prise Zimt · 1 EL Kakaopulver · 2 cl Rum

FÜR DAS KOCHWASSER

3 l Wasser · 2 EL Salz · 2 El Feinkristallzucker · 1/2 Vanilleschote

18 Mozartkugeln oder Nougat- bzw. Bitterschokoladetrüffeln
100 ml Schokoladesauce (Rezept s. S. 37) · 1 versprudeltes Ei zum
Bestreichen des Teiges · evtl. Vanillesauce (Rezept s. S. 36)

ZUBEREITUNG

Für den Nudelteig alle Zutaten miteinander gut verkneten und 2 Stunden in Klarsichtfolie gewickelt rasten lassen. Nudelteig mithilfe einer Nudelmaschine oder eines Nudelwalkers hauchdünn ausrollen. Mit einem Ausstecher von 12 cm Durchmesser 36 Kreise ausstechen, diese leicht mit Ei bepinseln und in die Mitte eine Trüffel oder Mozartkugel setzen. Zu einem Halbkreis zusammenklappen, den Rand fest zusammendrücken und nach oben hin wie einen Saugnapf formen (s. Foto S. 246). Auf mit Mehl bestaubte Bleche setzen und alle Tascherl so herstellen.
Wasser mit Salz, Kristallzucker und Vanilleschote zum Kochen bringen. Für die Fülle inzwischen die Mangos schälen. Beidseitig das Fruchtfleisch ablösen, in feine Streifen schneiden und mit etwas Limettensaft beträufeln. Das restliche Fruchtfleisch vom Kern lösen und mit Zucker und Orangensaft mit einem Stabmixer fein pürieren. Die Tascherl in das kochende Wasser legen und 2 Minuten kräftig kochen. Für die Kakaobrösel Butter in einer beschichteten Pfanne erhitzen. Restliche Zutaten daruntermischen, gut abrösten und warmstellen.
Danach die Tascherl mit einem Lochschöpfer herausheben, gut abtropfen lassen und in die warmen Kakaobrösel legen. Mangostreifen und etwas Mangosauce auf Teller verteilen und etwas Schokoladesauce aufspritzen. Jeweils 3 Tascherl anlegen und evtl. mit geschäumter heißer Vanillesauce nappieren.

TIPP: Die rohen Tascherl lassen sich auch gut im Tiefkühler vorbereitet lagern. Foto Seite 246

POWIDLTASCHERL

ZUTATEN FÜR 12 PORTIONEN

FÜR DEN TEIG

300 ml Milch · 2 EL Butter · ca. 150 g glattes Mehl · 2 Eidotter · Prise Salz 150 g Powidl · 2 cl Rum oder Zwetschkenschnaps · etwas Staubzucker

FÜR DIE BUTTERBRÖSEL

100 g Butter · 100 g Semmelbrösel · 50 g geriebene Walnüsse · Prise Zimt 2 EL Feinkristallzucker · 1 EL Vanillezucker

ZUBEREITUNG

Milch mit Butter und einer Prise Salz aufkochen. Mehl bei kleiner Hitze in die Milch einrühren und so lange rühren, bis ein glatter Teig entsteht, der sich von Kochlöffel und Geschirr löst. Teig in eine Rührschüssel umfüllen und Dotter schnell in den Teig einarbeiten. Teig auf ein bemehltes Brett legen und auskühlen lassen.

Teig mit Mehl stauben und auf einer bemehlten Arbeitsfläche ca. 2 mm dünn ausrollen. Mit einem runden Ausstecher 12 Scheiben von ca. 8 cm Durchmesser ausstechen und Teigränder mit Wasser bestreichen. Den mit Rum verrührten Powidl in kleinen Häufchen etwas außerhalb der Mitte auf die Teigscheiben setzen. Unbelegte Teighälften über die Fülle klappen und Ränder gut festdrücken. Reichlich Salzwasser aufkochen, Powidltascherl einlegen und bei kleiner Hitze ca. 5 Minuten ziehen lassen.

Währenddessen für die Butterbrösel Butter in einer Pfanne schmelzen lassen und Brösel, Zimt, Nüsse, Vanille- und Kristallzucker darin goldgelb rösten. Fertige Tascherl mit einem Lochschöpfer aus dem Wasser heben, abtropfen lassen und in den vorbereiteten Butterbröseln schwenken. Powidltascherl anrichten und leicht gezuckert servieren.

GARUNGSDAUER: ca. 5 Minuten
GARNITUREMPFEHLUNG: Zwetschkenröster (Rezept s. S. 195)
TIPP: Powidltascherl lassen sich problemlos auf Vorrat zubereiten, da sie sich gut zum Tiefkühlen eignen und bei Bedarf einfach in sprudelnd heißem Wasser gekocht werden müssen.

NUSSNUDELN MIT BRATAPFELCREME

ZUTATEN FÜR 6 PORTIONEN

FÜR DEN TEIG

250 g Topfen (20 %) · 80 g frische Weißbrotwürfel · 3 EL Sauerrahm · 2 EL flüssige Butter · 2 EL Staubzucker · abgeriebene Schale von 1/2 unbehandelten Zitrone 1 Eidotter · 1 Ei · 30 g glattes Mehl · 40 g Grieß (am besten Hartweizengrieß) 1 EL Maisstärke (Maizena)

FÜR DIE NUSSBRÖSEL

80 g Semmelbrösel · 2 EL Vanillezucker · 2 EL Feinkristallzucker 50 g geriebene Walnüsse · 80 g Butter

FÜR DIE BRATAPFELCREME

4 rote, möglichst säuerliche Äpfel · 3 EL Feinkristallzucker · 2 EL Butter etwas Zimtpulver · Saft von 1/2 Zitrone nach Belieben · naturtrüber Apfelsaft nach Bedarf · Staubzucker zum Anzuckern

ZUBEREITUNG

Für die Creme die Äpfel waschen, die Schale längs einschneiden und mit Butter bepinseln. In Kristallzucker wälzen, auf ein vorbereitetes Backblech legen und im vorgeheizten Backrohr ca. 40 Minuten bei 180 °C weich schmoren. Eventuell etwas Apfelsaft zugießen. Auskühlen lassen und durch ein Sieb drücken. Nach Belieben mit Zitronensaft abschmecken.
Für den Teig Topfen in einer Schüssel mit allen Zutaten gut verkneten und 2 Stunden kühl rasten lassen. In einem Topf Salzwasser zum Kochen bringen. Auf einer bemehlten Arbeitsfläche aus dem Teig kleine Rollen formen, kleine Stücke abschneiden und diese zwischen den Handflächen zu Nudeln formen. In kochendem Wasser 5 bis 8 Minuten ziehen lassen, bis die Nudeln aufsteigen.
Für die Nussbrösel Butter in einer Pfanne aufschäumen, restliche Zutaten zugeben und rösten. Die Nudeln aus dem Wasser heben, gut abtropfen lassen und in den Bröseln schwenken. Bratapfelcreme in der Mitte der Teller verteilen, die Nudeln darauflegen und mit Staubzucker anzuckern.

GARUNGSDAUER: Nudeln 5–8 Minuten, Bratäpfel 40 Minuten
BACKROHRTEMPERATUR: 180 °C
TIPPS: Ein Schuss Apfelbrand oder Calvados sowie gehackte schwarze Nüsse verfeinern die Nussbrösel noch zusätzlich.
Nudeln können auch roh tiefgekühlt und erst bei Bedarf gekocht werden.

Foto Seite 247

TOPFENKNÖDEL I (TRADITIONELL UND SCHNELL)

ZUTATEN FÜR 12 KNÖDEL

FÜR DIE TOPFENMASSE

300 g passierter Topfen (20 %) · 60 g flüssige Butter · 60 g Semmelwürfel · 2 Eier 3 EL Sauerrahm · 80 g Grieß (Hartweizen- oder Goldgrieß) · Salz · Schale und Saft von 1/2 unbehandelten Zitrone · 1 EL Vanillezucker

FÜR DIE ZUCKERBRÖSEL

100 g Butter · 2 EL Vanillezucker · 100 g Brösel · Prise Zimtpulver

ZUBEREITUNG

Flüssige Butter gut mit den Semmelwürfeln vermischen und die restlichen Zutaten gründlich daruntermischen. Für 2 Stunden kaltstellen. Aus der Masse 12 gleich große Knöderl formen und in gesalzenem Wasser leicht wallend ca. 8 Minuten ziehen lassen.

Währenddessen für die Zuckerbrösel die Butter in einer großen Pfanne schmelzen. Brösel zugeben und goldbraun rösten. Vanillezucker und Zimt zugeben und eventuell im Backrohr bei 170 °C nachrösten. Knödel mit Lochschöpfer aus dem Topf heben, auf Küchenkrepp gut abtropfen lassen und in Zuckerbröseln schwenken. Auf vorgewärmten Tellern anrichten.

GARUNGSDAUER: ca. 8 Minuten

TOPFENKNÖDEL II (EXTRA FLAUMIG)

ZUTATEN FÜR 12 BIS 16 KNÖDEL

FÜR DIE TOPFENMASSE

2 Eier · 2 Eidotter · 500 g passierter Topfen (20 %) · 180 g entrindetes, getrocknetes Toastbrot · Prise Salz · 80 g Butter · 1 EL Maisstärke (Maizena) · Saft und Schale von 1/2 unbehandelten Zitrone · 1 EL Vanillezucker · 1 EL Zucker

FÜR DAS KOCHWASSER

1 Vanilleschote · etwas Zucker · Saft von 1/2 unbehandelten Orange

Zuckerbrösel s. Topfenknödel I, oben

ZUBEREITUNG

Für die Topfenmasse den Topfen in ein Küchentuch binden und über einer Schüssel über Nacht abtropfen lassen. Entrindetes, getrocknetes Toastbrot fein reiben. Alle Zutaten gut miteinander vermischen und 1 Stunde kaltstellen. Aus der Masse 12 bis 16 Miniknöderl formen. Ausreichend viel Salzwasser mit etwas Zucker, Orangensaft und der Vanilleschote aufkochen. Knöderl einlegen und in kochendem Salzwasser 6 bis 8 Minuten kochen. Mit einem Lochschöpfer herausheben und in den vorbereiteten Zuckerbröseln wälzen.

GARUNGSDAUER: 6 bis 8 Minuten

GARNITUREMPFEHLUNG: Beerenröster (Rezept s. S. 196), Vanilleeis (Rezept s. S. 224) oder Vanillesauce (Rezept s. S. 36)

Zwetschkenknödel, Rezept S. 249

Praline-Nudeltascherl mit Mangos, Rezept S. 242

Nussnudeln mit Bratapfelcreme, Rezept S. 244

Wachauer Marillenknödel, Rezept S. 248

WACHAUER MARILLENKNÖDEL

ZUTATEN FÜR 12 KNÖDEL

FÜR DEN TEIG

**3 Eidotter · 3 Eiklar · 120 g Butter · 150 g feiner Hartweizengrieß · 150 g Mehl
500 g passierter Topfen (20 %) · Mark von 1 Vanilleschote · Prise Salz**

FÜR DIE FÜLLE

**12 kleine, reife Marillen · 12 ganze, geschälte und geröstete Mandeln
80 g Marzipan, mit etwas Amaretto verknetet**

FÜR DIE BUTTERBRÖSEL

**150 g Butter · 60 g Feinkristallzucker · 20 g Vanillezucker · 300 g Semmelbrösel
Zimt nach Belieben**

**Prise Salz, 4 cl Marillenbrand und 2 EL Feinkristallzucker für das Kochwasser
Staubzucker zum Bestreuen**

ZUBEREITUNG

Für den Teig Butter schaumig rühren. Zuerst Dotter, dann nach und nach Grieß, Eiklar, Vanilleschotenmark und eine Prise Salz unterrühren. Abwechselnd Mehl und Topfen zugeben und so lange rühren, bis ein glatter Teig entsteht. Zu einer Rolle formen, in Frischhaltefolie wickeln und ca. 1 Stunde kühl rasten lassen.

Kerne aus den Früchten drücken, ohne die Marillen dabei aufzuschneiden, und je eine mit Marzipan umwickelte Mandel in die Öffnung schieben. Teig in 12 Scheiben schneiden, ein wenig flachdrücken und je eine Marille darauflegen. Früchte mit Teig gut umhüllen und zu glatten Knödeln formen. In einem großen Topf ausreichend Wasser mit einer Prise Salz, Kristallzucker und Marillenbrand zustellen. Knödel in kochendes Wasser einlegen, Hitze reduzieren und ca. 20 Minuten leicht köcheln lassen, bis sie aufsteigen.

Inzwischen Butter in einer Pfanne erhitzen, Kristallzucker, Vanillezucker sowie Brösel zugeben und bei schwacher Hitze unter ständigem Rühren goldbraun rösten. Nach Belieben mit einer Prise Zimt verfeinern. Fertige Knödel mit einem Lochschöpfer herausheben, gut abtropfen lassen und behutsam in den Bröseln wälzen. Knödel anrichten, mit den restlichen Bröseln aus der Pfanne sowie etwas Staubzucker bestreuen und rasch servieren.

GARUNGSDAUER: ca. 20 Minuten

TIPPS: Wenn Sie die Knödel besonders knusprig bevorzugen, so sollten diese im heißen Backrohr bei 180 °C noch kurz nachgeröstet werden.

Ist gerade kein Marzipan zur Hand, so kann der Kern auch durch ein Stück Würfelzucker ersetzt werden.

Foto Seite 247

ZWETSCHKENKNÖDEL MIT LEBKUCHENBRÖSELN UND TOPFENSAUCE

ZUTATEN FÜR 4 PORTIONEN

FÜR DEN TEIG

100 g Topfen (20 %) · 50 g Butterschmalz · 1 Eidotter · 100 ml lauwarme Milch
1 Prise Salz · 200 g glattes Mehl

FÜR DIE FÜLLE

200 g getrocknete Zwetschken (1 Tag vorher leicht in Apfelsaft und Rum mariniert)
80 g Marzipankugeln oder geschälte, geröstete Mandeln

FÜR DIE LEBKUCHENBRÖSEL

100 g etwas harte Lebkuchen · 80 g Butterschmalz

FÜR DIE TOPFENSAUCE

150 g Topfen (20 %) · 50 g Naturjoghurt · 50 g Staubzucker
Mark von 1 Vanilleschote · etwas Saft einer Zitrone · 125 g Crème fraîche

ZUBEREITUNG

Für den Teig Topfen auf einem Sieb oder Küchenpapier abtropfen lassen. Butterschmalz cremig rühren und nach und nach Eidotter, Topfen, Milch und Salz unterrühren. Das Mehl dazugeben und mit den Knethaken eines Handrührgerätes so lange verkneten, bis sich der Teig vom Schüsselboden löst. 1 Stunde ruhen lassen. Für die Fülle Dörrzwetschken falls nötig entkernen und jeweils ein Stück Marzipankugel oder eine Mandel in die Frucht drücken. In einem großen Topf reichlich Salzwasser zum Kochen bringen. Den Teig auf einem bemehlten Backbrett fingerdick ausrollen und in 16 Quadrate teilen. Jedes Quadrat mit einer gefüllten Frucht belegen, mit dem Teig umhüllen und zu Knödeln formen. Vorsichtshalber einen Probeknödel kochen, bevor die übrigen Knödel in das leicht siedende Wasser kommen. In etwa 8 bis 10 Minuten gar ziehen lassen.
Für die Brösel Lebkuchen auf einem Reibeisen fein reiben und im heißen Butterschmalz rösten. Für die Topfensauce Topfen und Joghurt vermischen und mit Crème fraîche, Staubzucker, Vanillemark sowie Zitronensaft cremig rühren. Die Zwetschkenknödel mit einem Schaumlöffel herausheben, gut abtropfen lassen und in den Lebkuchenbröseln wälzen. Mit der Topfensauce servieren.

Foto Seite 246

MOHNKNÖDERL MIT BEERENRAGOUT

ZUTATEN FÜR 4 PORTIONEN

FÜR DIE KNÖDELMASSE

60 g Butter · 2 Semmeln · 125 ml Milch · Salz · etwas abgeriebene Schale einer unbehandelten Zitrone · 2 Eier · 120 g Hartweizengrieß

FÜR DIE MOHNBRÖSEL

100 g geriebener Blaumohn · 100 g Semmelbrösel · 60 g Butter · 2 cl Rum Prise Zimt · 2 EL Vanillezucker

FÜR DAS BEERENRAGOUT

400 g frische Beerenmischung · 80 g Feinkristallzucker · 4 cl Bacardi 1 EL Maisstärke (Maizena) · abgeriebene Schale von einer unbehandelten Orange

Staubzucker zum Bestreuen · Minze zum Garnieren

ZUBEREITUNG

Für die Knödelmasse Butter schaumig schlagen. Milch und eingeweichte, passierte Semmeln darunterrühren, restliche Zutaten vorsichtig unterziehen und eine halbe Stunde ziehen lassen. Für das Beerenragout Kristallzucker, Beeren und geriebene Orangenschale einmal aufkochen, mit in Wasser angerührter Maisstärke binden, mit Bacardi abschmecken und kaltstellen. Inzwischen einen geräumigen Kochtopf mit reichlich Salzwasser zum Kochen bringen. Aus der Knödelmasse beliebig große Knöderl formen. Wenn das Wasser kocht, Knöderl einlegen und zugedeckt ca. 12 Minuten bei mäßiger Hitze ziehen lassen. Für die Mohnbrösel Butter mit Vanillezucker erhitzen. Geriebenen Mohn und Semmelbrösel zugeben und gut durchrösten. Mit Rum und Zimt verfeinern. Die gut abgetropften Knöderl in den Mohnbröseln wälzen und auf einem Suppenteller mit dem Beerenröster anrichten. Mit Staubzucker bestreut und mit Minze garniert ist dieses Gericht auch ein Gaumenschmaus fürs Auge.

TIPP: Die Knöderl werden besonders flaumig, wenn man einen Esslöffel Maisstärke in die rohe Masse gibt.

Foto rechts

GERMKNÖDEL

ZUTATEN FÜR CA. 12 STÜCK

FÜR DEN TEIG

120 ml Milch · 12 g Germ · 250 g glattes Mehl · 3 EL flüssige Butter · 1 Ei 1 Eidotter · Prise Salz · 1 EL Feinkristallzucker · 120 g Powidl

FÜR DIE MOHNMISCHUNG

100 g Staubzucker · 100 g geriebener Graumohn

200 g flüssige Butter zum Beträufeln

ZUBEREITUNG

Germ in der lauwarmen Milch auflösen, 4 EL Mehl, Kristallzucker und eine Prise Salz zugeben. Verrühren, mit etwas Mehl bestauben und zugedeckt an einem warmen Ort gehen lassen, bis sich das Volumen verdoppelt hat (am besten im Backrohr bei 40 °C und geöffneter Türe). Geschmolzene Butter, restliches Mehl, Ei und Eidotter einmengen und zu einem glatten Teig verarbeiten. Zu-

gedeckt weitere 30 bis 40 Minuten aufgehen lassen. Teig auf einer bemehlten Arbeitsfläche zusammenschlagen, 5 Minuten rasten lassen und 5 mm dick ausrollen. Mit einem Teigrad in etwa 5 x 5 cm große Quadrate schneiden. Ränder mit Wasser befeuchten. Jeweils etwas Powidl in der Mitte der Quadrate auftragen, Teig übereinanderschlagen und zu Knödeln formen. Auf ein mit Mehl bestreutes Brett legen und zugedeckt nochmals 30 Minuten gehen lassen.

In einem großen, geräumigen Topf (die Knödel brauchen viel Platz zum Aufgehen) Salzwasser aufkochen und Knödel einlegen (wenn nötig, auf 2 Tranchen). Einmal kräftig aufkochen lassen und dann bei fest geschlossenem Deckel 15 Minuten ziehen lassen. Dabei nach etwa 10 Minuten umdrehen und weitere 4 bis 5 Minuten zugedeckt fertig ziehen lassen. Herausheben und sofort mit einer dicken Nadel oder einem Zahnstocher einige Male anstechen, um das Zusammenfallen der Knödel zu verhindern. Für die Mohnmischung Mohn mit Staubzucker vermischen und über die Knödel streuen. Ausreichend mit flüssiger Butter beträufeln und rasch servieren.

GARZEIT: ca. 15 Minuten

GARNITUREMPFEHLUNG: warme Vanillesauce (Rezept s. S. 36)

ALT-STEIRISCHE MASCHANSKERKNÖDEL

ZUTATEN FÜR CA. 16 STÜCK

4 Scheiben leicht angetrocknetes, entrindetes, gewürfeltes Toastbrot · 2 Stk. altbackene, gewürfelte Kipferl oder Briochestriezerl · 125 ml heiße Milch · 3 Eidotter 50 g Staubzucker · ausgekratztes Mark von 1/2 Vanilleschote · abgeriebene Schale von 1/2 unbehandelten Zitrone · 250 g Topfen (20 %) · 250 g Maschanskeräpfel oder eine andere aromatische Sorte (z. B. Cox Orange oder Rubinette) · 2 EL Maisstärke (Maizena) · 30 g Butter · 2 EL Feinkristallzucker · 1 Msp. Zimt

FÜR DIE BUTTERBRÖSEL

60 g Butter · 80 g Semmelbrösel · Staubzucker zum Bestäuben

ZUBEREITUNG

Die Brotwürfel mit der heißen Milch übergießen und etwa 15 Minuten ziehen lassen. Eidotter und Staubzucker schaumig rühren und Vanillemark, Zitronenschale und Topfen dazugeben. Zum Schluss Maisstärke, eingeweichte Brotwürfel und Kipferl daruntermischen und die Masse 30 Minuten rasten lassen.

Inzwischen die Äpfel schälen, halbieren, entkernen und in sehr kleine Würfel schneiden. Butter, Kristallzucker und Zimt in einer Pfanne erhitzen und die Apfelwürfel darin unter Rühren mit einem Kochlöffel goldbraun braten. Etwas abkühlen lassen und unter die Semmelmasse mischen. Reichlich Salzwasser in einem großen, weiten Topf zum Kochen bringen. Aus dem Semmel-Apfel-Teig kleine Knödel formen und im leicht siedenden Wasser in etwa 10 bis 12 Minuten gar ziehen lassen. Für die Brösel Butter in einer Pfanne erhitzen und die Brösel darin goldbraun rösten. Die Maschanskerknödel mit einem Schaumlöffel herausheben, gut abtropfen lassen und in den Semmelbröseln wälzen. Mit Staubzucker bestäuben und am besten Vanillesauce (Rezept s. S. 36) dazu reichen.

GRIESS-NOUGAT-KNÖDERL

ZUTATEN FÜR CA. 18 STÜCK

FÜR DIE GRIESS-NOUGAT-MASSE

30 g Butter · 150 g Weizengrieß (am besten Goldgrieß) · 350 ml Milch · 1 EL Feinkristallzucker · Mark von 1/2 Vanilleschote · abgeriebene Schale von 1/2 unbehandelten Zitrone · 1 Ei · 1 Eidotter · 80 g dunkles Haselnussnougat · Prise Salz

FÜR DIE BUTTERBRÖSEL

3 EL Butter · 1 EL Vanillezucker · 8 EL Semmelbrösel · etwas Zimt

ZUBEREITUNG

Butter schmelzen, Grieß zugeben und glasig ziehen lassen. Milch mit einer Prise Salz, Kristallzucker, Vanilleschotenmark und abgeriebener Zitronenschale aufkochen, abseihen und über den Grieß gießen. Rühren, bis sich die Masse vom Kochtopf löst. Kurz überkühlen lassen. Nun Ei und Eidotter einarbeiten. Masse zu kleinen Kugeln formen, diese flachdrücken und mit einem kleinen Stück Nougat oder einer Mozartkugel füllen. Knöderl gut verschließen und in kochendem Salzwasser ca. 10 Minuten ziehen, aber nicht kochen lassen. Für die Brösel die Butter in einer beschichteten Pfanne erhitzen. Vanillezucker, Zimt und Brösel zugeben, alles gut vermischen und knusprig rösten. Fertig gekochte Knödel in den vorbereiteten Butterbröseln wälzen. Mit Marillen- oder Beerenröster servieren (Rezepte s. S. 195/196).

RAHMDALKEN

Dalken (tschech. dolek, dolky = Aschenkuchen) war ursprünglich ein Ausdruck für jedes „dalkerte" (= missglückte) Gebäck, später allgemeiner Ausdruck für die in der „Dalkenpfanne" herausgebackenen Liwanzen, die bald nur noch „böhmische Dalken" hießen. Der Ursprung des Gerichts lässt sich bis ins 14. Jahrhundert zurückverfolgen.

ZUTATEN FÜR CA. 18 STÜCK

250 g Sauerrahm · 120 g glattes Mehl · 4 Eidotter · 4 Eiklar · 2 EL Feinkristallzucker
2 EL Vanillezucker · etwas abgeriebene Schale einer unbehandelten Zitrone
Prise Salz · Butter zum Ausstreichen · Zimt-Zucker-Gemisch zum Bestreuen

ZUBEREITUNG

In einer Schüssel den Sauerrahm mit Mehl, Eidottern, Vanillezucker, etwas Zitronenschale und einer Prise Salz glattrühren. Eiklar mit Kristallzucker steif schlagen und beide Massen miteinander vermengen. Eine Dalkenform mit runden Vertiefungen gut mit Butter ausstreichen und Masse einfüllen. (Steht keine Dalkenpfanne zur Verfügung, so behilft man sich mit Metallringen von etwa 6 cm Ø, in die man die Masse einfüllt.) Bei guter Hitze ca. 2 Minuten anbacken, dann im auf 180 °C vorgeheizten Backrohr 5 Minuten backen, wenden und auch auf der anderen Seite goldbraun backen. Mit Zimtzucker bestreut servieren.

BACKZEIT: ca. 10 Minuten

BACKROHRTEMPERATUR: 180 °C

TIPP: Besonders fein schmecken die Dalken, wenn man sie mit Powidl oder einer Creme aus (am besten türkischem) Joghurt, Sauerrahm, Zitronensaft und Vanillezucker bestreicht. Dazu harmoniert ein Gläschen Alte Zwetschke ideal!

BUCHTELN MIT VANILLESAUCE

Buchtel (tschech. buchticky) ist ein ursprünglich meist mit Powidl (Zwetschkenmus) gefülltes oder mit Vanillesauce serviertes Germgebäck und ein Klassiker der böhmischen Küche.

ZUTATEN FÜR CA. 20 STÜCK

FÜR DEN TEIG

100 ml Milch · 250 g glattes Mehl · 35 g Feinkristallzucker · 10 g Germ · 40 g weiche Butter · 2 Eidotter · Salz · abgeriebene Schale von 1/2 unbehandelten Zitrone ausreichend flüssige Butter zum Eintauchen · Staubzucker zum Bestreuen

FÜR DIE VANILLESAUCE

3 Eidotter · 150 ml Milch · 125 ml Schlagobers · 60 g Feinkristallzucker 1/2 aufgeschnittene Vanilleschote

ZUBEREITUNG

Aus lauwarmer Milch, Germ und 1/3 des Mehls ein Dampfl ansetzen. Mit wenig Mehl bestauben und mit einem Tuch zugedeckt an einem warmen Ort gehen lassen. Dann restliches Mehl, Kristallzucker, Eidotter, Zitronenschale sowie eine Prise Salz zugeben und zu einem halbfesten Teig abschlagen. Zum Schluss die Butter einarbeiten. Mit einem Tuch bedeckt aufgehen lassen, bis sich das Volumen kräftig vergrößert hat.

Teig auf eine bemehlte Arbeitsfläche geben und etwa 2 cm dick ausrollen. Aus dem Teig Scheiben von ca. 6 cm Durchmesser ausstechen und die Teigenden nach oben zusammenschlagen. Nun jede Buchtel einzeln in flüssige Butter tauchen und mit der Teignaht nach unten dicht nebeneinander in eine gut eingefettete Form (am besten aus hitzebeständigem Glas oder Keramik, 25 x 20 cm) setzen. Im vorgeheizten Backrohr bei 180 °C etwa 20 bis 30 Minuten goldgelb backen. Portionieren und vor dem Servieren mit Staubzucker bestreuen.

Für die Vanillesauce Milch mit Vanilleschote aufkochen und 5 Minuten ziehen lassen. Dotter mit Kristallzucker verrühren, Vanilleschote entfernen und Milch nach und nach unterrühren und bei mäßiger Hitze so lange rühren, bis die Sauce leicht bindet. Topf in ein Geschirr mit Eiswasser stellen und abkühlen lassen. Währenddessen ab und zu rühren. In die erkaltete Sauce das halbfest ausgeschlagene Obers unterrühren.

BACKZEIT: 20 bis 30 Minuten
BACKROHRTEMPERATUR: 180 °C

FÜR DIE MOHNFÜLLE

2 EL Honig · 150 g Mohn · 2 EL Marillenmarmelade · Prise Zimt · abgeriebene Schale einer unbehandelten Zitrone · 1 EL Vanillezucker · Prise Salz · 140 ml Milch

FÜR DIE NUSSFÜLLE

40 g Honig · 30 g feine Brösel · 4 cl Rum · 140 ml Milch · Prise Zimt · Prise Neugewürz 150 g geriebene Nüsse (Wal- oder Haselnüsse) · Prise Salz · Prise Germ

Sie können die Buchteln natürlich auch füllen. Für die Nussfülle Honig und Milch auflösen, erhitzen, die geriebenen Nüsse und die Brösel hinzufügen und mit Zimt, Neugewürz, Salz und Rum würzen. Eine Prise Germ einbröseln. Für die Mohnfülle Milch und Honig auflösen, Mohn und Marmelade dazugeben und mit Zimt, Vanillezucker, Salz und Zitronenschale abschmecken.

Nuss- oder Mohnfülle (Powidl- oder Marillenmarmelade ist auch möglich) auf die ausgeschnittenen Teigvierecke geben und diese zusammenschlagen. Buchteln mit dem zusammengeschlagenen Enden in flüssige Butter tauchen. Die Buchteln mit der Teignaht nach unten in eine befettete Backform (am besten aus hitzebeständigem Glas oder Keramik, 25 x 20 cm) nebeneinander legen. Nochmals gehen lassen, bis sich das Volumen des Teigs verdoppelt hat und dann etwa 45 Minuten bei 160 °C mittlerer Hitze backen.

BACKZEIT: 45 Minuten
BACKROHRTEMPERATUR: 160 °C

MILLIRAHMSTRUDEL

Die Geschichte des Milchrahmstrudels beginnt, zumindest der Legende nach, in der Wienerwald- Gastwirtschaft „Roter Stadl" in Breitenfurt, die im 19. Jahrhundert unter „Mehlspeistigern" berühmt für die besten Strudelspezialitäten im Wiener Umland war. Besonderer Beliebtheit erfreute sich eine Strudelspezialität aus Semmeln, Milch, Butter, Eiern, Vanille, Rosinen, Zucker und Obers, die – den Ingredienzen entsprechend – von einer Köchin namens Milli als „Milchrahmstrudel" angeboten wurde.
Ein „Mülch Raimb Strudl" findet sich jedoch bereits in einem 1696 handschriftlich verfassten Wiener „Koch-Puech".

ZUTATEN FÜR 4 BIS 6 PORTIONEN

FÜR DEN STRUDELTEIG (ODER FERTIGEN TEIG VERWENDEN)

250 g Universalmehl · Prise Salz · 1 EL Öl · 2 EL flüssige Butter zum Bestreichen ca. 125 ml Wasser, lauwarm · 2 Eidotter zum Bestreichen · Staubzucker zum Bestreuen · Öl zum Rastenlassen · Butter zum Bestreichen

FÜR DIE FÜLLE

8 Scheiben entrindetes Toastbrot · ca. 125 ml Milch · Mark von 1 Vanilleschote 60 g Butter · 60 g Staubzucker · 1 KL Vanillezucker · abgeriebene Schale von 1/2 unbehandelten Zitrone · 3 Eidotter · 250 g passierter Topfen (20 %) 150 g Sauerrahm · 3 Eiklar · 1 EL Feinkristallzucker

FÜR DEN ÜBERGUSS

500 ml Milch · 2 EL Feinkristallzucker · 1 Ei · 40 g in Rum eingelegte Rosinen und 1 Handvoll geröstete Mandelblättchen zum Bestreuen · verschlagener Eidotter und zerlassene Butter zum Bestreichen · Staubzucker zum Bestreuen

ZUBEREITUNG

Für den Strudelteig Mehl auf einer Arbeitsplatte aufhäufen und mit den angegebenen Zutaten zu einem geschmeidigen Teig verarbeiten. Zu einer Kugel formen, in einen mit Öl beträufelten Suppenteller setzen und abgedeckt am besten über Nacht im Kühlschrank rasten lassen. Dann den Strudelteig auf einem leicht bemehlten großen Küchentuch zuerst mit einem Nudelwalker rechteckig ausrollen, dann hauchdünn ausziehen. Dazu mit dem bemehlten Handrücken der einen Hand unter den Teig greifen und mit der anderen Hand immer von der Teigmitte aus in Richtung Tischkante vorsichtig ziehen. Der Teig muss so dünn werden, dass man eine Zeitung darunter lesen könnte.
Für die Fülle Milch mit dem ausgekratzten Vanilleschotenmark aufkochen.

Entrindetes Toastbrot in kleine Würfel schneiden und mit der heißen Vanille-Milch übergießen. Butter mit Staubzucker, Vanillezucker, Zitronenschale und Eidottern cremig rühren. Topfen sowie Sauerrahm dazugeben. Eiklar steif schlagen und dabei nach und nach den Kristallzucker einrieseln lassen. Eingeweichtes Brot unter die Dottermasse rühren und zum Schluss den Schnee locker unterziehen. Ausgezogenen Teig mit Butter bestreichen und Mandelblättchen darauf verteilen. Fülle auf zwei Drittel des Teiges streichen und Rosinen gleichmäßig darüberstreuen. Von der bestrichenen Seite her zu einem Strudel einrollen. Mit der Teignaht nach unten in eine gefettete Form gleiten lassen und mit verschlagenem Dotter bestreichen. Für den Überguss alle Zutaten gründlich verquirlen und ein Drittel davon über den Strudel gießen. Strudel im vorgeheizten Backrohr bei 180 °C 40 bis 50 Minuten backen. Währenddessen immer wieder mit der Milchmischung begießen und mit zerlassener Butter bestreichen. Mit Staubzucker bestreuen und portionieren.

BACKZEIT: 40 bis 50 Minuten
BACKROHRTEMPERATUR: 180 °C
BEILAGENEMPFEHLUNG: Vanillesauce (Rezept s. S. 36)

ABRAHAM A SANCTA CLARAS SÜSSE GARDINENPREDIGT

Der große Wiener Barockprediger Abraham a Sancta Clara (1644–1709) darf als Wiener Mehlspeisprediger wider Willen bezeichnet werden. Denn gerade seinen Gardinenpredigten gegen die Wiener Naschkatzen verdanken wir unser Wissen darüber, wie beliebt die Mehlspeisen im barocken Wien wirklich waren. Allen möglichen „verzuckerten Trachten, krystallenen Sülzen und schleckrigen Possen", so kanzelte der strenge Gottesmann nämlich seine Schäflein ab, gingen dieselben auf den süßen Leim.

Gleichzeitig geißelte Abraham jedoch auch die Mode, um jeden Preis Leckerbissen aus den entlegensten Teilen der Welt nachzujagen, wobei die „verderbten Genießer gantze Schüßlen von Calecutischen Confect auslähren", weil die „Teutsche Speisen (...) nur für die Bauren-Hochzeit" gehören. Jetzt müssen die „Cappauner mit Pistätzen und Piscotten gefüttert werden. Die Sardellen müssen im Spanischen Wein gebeitzt werden / die Materien zum Dorten müge genommen werden / wo die Zucker-Candel an statt der Eyszapffen von Dächern hängt."

Wo von der Kanzel dermaßen gegen „Zucker-Candeln" gewettert wird, dort müssen sie – so darf man zumindest annehmen – auch in den Lebensgewohnheiten eine große Rolle spielen. Und dafür, dass sie das im barocken Wien sehr wohl taten, ist keineswegs nur Abraham a Sancta Clara ein verlässlicher Zeuge, von dem auch der gewiss vor allem auf die verderbliche Tätigkeit der Wiener Patissiers gemünzte Ausspruch stammt: „Die Köch wissen fast keine neuen Inventiones mehr genugsam zu erdichten, damit sie nur ihrer Herren delikate Zungen nach Contento delektieren."

Wer in Kochbüchern blättert, die Ende des 17. und zu Beginn des 18. Jahrhunderts entstanden sind, wird beispielsweise feststellen, dass es bereits zu Pater Abrahams Zeiten Rezepte für einen „Mülch Raimb Strudl" – den Vorläufer unseres Millirahmstrudels –, Mandelbögen und Mandelpasteten sowie zahlreiche andere frühe Vorboten des Wiener Mehlspeishimmels gab.

APFELSTRUDEL

ZUTATEN FÜR 8 BIS 10 PORTIONEN

Strudelteig wie auf Seite 256 beschrieben zubereiten oder Fertigteig verwenden
1,5 kg Äpfel (Elstar oder Kronprinz Rudolf) · Saft von 1 unbehandelten Zitrone
60 g in Rum eingelegte Rosinen · 200 g flüssige Butter · 100 g Feinkristallzucker
2 EL Vanillezucker · 100 g Biskuitbrösel · Prise Zimt
Butter zum Bestreichen · Staubzucker zum Bestäuben
1 verquirltes Ei zum Bestreichen

ZUBEREITUNG

Strudelteig wie beschrieben vorbereiten und ausziehen. Äpfel schälen, entkernen und in hauchdünne Scheibchen schneiden. Mit Zitronensaft beträufeln. In einer Schüssel mit Rosinen und 2 EL (!) Zucker sowie 1 EL (!) Vanillezucker vermischen. Den ausgezogenen Strudelteig mit der Hälfte der zerlassenen Butter bestreichen, in der restlichen Butter die Brösel anrösten. Butterbrösel, restlichen Zucker sowie Vanillezucker und Zimt vermischen und Strudel damit bestreuen. Die Apfelmischung gleichmäßig darauf verteilen und den Strudel mit Hilfe des Tuches einrollen. Enden gut verschließen. Strudel mit der Teignaht nach unten auf ein vorbereitetes Backblech gleiten lassen. (Falls das Blech zu klein ist, Strudel hufeisenförmig auflegen.) Mit versprudeltem Ei bestreichen und im vorgeheizten Backrohr bei 180 °C etwa 30 bis 40 Minuten backen, dabei gelegentlich mit zerlassener Butter bestreichen. Den Apfelstrudel leicht abkühlen lassen und mit Staubzucker bestreuen. Als warmes Hauptgericht oder kalt servieren.

BACKZEIT: 30 bis 40 Minuten
BACKROHRTEMPERATUR: 180 °C
GARNITUREMPFEHLUNG: warme Vanillesauce (Rezept s. S. 36) oder Schlagobers
TIPP: Achten Sie darauf, dass die Äpfel nicht zu wässrig, sondern eher trocken sind, damit der Strudel schön knusprig bleibt.

Rechts: Apfelstrudel Schritt für Schritt

TOPFENSTRUDEL

Der Strudel ist als Mehlspeise etwa seit dem 18. Jahrhundert überliefert und heißt so nach seiner schneckenförmigen Fasson. Obwohl er als Inbegriff der Wiener Mehlspeisküche gilt, gelangte er über Ungarn und die Türkei nach Wien. Die Wiener Strudelküche ist dennoch wie keine andere von unverwechselbarem Facettenreichtum, der Süßes und Saures gleichermaßen einschließt. Das Wort „Topfen" geht auf einen Frischkäse zurück, der „aus dem Topf" kommt.

ZUTATEN FÜR 6 BIS 8 PORTIONEN

Strudelteig wie auf Seite 256 beschrieben zubereiten oder Fertigteig verwenden
500 g passierter Topfen (20 %) · 100 g Sauerrahm · 100 g zimmerwarme Butter
60 g Staubzucker · Prise Salz · abgeriebene Schale von 1/2 unbehandelten Zitrone
Saft von 1 Zitrone · Mark von 1 Vanilleschote · 6 Eidotter · 6 Eiklar
60 g Feinkristallzucker · 1 EL Vanillepuddingpulver · 60 g in Rum eingelegte Rosinen
1 verquirltes Ei und flüssige Butter zum Bestreichen

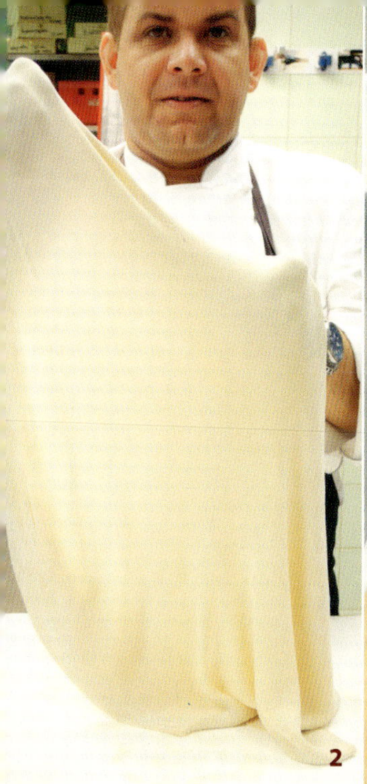

2

3

1

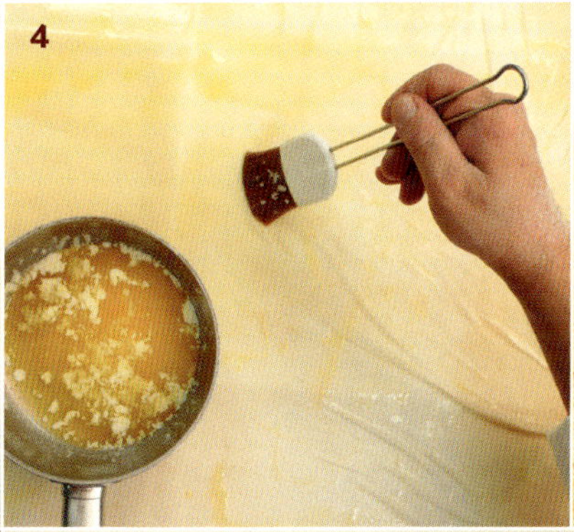

4

5

6

7

9

8

ZUBEREITUNG

Strudelteig wie beschrieben vorbereiten. Für die Fülle Butter mit Staubzucker, Salz, Zitronenschale und Vanillemark cremig rühren. Nach und nach Dotter und Puddingpulver unterrühren. Sauerrahm, Topfen, Zitronensaft und Rosinen einmengen. Eiklar mit Kristallzucker steif schlagen und Schnee locker unter die Topfenmasse ziehen.

Strudelteig wie beschrieben ausziehen, mit Butter bestreichen und die Topfenmasse auf zwei Drittel des Teiges streichen. Den Strudel von der bestrichenen Seite her einrollen. Mit der Teignaht nach unten in ein mit Butter bepinseltes tiefes Backblech gleiten lassen und die Oberfläche mit verquirltem Ei bestreichen. Im vorgeheizten Backrohr zuerst 20 Minuten bei 170 °C backen, Hitze auf 120 °C reduzieren und noch weitere 10 Minuten backen.

BACKZEIT: 30 Minuten

BACKROHRTEMPERATUR: 170 °C auf 120 °C fallend

TIPP: Wenn Sie die Möglichkeit haben, bereiten Sie die Fülle am besten aus Bauerntopfen zu, der übrigens – wie auch der Sauerrahm – nicht zu kalt sein sollte, da der Butterabtrieb sonst zu fest gerät.

GRIESSSTRUDEL

ZUTATEN FÜR 8 BIS 10 PORTIONEN

Strudelteig (wie auf S. 256 beschrieben vorbereiten) oder Fertigteig verwenden
220 g Grieß (Hartweizen- oder Goldgrieß) · 3 Eidotter · 4 Eiklar · 150 g weiche Butter · 1 EL Vanillezucker · etwas geriebene Schale einer unbehandelten Zitrone
250 g Sauerrahm · 50 g in Rum eingelegte Rosinen · 70 g Feinkristallzucker · Prise Salz

FÜR DEN ÜBERGUSS

300 ml Milch · 1 Vanilleschote · 2 EL Vanillezucker

flüssige Butter zum Bestreichen · Staubzucker zum Bestreuen · verquirltes Ei zum Einstreichen

ZUBEREITUNG

Zuerst den Teig wie auf S. 256 beschrieben vorbereiten. Für die Fülle Butter mit Vanillezucker, Salz und Zitronenschale schaumig rühren. Eidotter nach und nach zugeben. Grieß, Rosinen sowie Sauerrahm einrühren und etwa 1 Stunde bei Raumtemperatur quellen lassen. Eiklar mit Kristallzucker zu cremigem Schnee schlagen und vorsichtig unter die Grießmasse mengen.

Strudelteig wie beschrieben dünn ausziehen und auf ein bemehltes Tuch legen. Den ausgezogenen Strudelteig mit Butter bestreichen und doppelt legen. Teig für 3 kleine Strudel zurechtschneiden. Jedes Drittel des Teiges mit Grießmasse bestreichen und nicht zu eng zu 3 Strudeln einrollen. Die Verschlussstelle mit verschlagenem Ei einstreichen. Mit der „Naht" nach unten in die gut ausgebutterte Backform legen. Mit Butter bestreichen und im vorgeheizten Backrohr bei 170 °C Umluft 30 bis 40 Minuten backen. Nach etwa 15 Minuten für den Überguss Milch mit Vanillezucker und Vanilleschote aufkochen. Vanilleschote entfernen, Milch gleichmäßig über die Strudel gießen und fertig backen. Portionieren und vor dem Servieren mit Staubzucker bestreuen.

BACKZEIT: 30–40 Minuten

BACKROHRTEMPERATUR: 170 °C (Umluft)

GEKOCHTER GRIESSSTRUDEL MIT HOLLER-ZWETSCHKEN-KOCH UND VANILLESAUCE

ZUTATEN FÜR 6 PORTIONEN

Strudelteig (wie auf S. 256 beschrieben vorbereiten) oder Fertigteig verwenden
80 g passierter Topfen (20 %) · 3 Eidotter · 2 Eiklar · 50 g Butter
Saft und Schale von 1/2 unbehandelten Zitrone · Prise Salz · 1 EL Vanillezucker
2 EL Sauerrahm · 2 EL Joghurt · 120 g Grieß (Hartweizen- oder Goldgrieß)
1 EL Feinkristallzucker · 100 g braun geschmolzene Butter · Ei zum Bestreichen
Butterbrösel s. Topfenknödel S. 245 · Holler-Zwetschken-Koch s. S. 196

FÜR DIE VANILLESAUCE

300 ml Milch · 150 ml Schlagobers · Mark von 1/2 Vanilleschote · Prise Salz
20 g Vanillepuddingpulver · 2 Eidotter · 60 g Feinkristallzucker · 2 cl Rum

ZUBEREITUNG

Strudelteig wie beschrieben vorbereiten. Für die Fülle Butter mit Vanillezucker und einer Prise Salz schaumig schlagen. Dotter langsam einschlagen, Topfen zugeben und Sauerrahm, Joghurt, Zitronenschale und -saft sowie Grieß einrühren. Eiklar mit Kristallzucker halbsteif schlagen und unter die Grießmasse ziehen.
Den Strudelteig ausziehen, mit Butter bestreichen und doppelt legen. Teig für drei kleine Strudel zurechtschneiden. Je ein Drittel des Teiges mit Grießmasse bestreichen und nicht zu eng zu Strudeln einrollen. Die Verschlussstelle mit verschlagenem Ei einstreichen. Salzwasser aufkochen und die drei Striezerl darin 20 bis 25 Minuten wallend ziehen lassen. Dann vorsichtig herausnehmen, aufschneiden und mit Butterbröseln bestreuen. Mit Vanillesauce und Holler-Zwetschken-Koch servieren.
Für die Vanillesauce das Obers mit der Hälfte der Milch, der Vanilleschote, Kristallzucker und Salz aufkochen. Restliche Milch mit dem Puddingpulver verrühren und sobald die Flüssigkeit kocht, einrühren. Durchrühren und vom Herd ziehen. Dotter mit Rum einrühren und bei Bedarf noch mit etwas Milch verdünnen. Vanilleschote entfernen und mit dem Stabmixer glattmixen.

GARUNGSDAUER: 20 bis 25 Minuten

TIPP: Das Kochwasser kann – wie bei den Topfenknödeln auf S. 245 beschrieben – mit Orangensaft und Vanillezucker verfeinert werden.

SCHMARREN, SOUFFLÉS UND AUFLÄUFE

KAISERSCHMARREN

Obwohl der Kaiserschmarren stets nur mit Franz Joseph und niemals mit einem seiner Vorgänger in Verbindung gebracht wird, lässt sich der Ursprung dieses Gerichts dennoch bis heute nicht endgültig klären. Über die Entstehung dieses wohl berühmtesten aller Wiener Schmarren aus gerissenem Eierteig existieren jedenfalls zahlreiche, mehr oder minder verbürgte Anekdoten. Eine davon erzählt von einem Hofküchen-Patissier, der für die notorisch linienbewusste Kaiserin Elisabeth gerne besonders leichte Desserts kreierte. Als er jedoch einmal mit einer neuen Komposition aus Omelettenteig und Zwetschkenröster in der kulinarischen Gunst der Kaiserin gar nicht zu landen vermochte, sprang Seine Majestät in die Bresche und aß die Portion der Kaiserin mit den Worten „Na geb' er mir halt den Schmarren her, den unser Leopold da wieder z'sammkocht hat!" auf.

ZUTATEN FÜR 2 BIS 3 PORTIONEN

350 ml Milch · 6 Eiklar · 6 Eidotter · 130 g glattes Mehl · 30 g Feinkristallzucker Schuss Rum · 1 EL Vanillezucker · etwas Zitronensaft · 2 EL Rosinen · Prise Salz Kristall- und Staubzucker zum Bestreuen · Butter zum Backen

ZUBEREITUNG

In einer Schüssel Eiklar mit Kristallzucker zu Schnee schlagen. In einer anderen Schüssel Milch, Mehl, Eidotter, Zitronensaft, Rum, Vanillezucker und eine Prise Salz glattrühren. Schnee unter den Teig heben. In einer großen feuerfesten Pfanne etwas Butter erhitzen und den Teig eingießen. Zuerst am Herd anbacken, wenden und dann beidseitig im vorgeheizten Backrohr bei 180 °C braun backen. Pfanne aus dem Rohr nehmen und Teig mit zwei Gabeln in kleine Stücke reißen. Rosinen einmengen, mit Kristallzucker bestreuen und nochmals kurz im Rohr karamellisieren. Mit Staubzucker bestreuen und auftragen.

GARZEIT: 8 bis 10 Minuten
GARTEMPERATUR: 200 °C
BEILAGENEMPFEHLUNG: Zwetschkenröster (Rezept s. S. 195) oder Vanilleeis (Rezept s. S. 224)

KAISER FRANZ JOSEPHS SINN FÜRS SÜSSE

Die Frage nach den Essgewohnheiten Seiner Apostolischen Majestät hat bereits Kaiser Franz Josephs Zeitgenossen aufs Intensivste beschäftigt. Und es erscheint auch kaum ein nennenswertes Werk über den Langzeit-Habsburger, das sich nicht auch mit dem Verhältnis des Kaisers zu den süßen Dingen des Lebens auseinandersetzt.

Man muss allerdings nicht sehr tief in die Archive vordringen, um festzustellen, dass Franz Joseph kein großer Gourmet war. Der sah sich selbst viel zu sehr als Soldatenkaiser, um mit den leiblichen Genüssen wirklich etwas anfangen zu können. Und ebenso, wie er am liebsten in einem einfachen Feldbett schlief, begnügte er sich zumeist auch mit recht frugaler Menage-Kost, und zwar umso mehr, als auch Kaiserin Elisabeth, wenngleich aus anderen Gründen, kein dankbares Fütterungsobjekt für ihre Leibköche abgab: Die stets zur Magersucht neigende Kaiserin wollte ein Leben lang nur abnehmen, und entfremdete einen der ihr unterstellten Zuckerbäcker sogar seiner Zunft, indem sie ihn Teebutter und saure Milch für ihren persönlichen Bedarf herstellen ließ.

Wenn die historischen Häferlgucker jedoch – was die kaiserlichen Ernährungsgewohnheiten betraf – irgendwo übereinstimmten, so darin, dass Kaisers sich, wenn schon zum Sündigen, noch am ehesten zu Süßem verführen ließen.

Kaiserin Sisi etwa, die seit ihrem Einzug in die Hofburg niemals einen gewissen Anflug von Melancholie verleugnen konnte, tröstete sich über allzu trübe Stunden in ihrem goldenen Käfig gerne mit Süßigkeiten hinweg. Allein das für sie täglich aus der Hofzuckerbäckerei zubereitete Frühstück war keineswegs von schlechten Eltern: ein Teller Obst, drei Semmeln, 1/4 Pfund Zucker, 1/4 Pfund Butter, je eine Kanne kaltes Schlagobers und kalte Milch und eine Kanne Kaffee, ein Gugelhupf oder Schokoladestangerl sowie ein Teller süße Teebäckerei mit einigen Stücken frischer Germbäckerei – und schließlich ein Teller Kekse und Schokolade.

Den Nachmittag verbrachte die Kaiserin ebenfalls gelegentlich mit süßen Genüssen, etwa indem sie sich ein Sorbet in ihre Gemächer bringen ließ, das aus ausgepressten Veilchen, gesponnenem Zucker und einigen Spritzern Champagner geeist wurde.

Ein solches Veilchensorbet wäre Kaiser Franz Joseph selbst sicherlich etwas zu dekadent gewesen. Er bevorzugte schon als kleiner Kronprinz (und obwohl man ihn wegen seiner öffentlich viel beachteten Zeugung im Salzkammergut auch scherzhaft den „Salzprinzen" nannte) süße Faschingskrapfen.

ALT-WIENER KIPFERLSCHMARREN

ZUTATEN FÜR 4 PORTIONEN

FÜR DIE KIPFERLMASSE

200 g altbackene Kipferl (4 Kipferl, es können auch Brioche oder Semmeln verwendet werden) · 60 ml Schlagobers · 300 ml Milch · 2 Eier · 2 Eidotter 1 EL Staubzucker 1 KL Vanillezucker · abgeriebene Schale von 1 unbehandelten Zitrone · Prise Salz

FÜR DIE APFELFÜLLE

3 Äpfel (am besten Idared oder Golden Delicious) · ca. 2 EL Feinkristallzucker
2 EL in Rum eingelegte Rosinen

FÜR DIE SCHAUMMASSE

3 Eiklar · 120 g Feinkristallzucker · gehobelte Mandeln zum Bestreuen

BUTTER FÜR DIE FORM

ca. 2 EL flüssige Butter zum Beträufeln
250 g Himbeeren mit ca. 40 g Staubzucker aufgemixt zum Garnieren

ZUBEREITUNG

Kipferl blättrig schneiden und in eine Schüssel geben. Schlagobers mit Milch, Eiern, Eidottern, Staub- sowie Vanillezucker, Zitronenschale und einer Prise Salz verrühren und über die Kipferl gießen. Locker vermischen und die Masse gut durchziehen lassen.

Für die Apfelfülle zunächst die Äpfel schälen, entkernen und in Spalten schneiden. Äpfel mit Kristallzucker und eingelegten Rosinen mischen. Etwa die halbe Kipferlmasse locker in die mit Butter ausgestrichene Form füllen, aber nicht hineinpressen. Die Apfelfülle darauf verteilen und mit der restlichen Kipferlmasse bedecken. Mit Backpapier oder Alufolie abdecken und im vorgeheizten Backrohr bei 180 °C 25 bis 30 Minuten backen. 15 Minuten vor Ende der Backzeit die Folie entfernen, mit flüssiger Butter beträufeln und fertig backen.

Währenddessen für die Schaummasse Eiklar mit Kristallzucker zu Schnee schlagen. In einen Dressiersack füllen und auf den Kipferlschmarren in beliebiger Form, etwa als Tupfen, auftragen. Gehobelte Mandeln locker darüberstreuen und bei größter Oberhitze (250 °C) im Backrohr kurz überbacken oder mit einer Lötlampe abflämmen. Vor dem Servieren etwas überkühlen lassen. Portionieren und mit den mit Zucker aufgemixten Himbeeren auftragen.

BACKZEIT: 25 bis 30 Minuten

BACKROHRTEMPERATUR: 180 °C backen, 250 °C überbacken

GRIESS-SCHMARREN MIT VANILLEWEICHSELN

ZUTATEN FÜR 4 PORTIONEN

FÜR DIE GRIESSMASSE

500 ml Milch · 250 g Weizengrieß (Goldgrieß) · 100 g Butter · 40 g Feinkristallzucker
etwas Vanillezucker · etwas abgeriebene Schale einer unbehandelten Zitrone
mit Rum marinierte Rosinen · Salz

FÜR DIE VANILLEWEICHSELN

300 g entkernte Weichseln (auch Tiefkühlware möglich) · 80 g Demerarazucker (brauner Zucker) · 80 ml Multivitaminsaft · 80 ml vollmundiger Rotwein (z. B. Burgunder) · Mark von 1/2 Vanilleschote · 1 Scheibe frischer Ingwer · etwas geriebene Schale einer unbehandelten Orange · 2 EL Maisstärke (Maizena)
Staubzucker zum Bestreuen

ZUBEREITUNG

Für die Grießmasse in einem Topf die Milch aufkochen lassen. Leicht salzen, Grieß einlaufen lassen und unter ständigem Rühren dickflüssig einkochen. Überkühlen lassen. In einer Pfanne Butter

schmelzen, Grießmasse zugeben und rösten, bis die Masse trockener wird. Dabei den Schmarren wiederholt mit einer Gabel zerkleinern. Dann Kristallzucker, eine Prise Vanillezucker, Rosinen und etwas geriebene Zitronenschale daruntermengen und den Schmarren so lange weiterrösten, bis er knusprig und braun ist. Für die Vanilleweichseln den Zucker in einem Topf schmelzen lassen. Mit Rotwein und Multivitaminsaft ablöschen, Vanilleschote, Orangenschale sowie Ingwer zugeben und Flüssigkeit auf die Hälfte einkochen lassen. Maisstärke mit wenig Wasser verrühren, zugießen und die Sauce damit binden. Weichseln einmengen, einmal aufkochen, sofort vom Herd nehmen und auskühlen lassen. Schmarren mit Staubzucker bestreuen und mit den Vanilleweichseln servieren.

SALZBURGER NOCKERL

Die „Königin der Aufläufe" wurde der Legende nach von Salome Alt (1568–1633), der Mesalliance von Fürsterzbischof Wolf Dietrich von Raitenau (1559–1617), erfunden. Da es damals noch keine Sparherde mit Rohr und Oberhitze gegeben hat, muss es sich dabei allerdings – so die Legende stimmen sollte – um das heute kaum noch übliche Rezept gehandelt haben, den Nockerlteig im Pfandl beidseitig auszubacken.

ZUTATEN FÜR 4 PORTIONEN

150 ml Milch · 1/2 Vanilleschote · Spritzer Zitronensaft · 7 gekühlte Eiklar · Prise Salz 80 g Feinkristallzucker · 4 Eidotter · abgeriebene Schale von 1 unbehandelten Zitrone 10 g Vanillezucker · 2 EL Mehl · 1 EL Maisstärke (Maizena) · Staubzucker zum Bestreuen · Butter für die Form

ZUBEREITUNG

Milch mit der aufgeschnittenen Vanilleschote sowie etwas Zitronensaft aufkochen, vom Herd nehmen und ziehen lassen. Schote entfernen. Eine ovale, feuerfeste Form ausbuttern und so viel Vanillemilch eingießen, dass der Boden gerade bedeckt ist. Gekühltes Eiklar mit einer Prise Salz und einem Drittel des Kristallzuckers mit dem Handmixer fast vollständig fest aufschlagen. Dann langsam den restlichen Kristallzucker einlaufen lassen. Weiterschlagen, bis der Schnee schön cremig und fest ist. Backrohr auf 220 °C vorheizen. Eidotter, Zitronenschale, Vanillezucker, Mehl und Maisstärke auf den Eischnee geben und alles mit dem Schneebesen in 3 bis 4 Bewegungen unterheben (die Masse soll nicht völlig homogen vermischt werden). Nun mit der Teigkarte 4 typische pyramidenförmige Nockerl formen, nebeneinander in die Form setzen und 10 bis 12 Minuten goldgelb backen. Mit Staubzucker bestreuen und rasch servieren, damit die Nockerl nicht vor dem Auftragen zusammenfallen.

BACKZEIT: 10 bis 12 Minuten

BACKROHRTEMPERATUR: 220 °C

TIPPS: Fruchtiger schmecken die Salzburger Nockerl, wenn man sie auf einem „Preiselbeer-Bett" bäckt. Wenn Sie wirklich sichergehen wollen, dass alle Fettrückstände aus der Schüssel, in der Sie Schnee schlagen möchten, beseitigt sind, so reiben Sie die Schüssel mit Zitronensaft aus!

Hotel Sacher Wien

MOHR IM HEMD

ZUTATEN FÜR 6 PORTIONEN

**70 g dunkle, klein geschnittene Kuvertüre · 70 g Butter · 6 Dotter
30 g Feinkristallzucker · 50 g Staubzucker · 6 Eiklar · 2 EL Rum · 1 Prise Salz
40 g geriebene Mandeln · zerlassene Butter zum Ausstreichen · Feinkristallzucker zum Ausstreuen der Formen · Schokoladesauce (s. S. 37) und halbfestes Schlagobers zum Verzieren**

ZUBEREITUNG

Butter, Staubzucker, Rum und Salz schaumig rühren. Kuvertüre im Wasserbad oder in der Mikrowelle schmelzen und unter den Butterabtrieb geben. Eiklar mit Kristallzucker aufschlagen. Vorsichtig unter die Butter-Schokolade-Masse mischen. Zum Schluss die Mandeln unterheben. Entsprechende Formen mit zerlassener Butter ausstreichen und erkalten lassen. Dann mit Kristallzucker ausstreuen. Die Masse zu 2/3 hoch einfüllen. Formen in ein Wasserbad stellen und im vorgeheizten Ofen bei 190 bis 200 °C 20 bis 30 Minuten pochieren.

GARZEIT: 20 bis 30 Minuten
GARTEMPERATUR: 190 bis 200 °C

Foto rechts

SCHOKOLADEAUFLAUF

ZUTATEN FÜR 6 PORTIONEN

**270 ml Milch · 100 g zimmerwarme Butter · Mark einer Vanilleschote · 1 Prise Salz
80 g glattes Mehl · 50 g dunkle Kuvertüre · 4 Dotter · 6 Eiklar · 100 g Feinkristallzucker
zerlassene Butter und Feinkristallzucker zum Ausstreichen und Ausstreuen der Formen**

ZUBEREITUNG

Milch, Butter, Vanilleschotenmark und Salz aufkochen. Mehl dazugeben und wie einen Brandteig (s. S. 22) abrösten. Kuvertüre im Wasserbad oder in der Mikrowelle schmelzen und einrühren. Die Dotter einzeln unterrühren. Eiklar mit Kristallzucker zu steifem Schnee schlagen und langsam unter die Masse heben. In ausgebutterte und ausgezuckerte Soufflé-Förmchen füllen und bei 200 °C 12 bis 15 Minuten im Wasserbad pochieren.

TIPP: Mit Vanilleeis (Rezept s. s. 224) oder Zwetschkensorbet (Rezept s. S. 214) ein tolles Harmoniespiel.

NUSSAUFLAUF

ZUTATEN FÜR 4 PORTIONEN

40 g Butter · 2 Eidotter · 2 Eiklar · 20 g Staubzucker · 30 g Feinkristallzucker
60 g geröstete, geriebene Haselnüsse · 20 g Brösel · 20 g weiße Kuvertüre
zerlassene Butter und Feinkristallzucker zum Ausstreichen und Ausstreuen der Formen

ZUBREITUNG

Butter mit Staubzucker schaumig rühren. Kuvertüre im Wasserbad oder in der Mikrowelle schmelzen. Nach und nach Dotter dazugeben, dann die geschmolzene Kuvertüre hinzufügen. Eiklar mit Kristallzucker zu steifem Schnee schlagen. Abwechselnd den Schnee und die Brösel mit den Nüssen vermischen und ebenfalls unter die Masse heben. In ausgebutterte und gezuckerte Formen 2/3 hoch einfüllen und im Wasserbad bei etwa 190 °C 10 bis 15 Minuten pochieren.

GARZEIT: 10–15 Minuten

GARTEMPERATUR: 190 °C

BEILAGENEMPFEHLUNG: Weinschaum (Rezept s. S. 39) oder Weichsel-Ingwerragout (Rezept s. S. 196) sind ideale Begleiter.

FLÜSSIGER SCHOKOLADEKUCHEN

ZUTATEN FÜR 6 PORTIONEN

100 g dunkle Kuvertüre (70 % Kakaoanteil) · 90 g Butter · 120 g Feinkristallzucker
3 Eier · 40 g glattes Mehl · Butter und Zucker zum Bestreichen der Formen

ZUBEREITUNG

Eier mit Zucker über Dampf zuerst warm, dann kalt schlagen. Unter ständigem Rühren Butter und Kuvertüre zusammen schmelzen. Die zerlassene Butter-Kuvertüre vorsichtig unter die Eischaummasse heben. Dann das Mehl einrühren. Eine Stunde kühl rasten lassen. In ausgebutterte und ausgezuckerte Soufflé-Formen zu 2/3 hoch einfüllen und im vorgeheizten Ofen bei 200 °C ca. 10 Minuten backen. Der Kern des Kuchens sollte flüssig bleiben (mit einer Nadel hineinstechen und prüfen).

SERVIERVORSCHLAG: Himbeersorbet (Rezept s. S. 212) harmoniert damit ganz hervorragend. Ganz klassisch wird der Kuchen mit Vanilleeis (Rezept s. S. 224) serviert. Foto rechts

MARONIAUFLAUF

ZUTATEN FÜR 6 PORTIONEN

600 g Maronimark · 6 Eiklar · 200 g Feinkristallzucker · 60 g dunkle Kuvertüre
6 Eidotter · 60 g Kuchenbrösel · zerlassene Butter und Feinkristallzucker zum Ausstreichen und Ausstreuen der Formen

ZUBEREITUNG

Kuvertüre im Wasserbad oder in der Mikrowelle schmelzen. Dotter dazugeben. Eiklar mit Kristallzucker aufschlagen und unter die Schokolademasse heben. Maronimark und Brösel langsam unter

die Masse ziehen. In ausgebutterte, ausgezuckerte Formen 3/4 hoch einfüllen und im vorgeheizten Rohr bei 180 bis 190 °C im Wasserbad ca. 20 bis 25 Minuten garen.

GARZEIT: 20 bis 25 Minuten

GARTEMPERATUR: 180 bis 190 °C

BEILAGENEMPFEHLUNG: Vanilleeis (Rezept s. S. 224) oder Original Somlóer Schokoladesauce (Rezept s. S. 37) passen hervorragend dazu.

TOPFEN-GRIESS-AUFLAUF

ZUTATEN FÜR 6 PORTIONEN

260 g passierter Topfen (20 %) · 5 Eidotter · 150 g Grieß · 450 ml Milch 100 g Staubzucker · Mark einer Vanilleschote · Prise Safranfäden · 4 EL Joghurt 5 Eiklar · 50 g Feinkristallzucker · zerlassene Butter und Feinkristallzucker zum Ausstreichen und Ausstreuen der Formen

ZUBEREITUNG

Milch mit Vanilleschotenmark und Safranfäden aufkochen. Grieß einrühren und einkochen. Topfen mit Dotter, Joghurt und Staubzucker vermischen und unter die Grießmasse ziehen. Eiklar mit Kristallzucker zu einem cremigen Schnee schlagen und langsam unterheben. In ausgebutterte und ausgezuckerte Souffléformen füllen und im Wasserbad bei 180 bis 200 °C ca. 20 bis 25 Minuten garen.

GARZEIT: 20 bis 25 Minuten

GARTEMPERATUR: 180 bis 200 °C

TIPP: Mangosorbet (Rezept s. S. 213), frische Mangos oder Himbeersorbet (Rezept s. S. 212) und marinierte Himbeeren sind perfekte Begleiter.

TOPFENSOUFFLÉ

ZUTATEN FÜR 6 PORTIONEN

150 g Feinkristallzucker · 6 Eidotter · 6 EL Magertopfen · 15 g Maisstärke (Maizena) Mark einer Vanilleschote · 6 Eiklar · abgeriebene Schale einer unbehandelten Zitrone zerlassene Butter und Feinkristallzucker zum Ausstreichen und Ausstreuen der Formen

ZUBEREITUNG

Topfen mit Dotter, Hälfte des Zuckers, Vanilleschotenmark, Zitronenschale vermischen und glatt rühren. Eiklar mit restlichem Zucker aufschlagen und Stärke dazugeben. Das geschlagene Eiklar vorsichtig unter die Topfenmasse heben. In ausgebutterte, ausgezuckerte Souffléförmchen füllen und im vorgeheizten Ofen bei 200 °C im Wasserbad ca. 15 bis 20 Minuten garen.

GARZEIT: 15 bis 20 Minuten

GARTEMPERATUR: 200 °C

TIPP: Nougateis (Rezept s. S. 226) passt ausgezeichnet als Ergänzung.

LEBKUCHENSOUFFLÉ

ZUTATEN FÜR 8 PORTIONEN

70 g Butter · 65 g Feinkristallzucker · 70 g Vollmilchkuvertüre
140 g Lebkuchenbrösel · 60 g geröstete, geriebene Walnüsse
abgeriebene Schale einer unbehandelten Zitrone · 4 Eidotter · 80 ml Milch
4 Eiklar · 1/2 EL Maisstärke (Maizena) · 1 Prise Salz · 100 g Semmelbrösel zum Ausstreuen der Formen

ZUBEREITUNG

Milch erwärmen und mit Lebkuchenbrösel vermischen. Butter, Prise Salz, Kristallzucker und Eidotter schaumig schlagen. Kuvertüre im Wasserbad oder in der Mikrowelle schmelzen und unter den Butterabtrieb ziehen. Eiklar steif schlagen und unter die Bröselmilch heben. Nüsse und Maisstärke unterziehen und in gebutterte, mit Semmelbröseln bestreute Dariolformen abfüllen. Etwa 15 Minuten im vorgeheizten Backrohr bei 100 °C Oberhitze und bei 220 °C Unterhitze 10 Minuten hellbraun im Wasserbad backen und heiß servieren.

BACKZEIT: 25 Minuten

BACKROHRTEMPERATUR: 100 °C (Oberhitze), 220 °C (Unterhitze)

BEILAGENEMPFEHLUNG: Glühmostschaum oder Rotwein-Zabaione (Rezepte s. Weinchaudeau S. 39) passen sehr gut dazu.

WARMES SCHOKOSOUFFLÉ

ZUTATEN FÜR 4–6 PORTIONEN

100 g Zartbitterkuvertüre (mindestens 60 %) · 80 g Butter · 2 Eier
2 Eidotter · 40 g Feinkristallzucker · 80 g Universalmehl
Butter und Feinkristallzucker zum Ausstreichen und Ausstreuen

ZUBEREITUNG

Eier mit Dotter und Kristallzucker schaumig schlagen. Butter und Kuvertüre schmelzen und unterheben. Mehl vorsichtig daruntermischen. In mit Butter ausgestrichene und mit Kristallzucker ausgestreute Keramikförmchen füllen und im Ofen mit etwas Dampf bei 190 °C etwa 10 Minuten garen. Vorsicht: Der Kern muss hierbei aber noch flüssig sein.

GARZEIT: etwa 10 Minuten

GARTEMPERATUR: 190 °C

TIPP: Diese Masse kann auch vorbereitet über mehrere Stunden im Kühlschrank kaltgestellt werden, bevor sie weiterverarbeitet wird.

SERVIERVORSCHLAG: Sehr gut passen frische Himbeeren bzw. Vanilleeis (Rezept s. S. 224) oder Moccasorbet (Rezept s. S. 216)

IN SCHMALZ GEBACKENES

BÖHMISCHE POWIDL-LIWANZEN

ZUTATEN FÜR 6 BIS 8 LIWANZEN

20 g geschmolzene Butter · 15 g Germ · 120 g Feinkristallzucker
180 ml lauwarme Milch · 130 g glatte Mehl · 2 Eidotter · 2 Eiklar
100 g Butterschmalz · 100 g Powidl · Mark von 1/2 Vanilleschote
abgeriebene Schale von 1/2 unbehandelten Zitrone
Staubzucker zum Bestreuen · Prise Salz

ZUBEREITUNG

Germ, 20 g Kristallzucker und Salz in der lauwarmen Milch auflösen. Das gesiebte Mehl in der Milch glattrühren und dann Eidotter, Vanillemark, Zitronenschale und geschmolzene Butter zugeben. Zugedeckt bei Raumtemperatur 1 Stunde gehen lassen. Eiklar steif schlagen und unterziehen.
In einer Liwanzenpfanne (gusseiserne Pfanne mit runden Vertiefungen) das Butterschmalz erhitzen und Masse in die Vertiefungen einfüllen. (Steht keine Liwanzenpfanne zur Verfügung, so behilft man sich mit Metallringen von etwa 6 cm ø, die man in eine beschichtete Pfanne setzt.) Pfanne etwas rütteln, damit sich die Masse gut verteilt. Liwanzen etwa 5 Minuten ziehen lassen, wenden und ausbacken. Herausheben, je eine Liwanze mit Powidl bestreichen und mit einer unbestrichenen zusammensetzen. Restlichen Zucker in einer Pfanne erhitzen, karamellisieren lassen und dünn über die Liwanzen träufeln. Mit Staubzucker bestreuen.

GARZEIT: etwa 10 Minuten

TIPPS: Wenn Sie dazu Zwetschkenröster (Rezept s. S. 195) und Zwetschkensorbet (Rezept s. S. 214) servieren, gerät dieses Dessert noch raffinierter.
Statt mit Powidl können die Liwanzen auch mit einer Creme aus Topfen, Eidotter, Crème fraîche, Kristallzucker und einem Schuss Rum gefüllt werden.

BAUERNKRAPFEN

ZUTATEN FÜR CA. 20 STÜCK À 50 G

40 g Germ · ca. 150 ml Milch · 530 g glattes Mehl · 4 Eidotter · 4 Eier
50 g Feinkristallzucker · 4 cl Rum · etwas Salz · 1 EL Vanillezucker
abgeriebene Schale von 1/2 unbehandelten Zitrone · 120 g zimmerwarme Butter
Erdnussöl zum Herausbacken · Staubzucker und geriebene Schokolade gemischt
Preiselbeer- oder Ribiselmarmelade

ZUBEREITUNG

Für den Vorteig (Dampfl) Germ in lauwarmer Milch (max. 40 °C) auflösen und mit 130 g Mehl vermischen, bis eine breiige Masse entsteht. Zugedeckt an einem warmen Ort gehen lassen, bis sich das Volumen verdoppelt hat und die Oberfläche Risse zeigt.

Eidotter mit Eiern, Kristallzucker, Rum, Prise Salz, Vanillezucker und Zitronenschale schaumig rühren und das Dampfl mit der Eiermasse und dem restlichen Mehl mischen. Nach halber Mischzeit Butter zugeben, fertig mischen und zu einem glatten Teig verarbeiten. Stücke von jeweils etwa 50 g zu Strängen formen und auf mit Tüchern belegte und mit Mehl bestreute Bleche oder Schneidebretter setzen. Mit einem Küchentuch abdecken und bei Zimmertemperatur ca. 1 Stunde gut aufgehen lassen. Bevor der Teig vollständig gegart ist, mit einem Holzlöffel in die Mitte eine Mulde drücken und zur besseren Stabilität der Backkruste leicht antrocknen lassen. Im heißen Fett (160 °C) auf beiden Seiten goldgelb backen und gut auf einem Gitter abtropfen lassen. Mit Staubzucker-Schokolade-Mischung bestreuen und in die Vertiefung je 1 EL Marmelade füllen.

TIPP: Für Schmalzgebackenes verwenden Sie am besten neutrales Erdnussöl, da es 180 °C Hitze gut verträgt, ohne krebserregend zu sein. Normales Pflanzenöl ist nicht so hitzestabil. Gehärtete Fette sind aus gesundheitlichen Gründen nicht geeignet.

WIE WURDE DIE BÖHMISCHE MEHLSPEIS SÜSS?

Wo von Alt-Wiener Mehlspeisen die Rede ist, da braucht man meist nicht lange zu suchen, um die böhmische Köchin zu finden, die dahintersteckt. Im Zuge der großen Migrationsbewegungen innerhalb der Kronländer, an deren Ende die Vielvölkerstadt Wien stand, kamen nämlich auch zahlreiche Einwandererfamilien aus Böhmen und Mähren in die Donaumetropole. Während die Männer hofften, in den neuen Industriebetrieben unterzukommen, verdingten sich die Frauen als Dienstmädchen und Haushaltshilfen oder eben – als „böhmische Köchinnen." Viele hochherrschaftliche und großbürgerliche Haushalte konnten sich glücklich schätzen, von einer solche „Perle" aus Böhmen bekocht zu werden. Denn was die böhmischen von vielen anderen Köchinnen ihrer Zeit ganz besonders unterschied, war ihr besonderes Naheverhältnis zu „süßen Sachen" aller Art. Mit welchen verzuckerten Köstlichkeiten die Köchinnen ihre Herrschaft anno dazumal verwöhnt haben, lässt sich auch heute noch leicht nachvollziehen, wenn man eines der großen böhmischen Kochbücher des vorigen Jahrhunderts durchblättert. Über 200 Mehlspeisrezepte findet man beispielsweise in Magdaléna Dobromila Rettigovas 1826 in Königgrätz erschienener „Hausköchin" (Domácí kucharka), darunter gegossene Strudeln, Buchteln, mährischen Weichselkuchen , brennheiße Mandelwürste, Karlsbader Kolatschen, zusammengelegte Torten und jede Menge Zuckerwerk vom Lemoni-Häufchen bis hin zu einem „Schinken von Zucker".

SACHER-FASCHINGSKRAPFEN

ZUTATEN FÜR CA. 16 KRAPFEN

330 g glattes Mehl · 80 ml Milch · 30 g Germ · 1 Ei · 3 Eidotter · Prise Salz 40 g Staubzucker · 1/2 P. Vanillezucker · abgeriebene Schale einer unbehandelten Zitrone · 2 cl Rum · 80 g flüssige Butter · Erdnussöl zum Herausbacken mit etwas Rum vermengte Marillenmarmelade für die Fülle · Staubzucker zum Bestreuen

ZUBEREITUNG

Für den Vorteig (Dampfl) etwa 2 EL Milch erwärmen (max. 40 °C) und Germ darin auflösen. Mit wenig Mehl zu einem dickflüssigen Dampfl verrühren. Mit etwas Mehl bestreuen, mit einem Tuch bedecken und an einem warmen Ort (am besten bei 28 bis 30 °C) ca. 15 Minuten aufgehen lassen, bis sich das Teigvolumen deutlich vergrößert hat und die Oberfläche Risse zeigt. Ei, Eidotter, Salz, Staubzucker, Vanillezucker, abgeriebene Zitronenschale, restliche lauwarme Milch und Rum verrühren und mit der flüssigen Butter verquirlen. Mit restlichem Mehl und dem Dampfl zu einem glatten Teig abschlagen (am besten in der Küchenmaschine mit Knethaken). Mit einem Küchentuch zudecken und bei Zimmertemperatur ca. 1 Stunde gut aufgehen lassen.

Teig kurz durchkneten, auf einer leicht bemehlten Arbeitsfläche zu einer Rolle formen und davon nussgroße, ca. 20 g schwere Stücke abschneiden. Diese mit festem Druck in den Handflächen zu schönen Kugeln formen. Mit Mehl bestauben und mit einen Backblech sanft niederdrücken. Auf ein Backblech setzen und zugedeckt an einem warmen Ort nochmals gehen lassen. Dann in einer tiefen Pfanne oder einem Topf ausreichend viel Öl erhitzen (160 °C) und auf beiden Seiten schön goldbraun herausbacken. Herausheben und auf einem Gitter abtropfen lassen. Mit Rum vermengte und leicht erwärmte Marmelade in einen Spritzsack füllen und die Krapfen damit füllen. Mit Staubzucker bestreuen.

DREI TAGE ARBEIT FÜR EIN KILO ZUCKER

Zur Zeit Kaiserin Maria Theresias war der – damals ausschließlich aus Übersee importierte – Rohzucker ein seltenes Luxusgut, das nur für Aristokraten und das reiche Bürgertum erschwinglich war. Ein halbes Kilo Zucker kostete damals 34 Kreuzer, während man in der „Goldenen Anten" in der Schulerstraße für 17 Kreuzer – also den Gegenwert von einem Viertel Kilo Zucker – immerhin schon sechsgängig speisen konnte. Ein Wiener Faschingskrapfen, der nicht mit Honig, sondern mit Zucker gesüßt war, kostete damals fünf Kreuzer. Ein einfacher Wiener Zimmermann verdiente um die Mitte des 18. Jahrhunderts 24 Kreuzer am Tag und musste für ein Kilo Zucker daher ziemlich genau drei Tage arbeiten.

SPAGATKRAPFEN – DIE ECHTEN STEIRER

ZUTATEN FÜR CA. 50 STÜCK

**250 g Butter · 2 Eidotter · 2 Eier · 450 g glattes Mehl · 2 EL Sauerrahm
5 cl Most · 1 Prise Salz · 1 KL Vanillezucker · Erdnussöl zum Ausbacken
Wiener Back- oder Feinkristallzucker und Zimt zum Wälzen**

ZUBEREITUNG

Aus den angegebenen Zutaten einen Mürbteig bereiten, mit Klarsichtfolie abdecken und 2 Stunden kühl rasten lassen. Auf einer bemehlten Arbeitsfläche oder zwischen zwei Backmatten etwa 1,5 mm dünn ausrollen und Rechtecke (8 x 5 cm) ausradeln. Entweder mit Spagat auf Metallröhren binden oder eine Spagatkrapfenzange verwenden und im 160 °C heißen Öl backen. Etwas überkühlen lassen und im Zucker-Zimt-Gemisch drehen.

TIPP: Dazu passt halbsteif geschlagenes Obers und darin eingelegte Kirschen oder Ribiselgelee (Grundrezept s. S. 282). Ideal zu einem Glas Wein in geselliger Runde. Foto rechts

HASENÖHRL (POLSTERZIPFL)

ZUTATEN FÜR CA. 60 STÜCK

**250 g glattes Mehl · 60 g zimmerwarme Butter · 1 Eidotter · etwas Salz · 1 EL Rum
3 EL Buttermilch · Erdnussöl zum Ausbacken · Staubzucker zum Anzuckern**

ZUBEREITUNG

Mehl, Butter, Salz, Rum und Eidotter miteinander vermengen und so viel kalte Buttermilch dazugeben, dass ein Teig in der Festigkeit eines weicheren Nudelteiges entsteht. Zwei Stunden kaltstellen und auf einer bemehlten Arbeitsfläche ausrollen. Rauten (4 x 3 cm) ausradeln und rasch in sehr heißem Fett ausbacken. Die Zipfl müssen hoch auflaufen (wie „Pölster") und innen hohl sein. Anzuckern und mit einem Glas Süßwein genießen oder als Dessertdekoration zu einer Mousse geben. Foto rechts

GEBACKENE MÄUSE

ZUTATEN FÜR 6 PORTIONEN

600 g glattes Mehl · 30 g Germ · 70 g Feinkristallzucker · 90 g Butter · 450 ml Milch 3 Dotter · 4 EL Rum · 1 Prise Salz · 30 g leicht gehackte und in Rum eingeweichte Rosinen · Erdnussöl zum Ausbacken · Zimt und Feinkristallzucker zum Wälzen

ZUBEREITUNG

Aus den angegebenen Zutaten einen weicheren Germteig bereiten und 30 Minuten gehen lassen. Dann mit einem in Fett getauchten Löffel Nockerl ausstechen und diese in heißem Öl goldbraun backen. Nacheinander in Zimt und Kristallzucker wälzen.

Foto rechts

GEBACKENE APFELRADLN

ZUTATEN FÜR 6–8 PORTIONEN

350 g glattes Mehl · 750 ml Wein (am besten Riesling) · 50 g Pflanzenöl · 3 Eidotter 1 Msp. Salz · 3 Eiklar · 50 g Feinkristallzucker · 750 g Äpfel (am besten Jonagold oder Iderad, auf jeden Fall säuerlich schmeckende) · Saft von 2 unbehandelten Zitronen · 2 EL Rum · Erdnussöl zum Ausbacken · Staubzucker und Zimt zum Wälzen

ZUBEREITUNG

Mehl, Wein, Salz, Öl und Dotter zu einem glatten Teig verrühren. Eiklar mit dem Kristallzucker cremig aufschlagen und unter die Masse ziehen. Äpfel schälen, Kerngehäuse entfernen und in 1 cm dicke Scheiben schneiden. Mit Zitronensaft und Rum beträufeln.

Mit Hilfe einer Gabel in den Weinbackteig tauchen und im heißen Öl (170 °C) schwimmend rasch goldgelb herausbacken. Anschließend auf Küchenkrepp abtropfen lassen. Dann in Staubzucker-Zimt-Gemisch wälzen.

SERVIERVORSCHLAG: Vanillesauce (Rezept s. S. 36) passt sehr gut.

TIPP: Man kann auch andere Früchte verwenden, wie z. B. Birnen, Bananen, Marillen, Holunderblüten usw.

SCHLOSSERBUBEN

ZUTATEN FÜR 6 PORTIONEN

150 g glattes Mehl · 2 Eidotter · 125 ml Weißwein (am besten Riesling) 2 EL Pflanzenöl · 1 Msp. Salz · 2 Eiklar · 30 g Feinkristallzucker · 24 Dörrzwetschken (Pflaumen) · 1 P. geschälte Mandeln · Erdnussöl zum Ausbacken · 50 g fein geraspelte Milchkuvertüre zum Wälzen

ZUBEREITUNG

Mehl, Dotter, Weißwein, Öl und Salz verrühren. Eiklar und Kristallzucker zu einem cremigen Schnee aufschlagen. Die Dörrpflaumen entsteinen und statt des Kerns eine Mandel hineingeben. Die Pflaumen auf eine Gabel stecken, in Backteig tauchen und im heißen Öl (170 °C) schwimmend rasch goldgelb herausbacken. Auf Küchenkrepp abtropfen, abkühlen lassen und in der fein geraspelten Kuvertüre wälzen.

WIENER WÄSCHERMÄDLN

ZUTATEN FÜR 6 PORTIONEN

150 g glattes Mehl · 2 Eidotter · 125 ml Weißwein (am besten Riesling)
2 EL Pflanzenöl · 1 Msp. Salz · 2 Eiklar · 30 g Feinkristallzucker
24 entkernte, getrocknete Marillen · 1 kl. Flasche Marillenbrand (Amaretto)
150 g Rohmarzipan oder 1 P. geschälte Mandeln · Erdnussöl zum Ausbacken

ZUBEREITUNG

Aus Mehl, Dotter, Wein, Öl und Salz einen glatten Teig herstellen. Eiklar und Kristallzucker zu einem cremigen Schnee schlagen und vorsichtig unter die Masse heben.

Marillen mit Marillenbrand marinieren und mit den Mandeln oder dem Rohmarzipan füllen. Auf eine Gabel geben, in den Backteig tauchen und im heißen Öl (170 °C) schwimmend rasch goldgelb herausbacken. Herausnehmen und gut abtropfen lassen.

SERVIERVORSCHLAG: Vanillesauce (Rezept s. S. 36) harmoniert damit ausgezeichnet.

Foto rechts

GEBACKENE HOLUNDERBLÜTEN

ZUTATEN FÜR 6 PORTIONEN

FÜR DEN TEIG

125 g glattes Mehl · ca. 60 ml Weißwein · 300 ml Milch · 1 EL Vanillezucker
2 Eier · 1 Msp. Salz · 20 g Butter · 6 schöne Holunderblüten · Erdnussöl zum Ausbacken · Staubzucker zum Bestreuen

FÜR DIE CREME

500 ml Schlagobers · Mark einer Vanilleschote · 1 P. Vanillezucker

FÜR DAS RIBISELGELEE

250 ml Rotwein · 12 g Maisstärke (Maizena) · 1 P. Vanillezucker
80 g Feinkristallzucker · 250 g Ribisel

ZUBEREITUNG

Für den Teig Mehl, Eier, Milch, Wein, Salz und Vanillezucker zu einem Teig verarbeiten. Butter zerlassen und ebenfalls unter den Teig rühren, Holunderblüten waschen und auf einem Geschirrtuch abtropfen lassen. Das Öl erhitzen, die Holunderblüten in den Teig tauchen, am Kesselrand kurz abklopfen und im heißen Öl (170 °C) schwimmend rasch goldgelb herausbacken. Anschließend auf einem Küchentuch abtropfen lassen und mit Staubzucker bestreuen.

Für die Creme Obers halbfest schlagen und Vanilleschotenmark sowie Vanillezucker unterheben.

Für das Gelee die Ribisel waschen und vom Stängel lösen. Rotwein mit Kristallzucker und Vanillezucker zum Kochen bringen. Maisstärke mit wenig Wasser anrühren, in den kochenden Wein gießen und aufkochen lassen. Zum Schluss Ribisel beimengen.

DIE SÜSSE SACHER-BAR

SHAKES UND DRINKS

HEIDELBEER-BUTTERMILCH-SHAKE

ZUTATEN FÜR 4 GLÄSER

250 g Heidelbeeren ·100 g Staubzucker · Saft einer Zitrone · 500 ml Buttermilch
250 ml Milch · Minze zum Dekorieren

ZUBEREITUNG

Heidelbeeren waschen und mit Staubzucker, Zitronensaft, Buttermilch und Milch aufmixen. In Gläser füllen und mit Minze dekorieren.

TIPP: Limetten- oder Zitronensaft sowie Joghurt oder Buttermilch eignen sich ausgezeichnet zum Verfeinern von Shakes.

ERDBEER-BANANEN-SHAKE

ZUTATEN FÜR 6 GLÄSER

500 ml Milch · 250 ml Joghurt · 500 g Erdbeeren · 2 Bananen
Mark einer halben Vanilleschote · 100 g Maracujasaft oder Multivitaminsaft
100 g Staubzucker · Saft einer Zitrone

ZUBEREITUNG

Alle Zutaten gut miteinander mixen und in Gläser füllen.

BANANEN-FRAPPÉ

ZUTATEN FÜR 4 GLÄSER

3 Bananen · 500 ml Milch · 100 g Staubzucker · 125 ml mildes Mineralwasser
250 ml Joghurt · Saft je einer Zitrone und Orange · 2 Kugeln Vanilleeis (Rezept s. S. 224)

ZUBEREITUNG

Bananen halbieren, mit den anderen Zutaten mixen und in Gläser füllen.

MARACUJA-ROTE-RÜBEN-DRINK

ZUTATEN FÜR 4 GLÄSER

300 ml Orangensaft · 200 ml Maracujafruchtsaft · 200 ml Rote-Rüben-Saft
200 ml Tomatensaft · 200 g Mangomark · 100 g Demerarazucker
Saft und geriebene Schale von 2 Limetten · etwas geriebener Ingwer
etwas Olivenöl zum Beträufeln

ZUBEREITUNG

Alle Zutaten miteinander vermischen. Etwa 1 Stunde ziehen lassen und abseihen.
Mit Crushed Ice auf- und in passende Gläser füllen. Mit etwas Olivenöl beträufeln, damit die Inhaltsstoffe leichter aufgenommen werden.

WALDMEISTER-BOWLE MIT FRISCHEN BEEREN

ZUTATEN FÜR 6 PORTIONEN

300 g frische oder tiefgekühlte Waldbeeren · 250 ml Weißwein (z. B. Riesling oder trockener Sekt) · 250 ml naturtrüber Apfelsaft · 4 cl Grand Manier 2 cl Weinbrand · 80 g Staubzucker · kleiner Bund gezupfter Waldmeister · Sodawasser

ZUBEREITUNG

Alle Zutaten miteinander verrühren und ca. 6 Stunden an einem kühlen Ort marinieren. Mit Sodawasser aufspritzen und in Gläser gefüllt eiskalt servieren.

Foto rechts: Eierlikör-Caffè-Latte

WIENER KAFFEE-SPEZIALITÄTEN AUF EINEN BLICK

Das Wiener Kaffeehaus ist eine ebensolche Institution wie das Hotel Sacher. Es war und ist daher auch Ehrensache für das Hotel, eines der besten Kaffeehäuser Wiens (manche sagen auch: das beste) zu beherbergen. Wie in allen guten Kaffeehäusern wird auch im Café Sacher als Grundlage sämtlicher Kaffeespezialitäten Espresso verwendet, da dieser qualitativ dem traditionellen Filterkaffee bei Weitem vorzuziehen ist. Selbstverständlich wird Kaffee, welcher Zubereitung auch immer, im Sacher nach Alt-Wiener Art serviert: Um den Magen etwas vorzubereiten, kredenzt man dazu immer ein Glas Wasser.

Einspänner: *Verlängerter oder großer Schwarzer im Glas mit Schlagobers.*

Fiaker: *Verlängerter oder großer Schwarzer im Glas mit 2 cl Kirschwasser.*

Großer Brauner: *Doppelter Espresso mit Schuss flüssigem Obers oder warmer Milch.*

Großer Schwarzer: *Doppelter Espresso ohne Milch.*

Großer auf kurz: *Großer Espresso mit der Wassermenge eines kleinen zubereitet.*

Kaffee verkehrt: *Für diese heute sehr oft unter dem Modenamen „Cafe Latte" bestellte Spezialität wird – nicht zu heiß – geschäumte Milch mit einem Espresso oder Verlänger ten aufgefüllt.*

Kaiser Melange: *Doppelter Espresso mit Eidotter und Schlagobers.*

Kleiner Brauner: *Espresso mit flüssigem Obers.*

Kleiner Schwarzer: *Espresso ohne Milch.*

Kurzer: *starker Espresso, mit wenig Wasser zubereitet.*

Maria Theresia: *Verlängerter oder großer Schwarzer mit Schlagobers und einem 2cl-Glas Grand Manier oder Cointreau.*

Melange: *Halb Espresso, halb aufgeschäumte heiße Milch in einer großen Tasse serviert.*

Obermaier: *Schwarzer, leicht gesüßter Kaffee mit über Löffelrücken an den Rand gegossenem kaltem Obers. Ist nach einem Philharmoniker gleichen Namens benannt und wird heiß durch das kalte Obers getrunken.*

Pharisäer: *Verlängerter oder großer Schwarzer im Glas mit Rum und geschlagenem Obers.*

Türkischer: *Kupferkännchen mit einem gehäuften Esslöffel gemahlenem Bohnenkaffee, 1 EL Zucker und 120 ml Wasser aufkochen lassen und mit Rahat servieren.*

Verlängerter: *Espresso, mit heißem Wasser auf etwa das doppelte Volumen „verlängert".*

EIERLIKÖR-CAFFÈ-LATTE

ZUTATEN FÜR 4 PORTIONEN

400 ml Schlagobers · 4 Espressi · 200 g Eierlikör
weiße Schokoladspäne zum Darüberstreuen

ZUBEREITUNG

Obers halbsteif schlagen und in vier Glaspokalen verteilen. Heißen Espresso darüber- und mit Eierlikör aufgießen. Mit Schokoladespänen bestreuen.

SERVIERVORSCHLAG: Vanillekipferl (Rezept s. S. 136) oder Wiener Gewürzgugelhupf (Rezept s. S. 102) ergänzen hervorragend.

Foto Seite 289

HERZKIRSCH-CAFFÈ-LATTE

ZUTATEN FÜR 4 PORTIONEN

250 ml Milch · 150 ml Schlagobers · 10 cl Herzkirschlikör oder Cherry Brandy
4 Espressi
eingelegte Kirschen und und gehobelte Schokoladespäne zum Garnieren

ZUBEREITUNG

Milch mit Obers vorwärmen und mit 5 cl Likör auffüllen. Mit der Dampfdüse oder mit Milkfoamer aufschäumen. Die Espressi und den restlichen vorgewärmten Likör in 4 Latte-Gläser aufteilen und mit Milchschaum auffüllen. Mit eingelegten Kirschen und gehobelten Schokoladespänen garnieren

SERVIERVORSCHLAG: Dazu passen am besten Baiserkrapferl (Rezept s. S. 32) oder kleines Amarettikonfekt (Rezept s. S. 155).

Foto rechts

GEWÜRZKAFFEE

ZUTATEN FÜR 4 PORTIONEN

800 ml Filterkaffee · 1 Sternanis · 1 aufgeschlitzte Vanilleschote
6 geröstete Kardamomkapseln · 1/2 Zimtstange · 2 Gewürznelken
2 abgeriebene Schalen von unbehandelten Orangen · 6 EL brauner Zucker

ZUBEREITUNG

Alle Zutaten miteinander vermischen, aufkochen und 2 Minuten ziehen lassen. Abseihen und heiß servieren.

Foto Seite 293

IST ZUCKER GESUND?

Ein Nahrungsmittel, das wie der Zucker den Ehrentitel „Baustoff allen Lebens“ führen darf, kann – zumindest wenn man denselben wie jede andere Nahrung mit Maß und Ziel verwendet – nur gesund sein. Tatsächlich wurde Zucker jahrhundertelang auch keineswegs beim Greißler oder Zuckerbäcker verkauft, sondern vor allem in der Apotheke und allenfalls auch noch beim Gewürzhändler. Lange Zeit galt Zucker sogar als wichtiges Heilmittel. Auch heute noch „versüßt“ er im wahrsten Sinne des Wortes so manche bittere Medizin.

Die meisten Ärzte des Mittelalters und der Renaissance standen dem Zucker sogar mit außerordentlicher Offenheit gegenüber. Schon 1480 verschrieb der Stadtarzt Ellenberg aus Meiningen einen Kandiszuckertrank gegen die Schwindsucht. Der Renaissancearzt Kunrath war der Überzeugung, dass Zucker Wunden heilen und dieselben vor Brand schützen könne. Angelus Sala, der Leibarzt des Herzogs von Mecklenburg und Verfasser der ersten wissenschaftlichen deutschen Zuckerkunde, der 1637 erschienenen „Saccharologia“, schrieb dem Zucker gar beruhigende, fiebersenkende, lösende, nährende, stärkende, blutreinigende und ebenfalls wundenreinigende Wirkungen zu. Im Übrigen war er auch der Überzeugung, dass Magen-, Leber- und Nierenfunktion durch Zucker angeregt werden können.

Schließlich brach auch Christoph Wilhelm Hufeland, der große Arzt der Goethezeit, in seinem berühmten Werk „Die Kunst, das menschliche Leben zu verlängern“ (1795), eine Lanze für den Zucker, den er – obwohl er gleichzeitig vor der damit verbundenen Gefahr von Zahnkaries warnte – insgesamt als „kühlend, auflösend und reinigend“ sowie als bestes Digestiv zur Förderung der Verdauung und zur Erhaltung der Gesundheit rühmte.

Foto rechts: Gewürzkaffee

DAS SÜSSE SACHER ABC

ABBRENNEN Brandteig so lange auf dem Feuer rühren, bis er sich als Klumpen vom Topf löst.

ABFLÄMMEN Eine Masse oder Schaummasse mit einer Lötlampe oder einem Bunsenbrenner bräunen. Zum Abflämmen von Crème brûlee werden im Fachhandel spezielle Crème-brûlee-Brenner angeboten.

ABSCHMALZEN In heißem Fett schwenken.

ABSCHMECKEN Nach Geschmack würzen.

ABTRIEB Fett unter Zusatz von Ei oder Zucker flaumig rühren.

ABZIEHEN Flüssigkeiten, Cremen oder Saucen mit Zucker, Eidotter, Gelatine usw. erhitzen und so lange rühren, bis sie eine dickliche Konsistenz erlangen. „Zur Rose abziehen" ist ein Begriff aus der Eisherstellung und bedeutet, eine Masse mit Eiern erhitzen, bis sie leicht bindet. Wenn man leicht auf den Kochlöffel bläst, sollte sich die Masse dabei ähnlich wie eine Rose kringeln.

AGAR-AGAR Das Wort stammt aus dem Malaiischen und bedeutet „gelierendes Lebensmittel aus Algen". Es wird vor allem in der süßen Vollwertküche als Ersatz für Gelatine eingesetzt. Ist im Lebensmittelhandel sowohl flüssig als auch in Pulverform erhältlich: 1 EL auf 1 l Flüssigkeit schnittfest kalt anrühren und mindestens 2 Minuten gut kochen lassen.

ANWIRKEN Marzipan oder ähnliche Massen verkneten.

ANZIEHEN LASSEN Eine Masse etwas überkühlen, bis sie soweit geliert ist, dass man eine zweite Masse darauf auftragen kann.

APRIKOTIEREN Mit Marillenmarmelade einstreichen

AUSROLLEN Einen Teig mit Hilfe eines Rollholzes gleichmäßig auseinandertreiben.

BAISER WINDBÄCKEREI, auch: **SPANISCHE WINDE,** verwandt mit der Méringue (s. dort)

BAYRISCHE CREME Auch Crème bavaroise genannte Patisserie-Grundcreme auf Basis von Eidotter, Vanille, Zucker, Gelatine und Schlagobers

BEUGEL S. Kipferl

BISKOTTEN Löffelbiskuit

BLANCHIEREN Überbrühen von Früchten etc. als vorbereitendes Kochverfahren

BLÄTTERTEIG S. Butterteig

BLAUBEEREN Heidelbeeren, Schwarzbeeren

BLIND BACKEN Einen Teig ohne Fülle backen, indem man ihn mit Backpapier belegt, das wiederum mit getrockneten Erbsen oder Linsen bestreut wird. Nach dem Backen werden Hülsenfrüchte und Backpapier wieder entfernt.

BRANDIG WERDEN Die Bindung verlieren. Der Ausdruck wird vor allem in Zusammenhang mit Mürbteig verwendet, der zu warm gerät, weil er zu lange bearbeitet wurde.

BRAUNER ZUCKER S. Zucker

BRIOCHE Germ- bzw. Hefekuchen

BRÖSEL, SEMMELBRÖSEL Paniermehl

BUCHWEIZENMEHL In Österreich auch Heiden- oder Hadnmehl genannt. Der Name Buchweizen ist irreführend, weil das aus Asien stammende Knöterichgewächs mit Weizen botanisch nichts gemeinsam hat. Das leicht verdauliche Buchweizenmehl ist sehr eiweißreich und reich an Inhaltsstoffen wie Kupfer, Lecithin und ungesättigte Fettsäuren.

BUSSERL Meist runde bzw. kugelförmige Kekse (z. B. Kokosbusserl)

BUTTERTEIG Auch Blätterteig genannter Grundteig, der nur mit echter Butter und niemals mit Margarine hergestellt werden darf.

CHARLOTTE Aus England stammende Süßspeise von zylindrischer oder Halbkugelform, die mit Biskuit ausgekleidet und mit Creme und Früchten gefüllt wird.

CHAUDEAU Über heißem Dampf aufgeschlagener Weinschaum, auch Sabayon genannt.

CONFISERIE Allgemeiner Ausdruck für die Herstellung von Pralinen und Konfekt, auch: Zuckerlgeschäft

COUVERTÜRE S. Tunkmasse

CRÈME DOUBLE Obers mit hohem Fettanteil

CRÈME FRAÎCHE Sauerrahm mit hohem Fettanteil

CRÈPES Dünne kleine Eierkuchen, die in der süßen Küche mit Obst, Marmelade oder Schokoladesauce gefüllt werden. Weithin berühmt sind die Crèpes Suzette, die mit Grand Marnier flambiert werden.

DALKEN Aus Böhmen stammende Mehlspeise, auch: Liwanzen

DAMPFL Gärprobe, Vorteig für den Germteig

DAMPFNUDEL Buchtel, auch: Wuchtel, die ursprünglich im Dampf bei geschlossenem Deckel gegart wurde. Bei geöffnetem Deckel spricht man auch von Rohrnudel

DARIOLFORM Kleine, glatte, konische Form, für Flan, Pudding u. Ä.

DEMERARAZUCKER S. Zucker

DEXTROSE S. Zucker (Traubenzucker)

DINKEL Vor allem in der süßen Vollwertküche verwendete Urform des Weizens (zweizeiliger Speltweizen), dessen Körner etwas größer und hochfärbiger als Weizenkörner sind. Aufgrund seines hohen Gehalts an Klebereiweiß eignet sich der bereits von der hl. Hildegard von Bingen besonders propagierte Dinkel sehr gut für die Herstellung von Feinbackwaren.

DOTTER Eigelb

DRESSIEREN Formschönes Aufspritzen von Cremes und Massen mittels eines Spritzsacks (auch: Dressiersacks)

EIKLAR, auch: **KLAR** Eiweiß

EINMELIEREN Behutsam vermischen, vorsichtig einmengen

EMULGIEREN Homogene Verbindung einzelner Zutaten mittels Stabmixer herstellen

FADENZUCKER In der Patisserie für die Herstellung von Glasuren verwendeter Zucker, der dann die richtige Konsistenz aufweist, wenn sich bei der „Fadenprobe" zwischen zwei Fingern Fäden ziehen lassen. Eignet sich am besten für Parfaits.

FLAMMERI Milchsüßspeise mit Stärkemehl

FLAUMIG RÜHREN Masse mit Fett gut abrühren

FONDANT Erkaltete Paste aus fein gemahlenem Zucker und Stärkesirup

GANACHE, CANACHE auch **SOUFFLÉ GANACHE** genannte Glasur oder Füllcreme, für welche in kochende Sahne langsam Schokolade untergerührt wird. Wird, mit unterschiedlichen Aromen, hauptsächlich für Pralinen, aber auch als Tortenganache verwendet.

GELATINE Geruchs- und geschmacksloser Knochenleim, der als Blatt oder in Pulverform erhältlich ist und zum Steifen von Cremen und Gelees verwendet wird

GELEE Gallertartige und durchsichtige Masse, die mit Hilfe von Gelierzucker eingekocht wurde und bereits erkaltet ist.

GARPROBE Um die richtige Backzeit eines Kuchens zu überprüfen, steckt man ein Holzspießchen in die höchste Stelle und zieht es wieder heraus. Bleibt daran noch klebriger Teig haften, so muss der Kuchen noch weiter gebacken werden. In diesem Fall empfiehlt es sich oft, die Oberseite mit Pergament oder Alufolie abzudecken, damit der Kuchen nicht zu sehr bräunt.

GERM Hefe

GLASUR In Österreich früher Eis genannter Kuchen- und Tortenüberzug aus mit Staubzucker verrührtem Eiklar, Wasser oder Fruchtsaft.

GLUCOSE (Glukose) s. **ZUCKER** (Traubenzucker)

GRAND MARNIER In der Patisserie besonders gerne verwendeter französischer Likör der auf der Basis von Cognac und Bitterorangen hergestellt wird.

GRAPEFRUIT Pampelmuse

GRATINIEREN Überkrusten, überbacken

GRIESSKOCH Grießbrei aus feinem Weizengrieß

GRILLAGE Krokant

GUGELHUPF Österreichischer Ausdruck für Napfkuchen

GUSS Glasurmischung aus Milch, Ei und Zucker, die über Millirahmstrudel oder Aufläufe gestrichen wird

HAGELZUCKER S. Zucker

HOMOGENISIEREN Masse mit einem Mixer 5 Minuten mixen, ohne dass dabei Luftbläschen entstehen. Der Mixstab muss zu diesem Zweck zur Gänze in die Flüssigkeit gehalten werden (wichtig bei Moussen und Ganacheglasuren).

KAKAOPULVER Beliebte Ingredienz vieler Mehlspeisen mit mindestens 20 % Fettgehalt. Wird Kakao stärker entölt, so verliert er an Aroma.

KALTSCHLAGEN Eine Masse auf Eiswasser schlagen.

KANDIEREN Obst, insbesondere Zedrat- und Orangenschalen (Zitronat, Orangeat), aber auch Blüten wie etwa Veilchen und Rosenblätter in Zucker kochen, bis dieser auch das Fruchtfleisch oder Blüteninnere erreicht.

KANDISZUCKER S. Zucker

KAPSELRAHMEN Backform wie Tortenreifen, nur rechteckig bzw. quadratisch

KARAMELL Geschmolzener Zucker, der – je nach Erhitzungsgrad – eine goldgelbe bis dunkelbraune Farbe aufweist.

KASTENFORM (auch: Kapselform) Rechteckiger oder quadratischer Blechrahmen zum Backen und Einstreichen von Massen.

KIPFE(R)L Wiener Gebäck

KLETZE Dörrbirne

KNÖDEL Kloß

KOCH Österreichische Bezeichnung für Auflauf oder gekochte Mehlspeise
KÖCHELN Flüssigkeit auf so niedriger Temperatur halten, dass diese (z. B. beim Knödelkochen) niemals aufwallt.
KOCHSCHOKOLADE Im Fachjargon auch Konservschokolade genanntes Produkt zur Herstellung von Schokoglasuren, Schokosaucen u. Ä.
KOKOSETTE S. Kokosflocken
KOKOSFLOCKEN Fein geraspelte Kokosnuss, im Fachjargon auch Kokosette genannt.
KOLATSCHE, GOLATSCHE (tschech. *kolac)* Ursprünglich allgemeine Bezeichnung für einen kleinen Kuchen, später ein typisches Wiener Kaffeehausgebäck, meist mit Mohn- und/oder Topfenfüllung.
KOMPOTT Mus, Röster
KONDITORCREME Auch Crème pâtisserie genannte Grundcreme, die mit Geschmackszutaten wie Mohn, Zimt etc. beliebig abgewandelt werden kann.
KONFEKT Sammelbegriff für alle Zuckerwaren (z. B. Pralinen, Bonbons, Zuckerl etc.)
KUVERTÜRE S. Tunkmasse
LAKTOSE Milchzucker
LÄUTERZUCKER S. Zucker
LIWANZEN Dalken
MACADAMIANÜSSE Frucht eines Nussbaumes, der ursprünglich im Osten Australiens, heute aber auch z. B. in Südafrika, Kenia, Brasilien oder Israel gedeiht. Die Nüsse gehören zu den feinsten und wohlschmeckendsten, aber auch teuersten der Welt.
MARACUJA Der Saft dieser Südfrucht wird für Speiseeis und Joghurt verwendet
MARILLENMARMELADE Aprikosenkonfitüre
MARINIEREN Beizen von Obst, Beeren u. Ä. ursprünglich zum Haltbarmachen von Lebensmitteln
MARMELADE In Österreich geläufiger Ausdruck für Konfitüre; in Großbritannien versteht man darunter ausschließlich Orangenschalenmarmelade.
MARONI Maronen, Edelkastanien
MEHLSPEISE Österreichischer Ausdruck für alle Süßspeisen, auch für solche, die kein Mehl enthalten
MERINGUE Gesüßter Eischnee, der mehr getrocknet als gebacken wird.
MISE EN PLACE Bereitstellung aller Zutaten
MOHN Die stark ölhaltigen Samen der Mohnpflanze müssen, da sie schnell ranzig werden, rasch verwendet und zuvor mit einer Mohnmühle gemahlen werden. Statt dieser kann man allerdings auch einen Blitzcutter verwenden.
MOST Obstwein
MUSKOVADOZUCKER S. Zucker
NACHSPEISE Österreichischer Ausdruck für Nachtisch, Dessert
NATRON Backtrieb- und Lockerungsmittel für schwere Teige
NOCKERL kleine, längliche Klößchen
NOUGAT Vielfältig einsetzbare Masse aus Mandeln oder Nüssen, Zucker und Kuvertüre.
OBERS S. Schlagobers
PALATSCHINKEN Eierkuchen, Pfannkuchen
PALETTE, STUFENPALETTE Wichtiges Patisserie-Instrument zum Glattstreichen von Massen und Teigen.
PANIEREN Backgut in Mehl, verquirltes Ei und Brösel tauchen fest andrücken und in heißem Fett ausbacken
PARFAIT Halbgefrorenes aus Eischaum und Obers mit unterschiedlichen Geschmackszutaten
PASSIEREN Durch ein Sieb pressen
PASSIONSFRUCHT S. Maracuja
PASTEURISIEREN Erhitzen auf 60 bis 70 °C, wodurch bestimmte Bakterien abgetötet werden
PATISSERIE Süßspeisenküche
PETITS FOURS Klassisch: Kleine Gebäckstücke mit einem Biskuitboden.
POWIDL Zwetschkenmus
PREISELBEEREN Moosbeeren
REDUZIEREN Einkochen bis zum gewünschten Dickegrad.
RIBISEL Johannisbeeren
ROHMARZIPAN Im Fachhandel erhältliche Mandelmasse.
ROHZUCKER S. Zucker
ROSINE Weinbeere
ROYALE Eiermilch zum Überbacken
SABAYON Aus Eidotter, Zucker und Weißwein warm aufgeschlager Schaum bzw. Chaudeau (wienerisch: Schado).
SALAMANDER In der Profi-Küche üblicher Gratinierapparat mit starker Oberhitze, der zum Überbacken und Überkrusten dient. Kann für den Hausgebrauch auch durch eine Grillschlange ersetzt werden.
SAUERRAHM Saure Sahne
SCHLAGOBERS Süße Sahne

SCHLEIFEN Vor allem beim Formen von Knödeln gebräuchlicher Ausdruck. „Knödel rund schleifen" bedeutet „zu glatten Knödeln formen".
SCHOKOLADEGLASUR Die beliebte Tortenglasur muss nicht unbedingt selbst hergestellt werden, sondern ist auch im Handel als Fertigprodukt erhältlich, das nur im Wasserbad verflüssigt werden muss.
SCHMARRN, SCHMARREN Österreichische Bezeichnung für einen Eier- bzw. Pfannkuchen, der in kleine Stücke zerrissen wird.
SIRUP Frucht- oder Kräuterauszug, der durch einen sehr hohen Zuckergehalt dickflüssiger gerät als andere Säfte.
SOUFFLÉ In einer Auflaufform gebackenes Gericht auf der Basis von geschlagenen Eidottern, Eischnee und Zucker sowie diversen Aromastoffen. Muss unbedingt sofort nach dem Backen serviert werden, da es sonst leicht zusammenfällt.
STÄRKEMEHL Bindemittel zur Herstellung von Teigen und Cremen. Für die süße Küche eignen sich besonders Weizenpuder(stärke) und Maisstärke. Erdäpfelstärke ist etwas grober.
STAUBZUCKER S. Zucker
STREUZUCKER S. Zucker
STUPFEN Einen Teig mit einer Gabel mehrmals zart anstechen, damit keine Blasen entstehen
TABLIEREN Abkühlen von temperierter Kuvertüre durch mehrmaliges Aufstreichen und wiederholtes Abschaben mit einer Palette auf einer Marmorplatte.
TARTE Süßer Kuchen, das französische Gegenstück zur sauren Quiche
TEMPERIEREN Langsames Erwärmen bei niedriger Temperatur (z. B. bei Kuvertüre, um einen exakten Fettschmelzpunkt zu erreichen und Glanz sowie Aroma zu erhalten).
TOPFEN Österreichischer Ausdruck für Quark
TOUREN LEGEN Das Umschlagen und Ausrollen von mehreren Blätterteiglagen
TRÄNKEN Vor dem Garnieren und Servieren lässt man Biskuitböden häufig in Alkohol, liegen oder beträufelt sie damit, bis sie sich vollgesogen haben und weich werden.
TÜLLE Glatter oder sternförmiger Aufsatz für den Spritzsack, in verschiedenen Größen.
TUNKMASSE Hochwertiges Halbfabrikat, das zum Überziehen von Süßspeisen verwendet wird (Couvertüre, Kuvertüre).
UNTERHEBEN, UNTERZIEHEN Vorsichtiges Vermischen von empfindlichen Flüssigkeiten bzw. Cremen mit Eischnee, der dabei nicht zusammenfallen darf. Dazu hebt man die dichtere Masse mit einer Teigspachtel oder einem Teigschaber hoch und mengt die darauf liegende leichtere Masse vorsichtig mit einer leichten Drehbewegung ein.
VANILLEZUCKER S. Zucker
VANILLINZUCKER S. Zucker
WARMSCHLAGEN Cremen über heißem Dampf aufschlagen.
WASSERBAD Französisch auch *Bainmarie* genannt, dient zum Schmelzen und Erwärmen empfindlicher Substanzen wie Milch, Schokolade oder Gelatine, um ein Anbrennen oder Überhitzen zu verhindern. Zu diesem Zweck wird in einem großen Topf Wasser erhitzt. In dieses stellt man dann einen kleineren Topf bzw. eine Schüssel mit den zu erwärmenden Zutaten.
WEICHSEL Sauerkirsche
WEIZENMEHL. S. Mehl
WINDBÄCKEREI Schaumgebäck (s. a. Baiser)
ZESTE Hauchdünn geschälte und in feine Streifen geschnittene Orangen- oder Zitronenschale.
ZIBEBEN Rosinenart
ZUCKER Er ist ein unverzichtbarer Bestandteil der österreichischen Mehlspeisküche. Im Folgenden werden einige der wichtigsten Zuckerarten kurz erläutert.
BRAUNER ZUCKER Die oft gehörte Einschätzung, es handle sich dabei um ungebleichten Naturzucker, ist falsch. Tatsächlich ist der weiße Zucker so natürlich wie der braune, der durch Beimengung eines braunen Zuckersirups gefärbt und mit Rohrzuckersirup veredelt wird.
DEMERARAZUCKER Rohrzuckerart mit großen Kristallen und goldbrauner Farbe
HAGELZUCKER Weißer, grobkörniger Zucker aus einer Vielzahl von kleinen, zusammengepressten Kristallen, die an Hagelkörner erinnern. Wird in erster Linie für Dekorzwecke verwendet
KANDISZUCKER Der weiße Kandiszucker besteht aus einzelnen Riesenkristallen, die durch besonders langsame Kristallisation entstehen. Der braune Kandiszucker ist ein mit Karamel gefärbter Kandiszucker, der durch diese Bearbeitung einen leichten, angenehmen Malzton erhält.
LÄUTERZUCKER Klar gekochter, abgeschäumter Sirup (Wasser:Zucker = 1:1)

MUSKOVADOZUCKER Braunzucker, der zwar klebrig ist, jedoch voller unbekannter Aromen steckt. Die ideale Zutat für Rumtopf, Gewürzlebkuchen oder als Geschmacksträger bei Crème Brûlée

ROHZUCKER Kristallzucker mit Resten von Verunreinigungen; ist ein schwer verdauliches bis ungenießbares Zwischenprodukt in der Zuckererzeugung. Die weit verbreitete Meinung, dass Rohzucker ernährungsphysiologisch wertvolle Bestandteile enthält, die dem weißen Zucker fehlen, geht auf eine Verwechslung mit gebleichten und Vollwertmehlen zurück und ist daher falsch.

STAUBZUCKER Fein gemahlener und gesiebter Kristallzucker; wird in Deutschland auch Puderzucker genannt.

STREUZUCKER Der Staubzucker, der nicht klumpt und daher besonders „rieselfreudig" ist, wird in Streudosen abgepackt.

TRAUBENZUCKER Monosaccharid (Einfachzucker), das in Weintrauben, Früchten und Honig vorkommt und auch als Glucose bzw. Dextrose bezeichnet wird.

VANILLEZUCKER Mischung aus weißem Zucker und fein geriebener Vanille

VANILLINZUCKER Mit synthetisch hergestelltem Vanillearoma (Vanillin) versetzter Zucker

ZUCKERROHR (Saccharum officinarum) Die zur Familie der Süßgräser zählende Pflanze, die nur in heißen Klimazonen gedeiht, galt bis zur Entdeckung des Rübenzuckers als einzige Quelle der Saccharose. Zuckerrohr wird bis zu vier Meter hoch. Die süßen Bestandteile sitzen im Mark der 3 bis 7 cm dicken Stängel und geben – im Verhältnis zum Gesamtgewicht – zwischen 12 und 18 Prozent Zucker.

ZUCKERHUT Die jahrhundertelang klassische Facon der Zuckerherstellung geriet seit dem Siegeszug des Kristallzuckers zunehmend in Vergessenheit. 1938 wurde in der Hohenauer Zuckerfabrik der letzte österreichische Zuckerhut hergestellt, bevor er erst in jüngster Zeit vor allem aus nostalgischen Gründen (Feuerzangenbowle etc.) wieder entdeckt wurde und seither auch in kleinen Mengen hergestellt wird.

ZUCKERL Durch Eindampfen und Erkalten von Zuckerlösung in bestimmte Formen gepresste und auf unterschiedliche Weise weiterverarbeitete kleine Süßwaren, die in Deutschland Bonbons genannt werden.

ZUCKERROHR S. Zucker

ZWETSCHKE Österreichischer Ausdruck für Pflaumen, die mit der Zwetschke (auch: Zwetsche) zwar eng verwandt, aber nicht identisch ist.

Aus der Werkstatt des Fotografen Kurt-Michael Westermann

REGISTER NACH KAPITELN

GRUNDPRODUKTE FÜR DIE SÜSSE SACHER-KÜCHE

SACHER-PATISSERIE FÜR EINSTEIGER

Grundteige und Massen

Glasuren

warme und kalte Saucen

DIE HOHE SCHULE DER WIENER ZUCKERBÄCKERKUNST

Torten

Schnitten

ZUCKERSÜSSE KÖSTLICHKEITEN AUS DEM ALTEN WIEN

Kuchen, Strudel, Gugelhupf

Alphabetisches REGISTER

Von links nach rechts: Andreas Wuchta, Hans Peter Fink, Christoph Wagner, Jasmin Scheuringer